经济与法译丛
SERIES ON ECONOMY AND LAW

金砖国家

对外直接投资

[英] 戴维·科林斯（David Collins） 著
朱莺 顾健 译

化学工业出版社
·北京·

本书对金砖四国（巴西、俄罗斯、印度、中国）的国内企业对外直接投资情况进行了概述，重点综述金砖四国在国际直接投资领域和世界其他国家与国际组织所签订的双边与多边投资保护条约，并由此归纳出新兴市场国家在国际直接投资领域所寻求的国际法律保护及愿意承担的国际法义务和仍然存有的顾虑。在此基础上，本书建议国际社会制定一个广泛的多边直接投资保护协定，并对这个国际协定的投资保护条款、例外条款、仲裁机制等诸多方面，提出了具体的规划和建议。

图书在版编目（CIP）数据

金砖国家对外直接投资/（英）戴维·科林斯（David Collins）著；朱莺，顾健译．—北京：化学工业出版社，2017.1

（经济与法译丛）

书名原文：The BRIC States and Outward Foreign Direct Investment

ISBN 978-7-122-28666-6

Ⅰ.①金… Ⅱ.①戴…②朱…③顾… Ⅲ.①对外投资-直接投资-研究-世界 Ⅳ.①F831.6

中国版本图书馆CIP数据核字（2016）第304901号

The BRIC States and Outward Foreign Direct Investment，2013 first edition by David Collins

ISBN 978-0-199-652716 978-0-191-641664

北京市版权局著作权合同登记号：01-2015-7926

责任编辑：刘立梅　　装帧设计：张　辉

责任校对：王　静

出版发行：化学工业出版社（北京市东城区青年湖南街13号　邮政编码100011）

印　　装：中煤（北京）印务有限公司

787mm×1092mm　1/16　印张15½　字数293千字　2017年6月北京第1版第1次印刷

购书咨询：010-64518888（传真：010-64519686）　售后服务：010-64518899

网　　址：http://www.cip.com.cn

凡购买本书，如有缺损质量问题，本社销售中心负责调换。

定　　价：80.00元

作者简介

戴维·科林斯（David Collins）是城市大学城市法学院的高级讲师，他在国际经济法领域从事教学和研究，主要研究世界贸易组织法和国际投资法。他是马斯特里赫特大学全球化与国际监管研究所研究员，ESADE法学院常驻客座教授，曼彻斯特国际经济法杂志现任发展编辑。戴维曾在乔治城大学国际经济法研究所、伯尔尼大学世界贸易研究所、悉尼大学法学院、香港大学亚洲国际金融法学研究所、哥伦比亚大学法学院任访问研究员。他的研究吸引了英国社会科学院（The British Academy）、英国法学家协会（the Society of Legal Scholars）和英国加拿大研究基金会（the Foundation for Canadian Studies）的资助。

译者简介

朱莺，浙江大学管理学院管理学博士，复旦大学应用经济学博士后。现为华东政法大学商学院副教授，研究方向包括：产业发展与企业战略、公司并购、产业组织理论、产业金融等。公开发表论文几十余篇，合著1部，译著1部。

顾健，美国天普大学福克斯商学院工商管理哲学博士，专业方向是战略管理与国际商务。现为马萨诸塞州的塞勒姆州立大学管理系副教授，于2008年获得终身教职。教学和研究方向包括：跨国并购、跨文化管理、企业国际战略等。

感谢英国法律学者协会为笔者2011年赴美国哥伦比亚大学法学院访问交流所提供的慷慨资助。本书手稿的大部分内容，完成于此次学术访问期间。其次，本书作者对哥伦比亚大学法学院访问学者联谊会和哥伦比亚大学威尔可持续国际投资研究中心致以谢忱，这两个机构在作者构思本书的研究主题时，提供了很大帮助。此外，感谢荷兰马斯特里赫特大学的彼得·凡·登·波什教授，他是我的博士论文指导教师，本书的大部分内容基于这篇博士论文的研究成果。

《经济与法译丛》序

几易寒暑，华东政法大学产业经济学学科组的教师们不畏艰辛，学校 085 项目施以援手，化学工业出版社鼎力相助，终于如愿以偿地拿出了一系列较高质量的译著成果："经济与法译丛"。

早在 10 年前，我们就有心出一套"法经济学系列译丛"，展示华东政法大学产业经济学学科特色：经济与法的融合；2014 年，在复旦大学出版社的帮助下，学科组成员共同努力，推出了"法经济学系列译丛"，夙愿得偿。如今，"经济与法系列译丛"又即将付梓，学科组成员欣喜而又忐忑地面对即将降生的成果。

总体而言，这套译丛体现了两个方面的内容：一是经济学相关译著共四种，包括《计量经济学：直觉、证明与实践》《基于 EXCEL 的数据分析建模和模拟》《在全球化组织中领导文化变革》《伟大品牌的重大错误》等；二是法学相关译著共两种：《金砖国家对外直接投资》《规制与诉讼》。

2001 年，前高盛经济学家吉姆 · 奥尼尔（Jim O'Neill）首次提出了金砖四国（巴西、俄罗斯、印度和中国）这个概念。长期以来，金砖四国经济增长一直领跑世界，尤其是中国和印度。作为全球经济增长的引擎，其经济增长所带来的巨量过剩资本如何在境外高效投资本身并非易事，加之金砖国家匮乏的国际法律人才，使其境外投资更显得难上加难。目前关涉国际投资的国际法体系尚不完善，如何保护海外投资，使海外投资符合被投资国家的法律，已经成为金砖国家走出去必须面对的第一道门槛。《金砖国家对外直接投资》以此为切入点，重点阐述了金砖国家在国际直接投资领域和世界其他国家与国际组织所签订的双边与多边投资保护条约，提出了构建一个广泛的多边直接投资保护协定设想。该投资保护协定涵盖投资保护条款、例外条款、仲裁机制等诸多方面，它既是金砖国家走出去较好的法律读本，也是国际法，尤其是国际投资法未来改革发展的方向。

在《在全球化组织中领导文化变革》译著中，以全球知名跨国公司如 GT 汽车、通用电气、中国医疗集团、淡水河谷、达美乐、瑞士再保险和普莱银行等为案例，形象直观地阐述文化对企业发展的驱动作用，尤其体现在战略设定和策略选择上。当然，著作也向读者展示了跨国大公司文化变化的困境。读来如身临其境，回味无穷。

计量经济学在我国的发展不过三十多年，教育部将它作为经济学 8 门共同核心课程也才十多年，但计量经济学对于经济学的发展作用毋庸置疑。一旦谈起计量经济学，大多数接触过它的读者都会因其艰深难懂避而远之。即使是我国学术界使用频率较高的伍德里奇的《计量经济学导论》和古扎拉蒂的《计量经济学基础》，它们一样让人望而却步。《计量经济学：直觉、证明与实践》这本书虽然也一样深奥，但是它与一般的计量经济学书籍又有些不同。它重点阐述计量经济学模型的直观含义，尤其强调以实例为基础，通过实例应用让读者方便掌握计量经济学的基本模型，并由此享受计量经济学所带来的乐趣。

说起 Excel，说不知道的人应该不多了。介绍 Excel 操作的书籍汗牛充栋。但《基于 EXCEL 的数据分析建模和模拟》这本书肯定与你以前见过的 Excel 有关的书籍大为不同。虽然它也是介绍如何运用 Excel 进行数据分析，但是，它是以现实问题为背景，如损益表问题、抵押贷款利率的计算问题，甚至约克河考古预算问题，告诉你如何针对上述问题进行建模、分析，进行实际问题的解决。更难得的是，这本书异常通俗。

品牌是什么？现代营销之父科特勒认为，品牌是销售者向购买者长期提供的一组特定的特点、利益和服务。它是一种能带来价值增值的无形资产。企业的发展离不开品牌。但是，如何树立品牌、经营品牌又是任何一个走向百年企业必须跨过去的槛。《伟大品牌的重大错误》就是一个分析品牌失败的书。从蹩脚的广告到荒谬的品牌延伸，从被误导的促销活动到考虑不周全的社交媒体运作，形形色色的品牌失败案例全方位多角度展现在读者面前。失败是成功之母，读者从此书中将获益良多。

一般来说，市场失灵就需要政府来规制。但政府规制有两种方法：一种是由行政部门来制定具体规定对市场主体进行管理；另一种是由法院通过诉讼来对市场主体进行管理。到底哪个方法更管用，更有效率，《规制与诉讼》这本书汇集了当今一些著名的规制经济学家和法经济学家对规制与诉讼的一些著名观点。

这套书的精彩之笔在此难以一一评说。无疑，华东政法大学产业经济学“经济与法译丛”的面世，将会进一步推动学术界更加关注经济学与法学的融合生长。也将会更加激励产业经济学科的同仁们以更开放的胸怀，汲取当今世界经济学与法学的最新前沿成果，鞭策其再接再厉，拿出更具分量的法经济学成果来，为学术界贡献绵薄之力。

是为序。

案例列表

来自世界贸易组织常设上诉机构报告的案例

巴西：影响翻新轮胎进口的措施，WO/DS332/AB/R（上诉机构报告 2007 年 12 月 17 日通过）

中国：影响汽车部件进口的措施，WO/DS342/AB/R（上诉机构报告 2008 年 12 月 15 日通过）

中国：影响某些出版物和视听娱乐产品贸易权和分销服务的措施，WO/DS363/AB/R（上诉机构报告 2010 年 1 月 19 日通过）

欧盟：影响石棉和含石棉制品的措施，WO/DS135/AB/R（上诉机构报告 2001 年 4 月 5 日通过）

印度：药物和农用化学品专利保护，WT/DS50/AB/R（上诉机构报告 1997 年 12 月 19 日发布）

美国：改良配方和传统的汽油标准，WT/DS2/AB/R（上诉机构报告 1996 年 5 月 20 日通过）

美国：某些虾和虾制品的进口限制，WT/DS58/AB/R（上诉机构报告 1998 年 12 月 6 日通过）

来自世界贸易组织专家组报告的案例

中国：影响某些出版物和视听娱乐产品贸易权和分销服务的措施，WT/DS/363/R（专家组报告 2010 年 1 月 19 日通过）

印度：影响汽车行业贸易与投资的措施，WT/DS146/R（专家组报告 2011 年 12 月 21 日通过）

印度：药物和农用化学品专利保护，WT/DS50/R（专家组报告 1997 年 12 月 5 日发布）

印度：药物和农用化学品专利保护，WT/DS79/R（专家组报告 1998 年 8 月 24 日发布）

投资保护协定仲裁案例

Abaclat 等（曾用名 Goivanna a Beccara 等）诉阿根廷共和国案，国际投资争端

解决中心案例号 ARB/07/5（2011 年 8 月 4 日判决）

AMT 公司诉扎伊尔案，国际投资争端解决中心案例号 ARB/93/1（1997 年 2 月 21 日）

亚洲农业产品公司（AAPL）诉斯里兰卡 17 YCA106（1990 年 6 月 27 日）

ATA 建筑公司诉约旦哈希姆王国案，国际投资争端解决中心案例号 ARB/08/2（2010 年 5 月 18 日）

Azurix 公司诉阿根廷共和国案，国际投资争端解决中心案例号 ARB/01/12（2006 年 7 月 14 日）

BHD 诉马来西亚政府案，国际投资争端解决中心案例号 ARB/05/10（2007 年 5 月 17 日）

毛里求斯印度电力资本 I 公司和（毛里求斯）能源企业公司诉马哈拉施特拉邦电力发展有限公司，马哈拉施特拉邦电力委员会和马哈拉施特拉邦案（达赫尔电力项目）案例号 12913/MA（ICC）（2005 年 4 月 27 日）

中国黑龙江国际技术合作公司、秦皇岛市秦龙国际工业公司和北京首钢矿业投资公司诉蒙古共和国案，联合国国际贸易法委员会（2010 年）

CMS 天然气运输公司诉阿根廷共和国案，取消的案件卷宗号 ARB/01/8（2005 年 5 月 12 日）

Companhia Estadual de Energia Eletria （CEEE）诉 AES Distribuidora Gaucha de Energia e Outros R. D. B. A. 案，第 18 号第 389 页（2005 年 10 月 25 日）

大陆意外险公司诉阿根廷共和国案，国际投资争端解决中心案例号 ARB/03/9（2008 年 9 月 5 日）

Ekran Berhad 诉中华人民共和国案，国际投资争端解决中心案例号 ARB/011/15（2011 年 5 月 24 日提交）

EnCana 诉厄瓜多尔共和国案，LCIA 案例号 3481（2006 年 2 月 3 日）

Ethyl 公司诉加拿大案，38ILM708（1998）联合国国际贸易法委员会

Fakes 诉土耳其共和国案，国际投资争端解决中心案例号 ARB/07/20（2010 年 7 月 14 日）

Hulley 企业有限公司（塞浦路斯）诉俄罗斯联邦案，PCA 案例号 AA226（2009 年 11 月 30 日）

Joseph Charles Lemire 诉乌克兰案，国际投资争端解决中心案例号 ARB/06/18（2011 年 3 月 28 日）

LGE 能源公司诉阿根廷共和国案，国际投资争端解决中心案例号 ARB/02/1（2006 年 10 月 3 日）

Libananco 控股公司诉土耳其共和国案，国际投资争端解决中心案例号 ARB/06/8（2011 年 9 月 2 日）

Maffezini 诉西班牙案，国际投资争端解决中心案例号 ARB/97/7（2007 年 1 月 25 日）

Metalclad 诉墨西哥案，国际投资争端解决中心案例号 ARB（AF）/97/1（2000 年 8 月 30 日）

Methanex 诉美利坚合众国案，44ILM1345，联合国国际贸易法委员会（2005 年）

诺贝尔风险投资基金诉罗马尼亚案，国际投资争端解决中心案例号 ARB/01/11（2005 年 10 月 12 日）

Pac Rim 开曼群岛诉萨尔瓦多案，国际投资争端解决中心案例号 ARB/09/12（2010 年 8 月 2 日）

Parkerings Compagnier 诉立陶宛案，国际投资争端解决中心案例号 ARB/05/8（2007 年 9 月 11 日判决）

Plama Consortium 有限公司诉保加利亚共和国案，国际投资争端解决中心案例号 ARB/03/24（2005 年 2 月 8 日）

Pope Talbot 诉加拿大案，第二阶段赔偿，联合国国际贸易法委员会（2001 年 4 月 10 日）

Renta 4 S. V. S. A. 等诉俄罗斯联邦案，SCC# 24/2007（2009 年 3 月 20 日）

Renta 4 S. V. S. A. 等诉俄罗斯联邦案，SCC（2012 年 7 月 20 日判决）

RosInvestCo 英国有限公司诉俄罗斯联邦案，SCC 案例号 Arb. V079/2005（2010 年 9 月 12 日终审）

Salini 诉摩洛哥案，国际投资争端解决中心案例号 ARB/00/4（2001 年 7 月 23 日）

Saluka 投资公司诉捷克共和国案，部分判决（2006 年 3 月 17 日）

Sancheti 诉联合王国案，联合国国际贸易法委员会（2008 年）

Sedelmayer 诉俄罗斯联邦案，SCC（1998 年 7 月 7 日判决）

Sempra 能源国际公司诉阿根廷案，国际投资争端解决中心案例号撤销卷宗 ABR/02/16（2010 年 6 月 29 日）

Sergei Paushok，CJSC 金色东方公司和 CJSC Vostokneftegaz 公司诉蒙古案，联合国国际贸易法委员会（俄罗斯蒙古双边投资协定）。司法管辖区和赔偿责任判决（2011 年 4 月 28 日）

西门子诉阿根廷案，国际投资争端解决中心案例号 ARB/02/8（2007 年 2 月 6 日）

SPP 诉埃及案，国际投资争端解决中心案例号 ARB/84/3（1992 年 5 月 20 日）

谢业深诉秘鲁共和国案，国际投资争端解决中心案例号 ARB/07/6（2009 年 6 月 19 日）

老兵石油有限公司（塞浦路斯）诉俄罗斯联邦案，PCA 案例# AA228（2009 年 11 月 30 日）

垃圾管理公司诉墨西哥案，终审判决 1994 年 4 月 30 日，43ILM（2004 年）967

Wena 酒店诉埃及案，国际投资争端解决中心案例号 ARB/98/4（2000 年 12 月 8 日）

白色工业澳大利亚有限公司诉印度共和国案，联合国国际贸易法委员会（2011 年 11 月 30 日终审判决）

Yukos 环球有限公司（曼岛）诉俄罗斯联邦案，PCA 案例# AA227（2009 年 11 月 30 日）

尤里博格达诺夫，Agurdino 投资有限公司和 Agurdino-Chimia JSC 诉摩尔多瓦共和国案，SCC（2005 年 9 月 22 日终审判决）

尤里博格达诺夫诉摩尔多瓦共和国案，SCC 仲裁号 V（114/2009）（2010 年 3 月 30 日）

国际法庭判例

德国诉波兰共和国（Chorzow 工厂）案起诉赔偿，PCIJ1928 序列 A# 17（1928 年 9 月 13 日）

伊朗诉美国案，2003 年国际法庭报告第 161 号（2003 年 11 月 6 日）

尼加拉瓜诉美国案，1986 年国际法庭报告第 14 号（1986 年 6 月 27 日）

美利坚合众国诉意大利案（Elettronica Sicula 公司），1989 年国际法庭报告第 15 号

国内法案例

巴西：Companhia Estadual de Energia Eletrica（CEEE）诉 AES Sul Distribuidora Gaucha de Energia e Outros R. D. B. A. 案，# 18 第 389 页（2005 年 10 月 25 日）

联合王国：伦敦城诉 Sancheti 案［2008］EWCA Civ1283（2008 年 11 月 11 日）

相关条约和法律文件列表

协议名称	签署日期	批准或生效日期
关税与贸易总协定/世界贸易组织的各项协定		
建立世界贸易组织的协议(世界贸易组织协议)	1994/4/15	1995/1/1
政府采购协议(GPA)	1994/4/15	1995/1/1
补贴与反补贴措施协议(SCM 协议)	1994/4/15	1995/1/1
卫生与植物检疫措施实施协议(SPS 协议)	1994/4/15	1995/1/1
与贸易有关的知识产权协定(TRIPs 协定)	1994/4/15	1995/1/1
与贸易有关的投资措施协议(TRIMs 协议)	1994/4/15	1995/1/1
服务贸易总协议(GATS)	1994/4/15	1995/1/1
关税与贸易总协定(GATT)	1994/4/15	1995/1/1
争端解决规则与程序谅解协议(争端解决谅解)	1994/4/15	1995/1/1
国际投资保护协定		
东盟广泛投资保护协议	2009/2/26	
亚洲-太平洋贸易协议(APTA)和投资自由化的框架协议	2009/12	
巴西智利投资保护协议	1994/3/22	
巴西古巴投资保护协议	1997/6/26	
巴西丹麦投资保护协议	1994/3/22	
巴西芬兰投资保护协议	1995/3/28	
巴西韩国投资保护协议	1995/9/1	
巴西荷兰投资保护协议	1998/11/25	
中美洲自由贸易协定(CAFTA)		
中国阿尔巴尼亚投资保护协议		1995/9/1
中国阿根廷投资保护协议	1992/11/5	1994/8/1
中国澳大利亚投资保护协议	1988/7/1	1988/7/11
中国比利时卢森堡投资保护协议	2005/6/6	2009/12/1
中国玻利维亚投资保护协议		1996/9/1
中国波斯尼亚黑塞哥维那投资保护协议	2002/6/26	2005/1/1
中国博茨瓦纳投资保护协议	2000/6/12	
中国柬埔寨投资保护协议	1996/7/19	2000/1/1
中国智利投资保护协议	1994/3/23	1995/8/1
中国智利自由贸易协定	2006/10/1	
中国哥伦比亚投资保护协议	2008/11/22	
中国象牙海岸投资保护协议	2002/9/23	
中国丹麦投资保护协议	1985/4/29	1985/4/29

续表

协议名称	签署日期	批准或生效日期
国际投资保护协定		
中国埃及投资保护协议	1994/4/21	1996/4/1
中国爱沙尼亚投资保护协议	1993/9/2	1994/1/1
中国德国投资保护协议	2003/12/1	2005/11/11
中国加纳投资保护协议	1989/10/12	1991/11/22
中国印度尼西亚投资保护协议	1994/11/18	1995/4/1
中国日本投资保护协议	1988/8/27	1989/5/14
中国约旦投资保护协议	2001/11/15	
中国朝鲜民主主义人民共和国投资保护协议	2005/3/22	2005/10/1
中国荷兰投资保护协议	2001/11/26	2004/8/1
中国新西兰自由贸易协定	2008/10/1	
中国巴基斯坦自由贸易协定	2007/7/1	
中国秘鲁投资保护协议		1995/2/1
中国新加坡投资保护协议		1986/2/7
中国瑞典投资保护协议	2004/9/27	
中国泰国投资保护协议	1985/3/12	1985/12/13
中国英国投资保护协议	1986/5/15	1986/5/15
中国东盟服务业贸易协定	2007/8/7	
中国东盟投资保护协议	2009/8/15	
承认与执行外国仲裁判决公约(纽约公约 330UNTS38)	1958/6/1	1959/6/7
国家与他国公民投资争端解决公约(华盛顿公约或称世界银行投资争端国际解决中心公约)575UNTS159,4ILM524(1965)		
能源宪章条约 2080UNTS95		1994/12/17
印度澳大利亚投资保护协议		2000/5/4
印度奥地利投资保护协议		2001/3/1
印度哥伦比亚投资保护协议	2009/11/10	
印度克罗地亚投资保护协议		2002/1/19
印度捷克共和国投资保护协议	2010/7/8	2011/3/24
印度德国投资保护协议	1995/7/10	1998/7/13
印度韩国投资保护协议	1996/2/26	1996/5/7
印度科威特投资保护协议	2001/11/27	2003/6/28
印度墨西哥投资保护协议	2007/5/21	2008/2/23
印度荷兰投资保护协议	1995/11/6	1996/12/1
印度斯里兰卡投资保护协议	1997/1/22	1998/2/13
印度瑞典投资保护协议	2000/7/4	2001/4/1
印度瑞士投资保护协议	1997/4/4	2000/2/16
印度泰国投资保护协议	2000/7/10	2001/7/13
印度土耳其投资保护协议	1988/9/17	
印度英国投资保护协议	1994/3/14	1995/1/6
印度日本广泛经济伙伴关系协议(CEPA)	2010/10	

续表

协议名称	签署日期	批准或生效日期
国际投资保护协定		
印度新加坡广泛经济伙伴关系协议(CEPA)	2005/6/29	
印度韩国广泛经济伙伴关系协议(CEPA)	2009/8/7	
北美自由贸易协定 32ILM289,605(1993)		1994/1/1
俄罗斯加拿大投资保护协议	1989/11/20	1991/6/27
俄罗斯中国投资保护协议	2006/11/9	2009/5/1
俄罗斯塞浦路斯投资保护协议	1997/4/11	
俄罗斯埃及投资保护协议	1997/9/23	2000/6/12
俄罗斯埃塞俄比亚投资保护协议	2000/2/10	2000/6/6
俄罗斯芬兰投资保护协议	1989/2/8	1991/8/15
俄罗斯德国投资保护协议	1989/6/13	1991/8/5
俄罗斯希腊投资保护协议	1993/6/30	1997/2/23
俄罗斯匈牙利投资保护协议	1995/3/6	1996/5/29
俄罗斯日本投资保护协议	1998/11/13	2000/5/27
俄罗斯韩国投资保护协议	1990/12/14	1991/7/10
俄罗斯老挝投资保护协议	1996/12/16	2006/2/9
俄罗斯黎巴嫩投资保护协议	1997/4/7	2003/3/11
俄罗斯立陶宛投资保护协议	1999/6/29	2004/5/24
俄罗斯荷兰投资保护协议	1989/10/5	1991/7/20
俄罗斯挪威投资保护协议	1995/10/4	1998/5/21
俄罗斯卡塔尔投资保护协议	2007/2/12	2009/6/4
俄罗斯瑞典投资保护协议	1995/4/19	1996/6/7
俄罗斯泰国投资保护协议	2002/10/17	
俄罗斯乌克兰投资保护协议	1998/11/17	2000/1/27
俄罗斯美国投资保护协议	1992/6/17	
巴西仲裁法 9.307.23		1996/9/23
巴西宪法		
巴西 4.311.23 号法令		2002/7
国内法相关规定		
中华人民共和国仲裁法		1994
印度仲裁法 1996 s34		
印度工业政策与促进部通报 2011 年#1(综合外国直接投资政策)		2011/4/1
俄罗斯宪法		
俄罗斯联邦法 1999/9/7 #160-FZ“关于俄罗斯联邦内的外国直接投资”		
俄罗斯联邦法 2008/4/29 #57-FZ“关于外国在国防与安全行业具有战略重要性的公司投资程序的规定”		
俄罗斯政府命令第 1141 号 2009/9/12		
美国外国人侵害赔偿法案 28U.S.C.1350(1789)		

缩写一览

缩写	全称
AATS	中国-东盟自贸区服务贸易协议
AIN	中国-东盟自贸区投资协议
APTA	亚太贸易协议
ASEAN	东南亚国家联盟
BCG	波士顿咨询公司
BIT	双边投资保护协议
BRIC	金砖国家（巴西、俄罗斯、印度、中国）
CDB	中国发展银行
CEFA	印度新加坡广泛经济合作协议
CEPA	广泛经济伙伴关系协议（印度）
CIS	独立国家联合体
CSR	公司社会责任
ECOSOC	联合国经社理事会
ECT	能源宪章条约
FDI	外国直接投资
FET	公平与平等待遇
FIAC	外国投资顾问委员会（俄罗斯）
FPS	完全的安全和保护
FTA	自由贸易协定
GATS	服务贸易总协定
GATT	关税与贸易总协定
GPA	政府采购协议（世界贸易组织）
ICSID	国际投资争端解决中心
IFC	国际金融公司
IIA	国际投资保护协议

IISD	国际可持续发展研究所
ILO	国际劳工组织
IMF	国际货币基金组织
MAI	多边投资协议（经济合作与发展组织）
MAIS	服务业多边投资协定
MERCOSUR	南锥体共同市场
MFN	最惠国待遇
MIGA	世界银行多边投资担保机构
MNE	跨国公司
NAFTA	北美自由贸易协定
OECD	经济合作与发展组织（经合组织）
PRI	政治风险保险
RTA	区域贸易协定
SAARC	南亚区域合作组织
SAFTA	南亚自由贸易区
SOE	国有企业
TRIMs 协议	世界贸易组织《与贸易有关的投资措施协议》
TRIPs 协定	世界贸易组织《与贸易有关的知识产权协定》
UNCITRAL	联合国国际贸易法委员会
UNCTAD	联合国贸易与发展会议（贸发会议）
WTO	世界贸易组织

目录

第1章　简介

第2章　巴西

第3章　俄罗斯

第 4 章　印度

第 5 章　中国

第 6 章　《服务业多边投资协定》：管辖范围与法定义务

第 7 章 服务业多边投资国际协定的例外条款

第 8 章 服务业直接投资多边保护条约：争端解决和补偿机制

第 9 章 总结

参考文献

第1章

简介

巴西、俄罗斯、印度、中国金砖四国服务业对外直接投资的增长

世界最大的四个新兴经济体国家，巴西、俄罗斯、印度和中国，通常被统称为“金砖四国”[1]，正日益成为21世纪引领全球经济发展的重要角色，未来有可能超越包括德国、英国甚至美国在内的传统西方经济发达国家。这四个国家的经济发展，是目前经济全球化趋势的最佳代言人，当然，他们在政治和文化领域，尚未达到经济领域的发展高度。中国经过近几十年史无前例的高速经济增长，已经取代日本成为全球第二大经济体。印度很快将成为全球第一人口大国，而且劳动力相对年轻，教育程度也越来越高。俄罗斯尽管在某种程度上可以被看作一个走下坡路的老大帝国，但是它拥有丰富的自然资源，足可以支撑起俄罗斯作为全球能源超级大国的地位。巴西则通过对本国自然资源的开发利用，坚持走市场经济的道路，成为拉丁美洲最大的经济体。以上趋势，在流入和流出这四个国家的外国直接投资（FDI）的新近统计数据中得到充分体现，尤其是这四国的对外直接投资额，更是反映了金砖四国跨国企业（MNE）在世界舞台上的崛起[2]。2011年，来自发展中国家的外国直接投资总额3840亿美元，占全球对外直接投资流出额的23%，比2010年稍有下降[3]，其中金砖国家就占了1460亿美元（中国650亿美元，俄罗斯670亿美元，印度150亿美元，巴西在2011年度对外直接投资则是- 10亿美元）。这个数字占当年全球对外直接投资总额（15000亿美元）的近10%，而仅仅十年前，金砖国家对外直接投资额还近乎于可以忽略不计。见图1.1。

[1] 这个术语是戈德曼-萨克斯投资银行首席经济学家吉姆·奥尼尔在‘Building Better Economic BRICs’ Goldman Sachs，Global Economics Paper No：66（30 November 2001）<http://www.goldmansachs.com/our-thinking/topics/brics/bricsreports-pdfs/build-better-brics.pdf> accessed 5 November 2012。

[2] 跨国企业或者跨国公司这两个术语经常和多国企业混用，本书使用跨国公司的提法。跨国公司定义为至少10%的销售额或者产值在海外并且在3个以上国家有子公司的大企业。引自“A Rugman，Inside the Multinationals：The Economics of Internal Markets”（Columbia University Press，1981）。

[3] 2012年世界投资报告UNCAD2012。

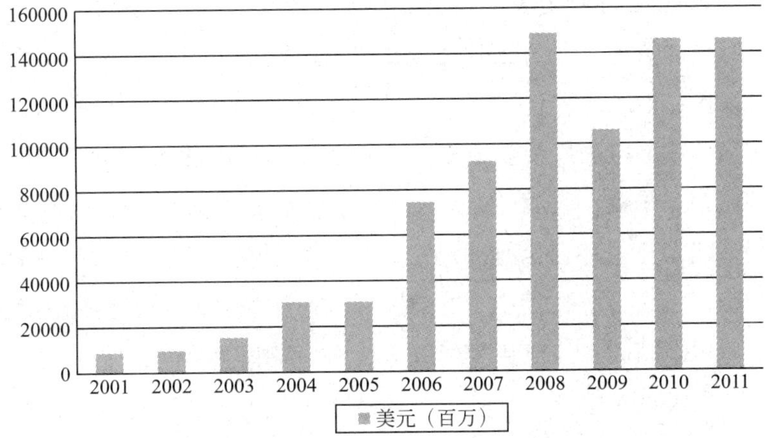

图 1.1　金砖四国 FDI 流量（2001—2011 年）

来源：UNCTAD 2012.

金砖国家传统上是作为西方跨国公司的投资目的地国，他们进行对外投资是一个新兴的趋势。来自新兴经济体跨国公司的外国直接投资，正日益成为向其他新兴经济体国家、发达国家和发展中国家，尤其是非洲国家投资的重要来源之一。尽管全球对外直接投资来源，总体来说仍以来自美国和欧盟国家的跨国公司为主，但是有迹象表明，来自新兴经济体的对外直接投资增长速度高于来自西方公司的直接投资增长速度，最终有可能在份额上追上甚至超过西方公司直接投资额❶。实际上，全球五百家最大跨国公司名单上最显著的变化，就是来自新兴经济体的公司越来越多。新兴经济体的跨国公司，正以比发达国家跨国公司更快的速度进行全球化部署❷。金砖国家的跨国公司拥有大量资本，通常享有本国政府的直接支持，在其国际化进程的初级阶段，摆出积极的进取姿态，似乎并不耽于西方跨国公司所担心的那些国际化风险。

来自新兴经济体国家的外国直接投资除了拥有以上快速增长不畏风险的特征之外，另一个特征就是服务业对外投资的比率持续增加，尽管 2008—2009 年金融危机期间，这个比率稍有下降❸。过去十年间，服务业对外直接投资比率的增长，说明新兴经济体国家正在努力改变过去传统的以能源和低成本制造业为主要增长引擎的发展战略，正致力于推动经济增长多元化的总体战略。来自新兴经济

---

❶ 2012 年世界投资报告 UNCAD2012。

❷ K Sauvant，W Maschek，G McAllister. 新兴市场的外国直接投资，金融危机的影响和未来的挑战. //K Sauvant，G McAllister，W Mascheck. 新兴市场国家的外国直接投资. 纽约：麦克米伦出版社，2010.

❸ 2012 年世界投资报告 UNCAD2012。

体国家的跨国公司在国际竞争中，正变得越来越成熟，愈加重视高附加值的产业。更重要的是，服务业外国直接投资的增长，反映了日益成熟的信息时代的特征，正如在许多其他领域，科技进步正在取代人力劳动一样，互联网也正以一往无前的速度和效率，帮助厂商获取信息和知识。尽管巴西和俄罗斯的跨国公司大部分仍然集中在采矿业，巴西的 Andrade Gutierrez 公司和俄罗斯的 Sistema 公司分别在国际建筑行业和通信行业迅速崛起。而印度和中国的服务业跨国公司，近年在并购西方大企业的交易中，扮演着越来越重要的角色，例如印度制药公司 Dr. Reddy’s 和中国通信业巨头中国联通所进行的国际并购案。来自金砖国家的服务业对外直接投资，预计将在不久的将来超越非服务业对外直接投资，成为 21 世纪金砖国家对外投资的主流。从整体上，全球对外直接投资都出现了从 20 世纪占统治地位的制造业和采矿业向服务业转移的趋势。2011 年服务业对外直接投资从上一年的颓势中强劲复苏，达到 5700 亿美元，占当年对外直接投资总额的 38%[1]。

以上国际资本流动方向和构成的变化，有可能代表了 21 世纪全球化的一个大趋势。20 世纪全球化的特点是，西方跨国公司从海外获取原料和廉价制造业产品，并在国际制成品市场上建立起自己的统治地位。21 世纪头十年的趋势有所变化。西方跨国公司上述势头虽仍在持续，但是他们正在面临越来越强大的来自全世界的竞争者，而不仅仅是同样来自其他发达国家的竞争。来自新兴经济体跨国公司的对外投资日益增长，而且在高附加值服务业的直接投资份额也日益上升，即便 20 世纪的国际投资传统格局仍未被完全打破，至少也预示了未来的数十年里，全球经济增长将会越来越平等。

以上国际化的新趋势，跟 21 世纪头十年另一个社会趋势不谋而合：那就是人权、环境保护、保持传统文化，这些普世价值在各国经济政策中所占的地位越来越不可动摇。各国公民对于一个公开、民主、安全的社会的要求日益迫切，而在这样一个社会里，外国投资、跨国公司的经济利益并不占据统治地位。这个趋势体现在可持续发展的概念中，这是一个长远发展的观念，在这个观念中，环境保护、经济繁荣这些长期目标，至少和公司季度利润、政客连选连任这些短期目标一样重要。

而治理国际投资的法律体系，也必须适应这样一个全球新秩序，在这个新秩

[1] 2012 年世界投资报告 UNCAD2012。

序中，资本在发达国家和发展中国家间双向流动，而服务业和传统的制造业在经济发展中起着同样重要的作用。多数 20 世纪签订的双边投资保护条约（BIT），都是由传统的发达资本流出国发起的，承担义务的主要是东道国，尤其是发展中的东道国。这有利于那些在发展中东道国攫取资源的西方跨国公司。在 19 世纪七八十年代，多数双边投资保护协定开始包括投资者——国家争端仲裁条款，这些投资者与政府争端仲裁条款，基本都是为了保护来自发达国家的跨国公司免受发展中东道国不公正待遇而设的。但是，《北美自由贸易协定》（NAFTA）的例子证明，投资公司和东道主政府的纠纷案例，有很多都是针对美国和加拿大政府的，甚至还多于针对墨西哥政府的案例。相应地，现代的国际投资法律，应该更多地平衡投资方与东道国政府的权利和义务，照顾到东道国公民的社会价值诉求，毕竟，如今西方发达国家也可能会处于东道国这个角色了。

但是，国际法律界对全球直接投资结构的变化，并未引起足够重视。新兴经济体成为西方公司的投资机会，这个趋势为人熟知，但是来自非西方国家的跨国公司，在美国与欧洲的投资日益增多，这个现象却常常被忽略了。有经济学者对金砖国家和其他新兴经济体对外直接投资增长的原因，做出过理论解释，来评估新兴经济体公司全球化决策的合理性❶。但是目前对新兴经济体国家跨国公司全球化背后的法律环境分析尚显薄弱，尤其缺乏对于国际投资法律环境，如何才能确保公司、东道国政府和公民都能受益于这个课题，尚缺之建言。本书试图填补学术研究的这个空白，研究有关金砖国家对外直接投资的法律法规。本书仅专注于研究来自巴西、俄罗斯、印度、中国的服务业对外直接投资，不涉及制造业、采矿业这些外国直接投资的传统领域，因为服务业目前仍是外国直接投资受到最多最严格政策限制的行业❷。这种不够开放的局面对发展中国家不利，虽然服务业的大多数对外直接投资仍然来自发达国家，但是发展中国家的服务业对外投资也在快速增长中，发展中国家的经济增长和繁荣，将越来越多地倚重于服务业的增长，而服务业增长中相当大的一部分，会来自向国外市场的扩张。新兴经济体国家跨国公司不仅通过本国的教育跟基础设施体系，也应该利用海外公司，来培养和提高员工的知识和技能。而服务业投资壁垒，会妨碍新兴市场国家的公司利用海外分公司达成这一目的。传统上，发展中国家的经济增长来自低劳动力成本

❶ K Sauvant. 外国直接投资的新来源：巴西、俄罗斯、印度和中国的对外直接投资. 世界投资和贸易，2010，6（5）：639.

❷ 2012 年世界投资报告 UNCAD2012。

和自然资源，偏重制造业和采矿业，自然会有抵制服务行业增长和扩张的倾向。但是本国劳动力成本逐渐上升，最终会导致新兴经济体国家失去制造业优势，被迫向服务业转移，此时，就有必要通过向海外服务业市场扩张来保持经济增长[1]。而对于采矿业，从长期而言产值增长是不可持续的，也不可能仅仅依靠采矿业来长期支撑高就业率和提高人民生活水平，因此产业多样化势在必行。要想从传统制造业和采矿业转向服务业，进行产业多元化，就势必需要降低服务业投资壁垒，尤其是那些与基础设施相关的服务业，比如银行业和电信业，这些行业的国际投资可以进一步提高国家的生产能力。

传统上，发达国家由于劳动力成本高，已经无法在制造业和采矿业上跟发展中国家竞争，因此严重依赖服务行业实现经济增长。而新兴市场国家的战略重点向服务业转移，无疑会对发达国家造成竞争压力，因而导致发达国家的保护主义倾向，例如限制外国资本在本国公司的股权比率，不承认外国职业资格证书，甚至对外国资产实行征用等。服务业的对外直接投资，需要国际法的保护。因为各国税收减让和政府补贴这类吸引国际直接投资的政策，一般都集中于制造行业；而在服务业中，尤其是公用事业、交通运输、建筑业这些服务行业，各国法规反而歧视外国资本[2]。这种对服务业外资的拒绝态势，在某种程度上令人难以理解，因为服务业比制造业和采矿业给东道国经济造成的负面影响要小。例如，服务业比制造业和采矿业引起的环境污染小，劳动力剥削的程度低[3]，同时服务业直接投资和制造业跟采矿业的投资一样，也能产生增加就业、提高竞争力、技术转移这样的正面效益。同时，因为制造业外国投资的沉入成本比制造业和采矿业低，发生国际纠纷的时候，引起国际法保护性干预的可能性较低。

服务业的对外直接投资法律法规，涉及国家、地区，有时候是国际多边条约的管制，每一个层面都可能侵犯了敏感的国家经济主权。与制造业和采矿业的外国直接投资不同，服务业的外国直接投资传统上对东道国产生的利益，比对投资方产生的利益要大，因为服务业有高度的国家管制，要求服务业企业有特殊的资质，或者要求企业为实现当地化提供服务。许多国家，包括很多市场经济主导的国家，都在某些服务行业实行国家垄断，排斥外来资本。有些服务行业，比如公用事业，被认为对国家经济至关重要；还有些服务行业，例如交通和通信业，被

[1] S Maswood. 国际政治经济学与全球化：第 2 版. 新加坡：世界科学出版社，2008：199.

[2] S Golub. 对服务业国外直接投资的开放度：国际比较分析. 世界经济，2009：1245.

[3] 这不是完全没有问题的：建筑业会造成环境污染，餐馆服务员和家政服务经常遭受雇主虐待。

认为影响国家安全，全都限制外国厂商进入。

本书研究有关限制外国直接投资的现存国际法律框架，探索以上法律框架如何影响金砖国家对服务业对外投资的管理。金砖四国都曾经对于本国对外国的服务业直接投资，存有敌视心态，如今无一例外地转变为不仅允许，甚至积极促进对外直接投资。以金砖国家为代表的很多新兴经济体，一方面要利用有限的资源，来促进本国企业对外投资，参与国际竞争的能力；另一方面致力于吸引外来直接投资，获得经济增长和引进技术与知识。因此，新兴经济体国家通常都要通过国际双边和多边投资协议中的保留条款，兼顾促进对外投资和吸引外资的双重目的。

对外直接投资（FDI）的原因和影响

本书的主旨并不在于广泛研究国际直接投资的经济影响，在此仅简述几个主要的经济效果。对于跨国公司来说，国外投资提供了获得更广阔市场和降低生产成本的可能性，两者都将导致更高的公司利润，而对于单纯的国内企业而言，由于国内市场饱和，或者国内的劳动力及原材料成本高，无法实现跨国企业那样的高额利润。尤其在服务行业，公司建立海外子公司，所获得的当地市场要么之前是一片空白，或者当地同行业企业数量和竞争力有限，因此能够获得高额利润。跨国公司对外投资对于资本来源国的好处，主要在于税收增长和提供潜在的海外就业机会。与外国企业的商业往来，也能为本国消费者提供购买外国消费品和技术的机会[1]。对于投资东道国来说，吸引国外直接投资不但有助于以 GDP 为主要衡量指标的经济增长，而且有助于改善生活质量，例如提高识字率和延长人口平均寿命。因为国外资本流入，会带来一系列好处，比如降低产品和服务价格，提供就业、培训，向东道国进行科技转让等，对低收入国家的经济发展有所助益[2]。而流入发达国家的直接投资，会增加国内市场竞争，提高行业标准，降低

[1] P Buckley，J Clegg，A Cross，H Voss. 新兴市场国家能从发达国家的对外直接投资政策中学到什么. // K Sauvant，G McAlliste，W Maschheckeds. 新兴市场国家的外国直接投资. 纽约：麦克米伦出版社，2010.

[2] 引自 A Griffiths 和 S Wall 编著的《应用经济学》第 7 章，以及 Prentice Hall 出版社 2007 年第 11 版和 P Buckley 上所引文章。改善东道国国际收支状况也是经常引用的另一个直接投资的好处。P Muchlinski. 跨国公司和法律. 牛津：牛津大学出版社，2007.

消费品价格，对发达的资本东道国也有益处[1]。这个益处在服务行业更加彰显，因为服务业的竞争更加依赖于技术水平的竞争。此外，由于本国企业参与国际市场竞争时，会提高专业化水平，同时为资本来源国间接输入科技知识，这也是对外直接投资为母国带来的利益之一[2]。

但是，国际投资究竟在多大程度上有助于东道国经济发展和提高公民福利，却是一个有争议的话题。近年来对国际投资的评论，集中强调了损害发展中东道国主权，降低社会生活标准的负面影响，尤其是发展中东道国必须承担为外来投资提供便利的国际条约义务[3]。类似的讨论多数集中在研究那些双边投资保护协定对经济的影响。在对东道国经济的负面影响方面，外来投资压制了本国企业，损害了本土独立建立民族工业的努力。因为过度依赖外资，一旦出现外资撤逃的现象，会对东道国造成灾难性的损伤。如果外资所进入的当地行业已经饱和，那么对东道国就业不会产生正面效应，因为当地的工人只不过是从本国企业换到了外国企业而已。而那些由跨国公司带来的新的就业机会，也有可能是短期、低工资的就业[4]。有人认为服务业的跨国公司尤其对当地企业有“挤出效应”，例如银行业。当地银行和国际大银行相比，往往在业务管理上不够纯熟，地域也不够多元化[5]。对于东道国来说，外资所提供的最宝贵助益是技术转移效应，就在这一点上，如果东道国本身不具备一定的技术学习和接受能力，也是无法利用外资提高本国科技创新能力的[6]。最近的研究表明，外来直接投资只有在东道国已有一定教育水平的前提下才对东道国提高科技水平有益，低于某一教育水平，外国投资只会对科技发展有害[7]。如果外来企业的活动与本国企业没有相似性，那么就很难产生有效的技术转让[8]。这个现象在服务业国际投资领域尤其重要，例如中国通信企业在非洲的直接投资，当地的通信基础设施基本是一片空白。相应地，有学者指出，在经济发展水平大体类似的国家之间缔结的双边投资协议，才能最

---

❶ 引自 A Griffiths 和 S Wall 编著的《应用经济学》。注意英国汽车行业由于来自日本跨国公司的竞争压力而进步。

❷ S Globerman，D Shapiro. 对外直接投资和新兴市场国家的经济表现. //K Sauvant，ed. 新兴市场国家跨国公司的兴起. 切尔滕纳姆：Edward Elgar 出版社，2008.

❸ D Schneiderman. 将经济全球化宪法化. 剑桥：剑桥大学出版社，2008.
M Sornarajah. 外国投资的国际法. 剑桥：剑桥大学出版社，2010.

❹ P Muchlinki. 跨国公司和法律. 牛津：牛津大学出版社，2007：87.

❺ 2012 年世界投资报告 UNCAD2012。

❻ 世界贸易组织贸易与投资关系工作组，欧盟与其成员国的交流 WT/WGTI/W65（2000/10/9）。

❼ J Dine. 公司、国际贸易和人权. 剑桥：剑桥大学出版社，2005.

❽ K Mascus. 知识产权在鼓励外国直接投资和技术转让中的作用. 杜克比较法学与国际法，1998，109：7.

有效地达到促进国际投资双向流动的目的❶。

对于那些旨在降低生产成本的国际直接投资，对其负面效益的探讨更为充分。跨国公司会被那些法治薄弱的东道国所吸引，在这些国家里，外国资本的商业活动会对当地的环境和劳工权益造成巨大损害。反对全球化的学者和国际组织还指出，对国际投资的国际监管松懈，将会导致东道国国内法律在重要的社会发展目标，例如环境、劳工、文化方面，也有放松监管的压力❷。有些国家故意降低监管标准以吸引外来投资，为追逐低成本的外国公司创造出“污染天堂”。这种现象被称为国际投资的“向低端赛跑模式”，部分原因在于，旨在保护外国投资的国际法律和协定，会对东道国国内监管产生压力，甚至这些国际投资协议有成为“全球行政法规”的趋势。例如，国际投资纠纷的强制仲裁条款，有利于唯利是图的西方跨国公司的商业行为，而不利于东道国政府的自主监管行为❸。另外，虽然大多数对国际投资所产生负面影响的研究集中于对东道国的影响，最近也有些研究关注对外投资对母国的负面影响，如出口替代效应、降低国内投资、就业机会流失等。另一方面，对外投资来源国可以通过提高企业竞争力、技术进步、税收提高、海外利润汇回这些正面效益，来补偿以上负面效应❹。

以上对外国直接投资的批评的声音，应该和主流国际组织所持有的支持国际投资的观点综合起来考虑。这些国际组织包括经济合作与发展组织（OECD）、联合国贸易与发展会议（UNCTAD）和世界贸易组织（WTO），他们一般认为外国直接投资是促进全球经济增长、减少贫困的正面力量❺。大多数国际经济的监管组织都会努力降低商品、服务、资本的流动壁垒，通过刺激竞争，降低物价来促进世界经济稳定持续增长。

对外直接投资不仅提高了母国企业的利润水平，而且也是资本来源国参与经济全球化、一体化的重要手段，因此，有助于缓解全球化一味有利于发达国家的

---

❶ J Siqueiros. 对跨国公司的司法管理. //国际贸易法的新方向. 乳业学报，1978：288.

❷ D Collins. 世界贸易组织在国际投资法中的新角色：后新自由主义时代的公众利益. 康涅狄格国际法，2010,25:1.

❸ J Dine. 公司、国际贸易和人权. 剑桥：剑桥大学出版社，2005.

S Montt. 投资仲裁中的国家责任：双边投资协定谈判中的全球宪法和行政法律. 牛津：哈特出版社，2009.

❹ FDeBeule. 改变对外直接投资的政策：从控制到促进 . //K Sauvant，G McAllister，W Mascheck. 新兴市场国家的外国直接投资. 纽约：麦克米伦出版社，2010.

❺ 经济合作与发展组织跨国公司行为守则——国际投资和跨国公司的声明（2000/6/7），UNCAD2009 年世界投资报告第 3 章跨国公司和发展中国家的农业生产第 95 页，一般情况见世界贸易组织 G20 贸易与投资措施报告（2010/3/8）。

不平衡效应[1]。而且，实证研究并不支持那些对全球化所产生的负面效应的过度担心[2]。公众对资本外流妨碍本国投资的担心并无充分的根据，尤其对于新兴市场国家，他们一般都拥有大量的国内储蓄盈余，资本来源充足[3]。进行对外投资的企业比单纯国内企业破产或裁员的概率更低，这都是对外直接投资带给母国的好处[4]。主流观点认为，无论是涌入还是流出的国际直接投资，都使得金砖国家，乃至全世界数以亿计的人口脱离了贫困，而获得以上成就最主要的渠道就是国家实力的提升：国际商务有赖于各国法律体系和基础设施建设的完善，而这同时也大大有利于全世界的公民。

本书的目的并不在于系统地讨论外国直接投资的得失，而是接受这样一个假设，即拆除不必要的投资壁垒应该成为国际公法的一个重要目标，以促进资本跨国流动。即便对外投资的负面效应在某些情况下非常明显，这种负面效应，也应该在本书所研究的主要对象，即金砖国家对外直接投资的范围内，进行具体而深入的分析。国家资本流动越来越多地发生在发展中国家之间（即所谓“南南投资”）和从新兴经济体国家流向发达国家（“南北投资”或者所谓的“高级市场投资”）。以上趋势是 21 世纪全球化的一个显著特点。南南投资的国家监管特别重要，因为无论资本流出国还是流入国，都有可能忽略东道国公民的权益。而新兴经济体国家对发达国家的投资，则可能引起资本来源国对东道国政府管制资本流入措施的猜疑和担忧，母国可能会认为东道国所采取的管制措施和行政程序，表面上是为了公众利益，发展持续性，实际上是伪装的保护主义。那么，以前那些为保护西方跨国公司免受发展中东道国政府损害的国际条约，现在反过来限制了那些接受新兴市场国家直接投资的西方发达东道国。因为对外直接投资再也不是只限于美国跨国公司一家有能力为之，而正在成为全世界各国进行国际商务的日常行为，而那些与资本国际扩张相联系的通俗观念、诉求和主张，正在日益为各国跨国公司所接受。

本书只想浅显地对金砖国家服务业对外投资国际管制所产生（或者无法产生）的经济和社会影响，进行最基本的探讨。本书采纳的一个基本假设，是应该

---

[1] 世界贸易组织贸易与投资关系工作组，欧盟与其成员国的交流，WT/WGTI/W65（2000/10/9）。

[2] A Harrison 在《污染企业转向国外了吗？验证污染天堂理论》中论述了“污染天堂”的理论。ARE 更新（加州大学 Giannini 农业经济学基金会）2001/12/1。

[3] 见注[1]。

[4] T Moran. 发展中国家政府应该对对外投资采取何种政策？发达国家的教训. //K Sauvant. 新兴市场国家跨国公司的兴起. 切尔滕纳姆：Edward Elgar 出版社，2008.

对服务业对外直接投资实行开放，减少障碍和壁垒，因为一般而言，国际投资的增加，对于资本的进口国和出口国的经济，都会产生促进作用。但是，这种开放应该同时兼顾那些重要的非经济增长指标和公共政策目标，例如环境问题、国家安全和人权。尤其在服务业的国际投资，会给各国带来建立和维持高水平行业竞争力的资本和科技，开拓新的市场，使得各国的企业所有者、雇员和消费者都获得利益。以上对国际资本流动的正面观点，也符合联合国贸发会议在其年度世界投资报告中经常阐述的观点，世界投资报告一般情况下都鼓励各国采取欢迎外来投资的政策[1]。本书认为，尽管国际投资协议会对环境保护、劳工权益等领域产生降低保护标准的压力，以上这些重要社会价值，可以通过适当地建构投资保护的例外条款，还有在国际投资仲裁机构建立公开的纠纷解决机制，来适当兼顾。

本书将在后面的章节详细分析金砖四国所缔结的各种国际投资保护协定所包含的主要条款，归纳出它们在投资保护的标准、投资者损害补偿、争端解决这些方面的共性。本书强调金砖国家在投资保护方面的共性，无论发达国家还是发展中国家，不仅应该同时促进外来直接投资和对外直接投资，而且要同时兼顾东道国主权，不忘国家综合经济发展的目标。

服务业外国直接投资的多边管制

本书将研究重点放在金砖国家服务业对外直接投资的国际管理方面，而不是对各国国内法的有关规定做广泛的比较分析。因此，本书将着重分析金砖国家在双边、多边、区域性国际条约中所承担的义务，以及这些国际法义务如何反应在各国的国内法当中。本书对四个国家各自处理对外直接投资的国内政策也有所分析，尤其把重点放在各国审批对外直接投资的行政程序上，在近些年，各国类似的审批手续都有所简化。特别需要指出，一般认为新兴经济体国家对外资流入的政策管制，比发达国家的类似政策要更加严格[2]，但是因为已有大量文献研究这个问题，本书对这个问题就不做正面阐述。前文已经讲过，目前全世界都出现了

---

[1] 对于结构上较弱的经济，推荐只在较少受经济周期影响的行业接受直接投资。2009 年世界投资报告 UNCAD。

[2] 2009 年世界投资报告。

对服务业国际投资放松管制的趋势[1]，这种趋势也是促使新兴市场国家跨国公司兴起的原因之一[2]，最终这种放松管制的趋势也促进了全球经济发展[3]。国际投资保护协定通过影响金砖四国国内立法，从而影响该国对引进国际直接投资的管理政策，同样，这些投资保护协定也会影响全世界各国对引进外资的国内管理法规，这些东道国所承担的国际义务，同样也影响金砖国家的对外直接投资环境。但是，本书并不准备讨论全世界直接投资的最大来源国和目的地国美国，最大的欧盟经济体德国和英国，以及日本的国内投资法规。

世界贸易组织框架下的《服务贸易总协定》，《与贸易有关的投资措施协议》和《与贸易有关的知识产权协定》(以下分别简称为 GATS、TRIMS、TRIPS)。

世界贸易组织是一个以促进成员国降低商品与服务贸易壁垒，提高全世界生活水平为目的，监督国际贸易关系的国际组织，建立于 1995 年，到 2012 年共拥有 157 个成员国。世界贸易组织监督执行各种促进商品和服务业自由贸易的多边国际条约，最著名的此类条约，是 1948 年起始的《关税与贸易总协定》(GATT)，1994 年《关税与贸易总协定》被合并到世界贸易组织内。世界贸易组织同时也为各成员国在执行各种国际贸易协议时产生的纠纷，提供广泛的争端解决机制。世界贸易组织争议仲裁机构所做出的判例，对于诠释世界贸易组织各项协定条文精神，起着重要作用。但是必须特别指出，作为调解国与国之间争端仲裁的机构，世界贸易组织的仲裁不适用于私人投资者和东道国政府间的纠纷与赔偿。

大多数情况下，外国投资者同时也是国际贸易的参与者，在一定程度上，世界贸易组织对国际贸易做出的裁决至少也间接影响国际投资。发展中国家吸引外资的目的是急需资本来提升本国在国际贸易市场上的竞争力。而厂商进行对外投资的目的之一，可能是绕过贸易壁垒，而由于世界贸易组织和各种区域经济一体化组织的多年努力，全球的贸易壁垒被大大降低了。

对于服务业国际直接投资而言，世界贸易组织框架下最重要的国际协定，莫过于 1995 年签署的《服务贸易总协定》(GATS)。《服务贸易总协定》规定了服务贸易的第三种方式“成员国通过在另一成员国的商业存在提供服务”，这种方

---

[1] 2009 年世界投资报告。

[2] R Ramamurti. 为什么研究新兴市场国家的跨国公司. //R Rammanurti，J Singh. 新兴市场国家的新兴跨国公司. 剑桥：剑桥出版社，2010.

[3] 引自 Lamy 于 2010 年 9 月 22 日在世界贸易组织新闻上发表的《服务业贸易将在经济恢复中扮演重要角色》。

式就是服务业国际投资。某些服务行业，例如能源供应，只能以这种方式来提供服务。由于国外投资所带来的众所周知的益处，很多世界贸易组织成员国都要求外国服务企业必须在本国投资，作为市场准入的前提条件。《服务贸易总协定》所规定的一般性义务，适用于所有服务业贸易的国内管理法规，同时也规定了特殊义务，适用于成员国在特定行业的特定承诺。一般性义务包括最惠国待遇和法规的公开性。最惠国待遇是指不可以按照国籍对外资进行区别对待，也即不可以为来自某一成员国的服务业外企，提供有别于来自其他成员国外企的区别待遇。最惠国待遇条款允许例外，只要在成员国签署的豁免附件中做出明确规定就行，但前提条件是豁免例外必须符合《服务贸易总协定》豁免附件所规定的要求，这个附件要求例外不得超过十年，并由服务贸易理事会进行定期审议[1]。金砖国家的最惠国待遇义务豁免，将在本书有关这四个国家的相应章节中分别介绍。最惠国待遇例外，也广泛适用于各种区域经济一体化协定，在这类区域经济一体化安排的成员国之间，也同样致力于取消对外资的差别对待[2]。公开性要求各国对服务业的国内法规有公开性，并在执法中做到合理公正。这个条款要求成员国公布所有的有关法规，并及时向服务贸易理事会通报有关法律的任何变化[3]。

《服务贸易总协定》所规定的特殊义务是指成员国在特定服务行业准备承担的市场准入和国民待遇义务。国民待遇禁止东道国基于国籍对服务业企业进行歧视，要求成员国在特定的服务行业对外资企业一视同仁[4]。和最惠国待遇条款一样，在这些特定的行业，东道国政府不得直接或间接地歧视外国企业。直接歧视是指在适用法律的时候直接按照国籍进行区别对待，而间接歧视是指采取某些不特别提及国籍的法律措施，损害外国服务企业，而不影响本国企业的利益。市场准入条款禁止成员国在本国范围内，限制服务企业或者所提供服务的数量及金额，无论该企业或者该服务是来自本国还是外国企业[5]。每个成员国所承担的特殊义务，列在各国的正列式清单当中。这些正列式清单也可能包括针对所有服务行业，或者特定行业，或者特定的服务形式（例如商业存在或者外国直接投资）所做出的限制或者所规定的前提条件。如果在某一行业并不存在正向承诺，也并不一定代表该行业就对外资有所限制。一个成员国可能只是出于保持政策制定的

---

[1] 引自《服务贸易总协定》第 2. 2 条。
[2] 引自《服务贸易总协定》第 5 条。
[3] 引自《服务贸易总协定》第 3 条。
[4] 引自《服务贸易总协定》第 17 条。
[5] 引自《服务贸易总协定》第 16 条。

灵活性考虑，而不把这个行业列入本国的正列式义务清单中。《服务贸易总协定》还在第二附件中对电信行业和金融服务业做出了特别规定，有些金砖国家接受这些附件。每一个金砖国家在《服务贸易总协定》中所承担的特殊义务，本书将在后面的分国章节中具体讨论。

以上这些特殊承诺和关于商业存在的例外规定，基本上决定了一个成员国对外来直接投资的管理开放程度。但是一个国家在《服务贸易总协定》下所承担的义务对于本国对外投资的影响并不清楚，因为跨国公司更多受到东道国所承担的国际条约义务的影响，但这种义务在母国和东道国之间并不对等。每一个金砖国家在《服务贸易总协定》下所承担的特殊义务多少，表明这个国家对服务业国际投资开放的态度，也能反映这个国家就服务业国际投资进行广泛的国际多边磋商的意愿强弱。同样重要的是，一国对待外来直接投资的开放度，可以成为此国对外直接投资的动因之一，因为很多金砖国家跨国企业的国际化战略，来源于本国国内市场来自外国企业的竞争压力。在《服务贸易总协定》所规定的四种服务贸易方式中，大多数成员国所做出的特殊承诺，都是有关第三种方式“商业存在”或跨国直接投资的。这反映了东道国政府更愿意在本国的国土范围内规范国际企业的行为，而不愿意和坐落在另一个国家的国际企业进行远程商业往来[1]。

《服务贸易总协定》对成员国所承担的义务做出了例外规定，包括国家安全例外，国际收支例外和保护健康、公共秩序之类公众利益的一般性例外条款[2]，这一点非常重要。《服务贸易总协定》进一步要求成员国保证各国垄断性企业不滥用自己的垄断地位[3]，并敦促成员国之间互相承认服务行业最低质量标准[4]。但是《服务贸易总协定》并没有提供完全的国际投资保护条款，例如它并没有规定禁止东道国征用外国企业。这种只对国际直接投资进行不完全规范的做法，常见于服务业国际投资保护协定，尤其是拉丁美洲和亚洲国家的服务业投资保护协定。因此，有研究者认为需要更广泛的，适用于所有行业的双边投资保护协定，来作为服务业国际协定的补充[5]。这样，服务业国际投资就由好几层国际条约来予以规范。

---

[1] A Zampetti，P Sauve. 国际投资. //A Guzman，A Sykes. 国际投资法手册. 切尔滕纳姆：Edward Elgar 出版社，2007.

[2] 引自《服务贸易总协定》第 12～14 条。

[3] 引自《服务贸易总协定》第 11 条。

[4] 引自《服务贸易总协定》第 7 条。

[5] 有一些国际投资协议（IIA）有和《服务贸易总协定》相同的条款，或者明确引用《服务贸易总协定》，例如《东盟服务业框架协议》《国际服务业投资协议》《联合国贸易与发展会议报告 2005 年》。

一般认为《服务贸易总协定》用渐进的方式消除国际贸易的壁垒，尤其是在世界贸易组织框架下存在一个公平公正的争端解决机制，而不是在纠纷中诉诸单方面的政治经济压力，因此创造了一个服务业贸易相对安全稳定的环境❶。同时，也有批评的声音指出《服务贸易总协定》没有能够让服务业的国际贸易完全开放❷。还有大众媒体上通俗的批评观点，认为《服务贸易总协定》站在西方公司的利益一边，剥削发展中国家❸。但是这最后一种观点站不住脚，因为来自金砖国家跨国公司的国际直接投资在 21 世纪的头十年一直在增长。新兴市场国家在加入世界贸易组织做出贸易壁垒减让承诺之后的高速发展经历告诉我们，有节制的市场开放能够促进经济发展，因为这种开放促使世界贸易组织成员国改善国际商务的法律环境。

《与贸易有关的投资措施协议》(简称 TRIMS 协议)是世界贸易组织框架下达成的另一个有关国际直接投资的重要多边协议。但是它对服务业的影响很小。这个协议仅仅规范了那些扭曲国际贸易的投资规定，并不是规范国际直接投资的广泛条约❹。《与贸易有关的投资措施协议》禁止世界贸易组织成员国对外国投资者做出不符合 1994 年《关税与贸易总协定》精神的限制。因此《与贸易有关的投资措施协议》要求对外资企业进口施行国民待调，禁止把进出口的数量要求，作为外资准入的条件之一❺。什么是"与贸易有关的投资措施"本身并未做明确定义，只是在《与贸易有关的投资措施协议》附件中罗列了一系列与《关税与贸易总协定》精神不符的投资管制措施的清单。这些不符的措施，包括要求企业使用当地原料，或者根据出口的数量来限制使用进口原料的数量。《与贸易有关的投资措施协议》禁止成员国对本国的外企做出以上规定以帮助本国的原材料供应商，从而刺激本国经济发展。可是，通过联动效应刺激本国经济发展，原本是外国直接投资给东道国带来的传统利益之一。更重要的是，《与贸易有关的投资措施协议》仅仅管制商品贸易，不涉及服务业贸易❻。但是，当东道国要求服务业外企使用当地原材料提供服务，从而影响了国际商品贸易的时候，也可以适用

---

❶ P Delimatsis. 服务业国际贸易和国内法规. 牛津：牛津大学出版社，2007.

❷ R Adlung，M Roy. 把山丘变成山脉？目前在《服务贸易总协定》下的义务和变化的前景. 世界贸易，2005，39(6)：1161.

❸ J Kelsey. 为谁的利益服务?《服务贸易总协定》的政治经济学. 伦敦：Routledge Cavendish 出版社，2008.

❹ S Lester，B Mercurio. 世界贸易法：条文、材料和评论. 伦敦：哈特出版社，2008.

❺ 参考《与贸易有关的投资措施协议》第 2 条，参考《关税与贸易总协定》第 3 条和第 11 条。

❻ 参考《与贸易有关的投资措施协议》第 1 条。

《与贸易有关的投资措施协定》，例如政府要求外资建筑企业使用本国出产的钢铁，或者要求外资餐饮企业使用本地出产的食材❶。《关税与贸易总协定》禁止东道国对外资提出绩效要求，当然有利于外资来源国，但是也限制了引进资本的经济增长效益。

世界贸易组织《与贸易有关的知识产权协定》(简称 TRIPS 协定)可能会影响服务业国际直接投资，因为在有关投资的国际法中，越来越多地认定知识产权也是投资的一种❷。《与贸易有关的知识产权协定》旨在保护那些基于知识产权的国际投资，而以前对知识产权的保护一般是通过双边投资协议来保护的。因为金砖国家的服务业跨国企业已经开始发展自己的技术能力，而这些技术又特别容易受到海外非法仿制行为的侵害，因此保护知识产权对金砖国家非常重要。《与贸易有关的知识产权协定》中，除了规定世界贸易组织成员国应该对知识产权提供的最低程度的保护措施以外，还有一个强制许可条款：如果成员国政府认为获取某项专利的重要性，超过了发明者通过聪明才智获取利益的重要性的话，允许成员国在特定条件下，强制获取外国发明者的专利权。尽管理论上加强知识产权保护应该促进国际直接投资的增长，迄今并没有实证研究能够证明，《与贸易有关的知识产权协定》在实践上导致世界贸易组织成员国之间直接投资或者技术转让的显著增长。有些新兴市场国家甚至抱怨说《与贸易有关的知识产权协定》实际上损害了他们的经济❸。如果知识密集型服务业在全球直接投资中所占比例持续增长的话，也许以上情况会有所改观。

在此，我们也应该简短提及另外两个世界贸易组织框架下的多边协议。第一个是世界贸易组织《补贴与反补贴措施协议》(SCM 协议)，它禁止东道国以投资激励的形式提供变相补贴以扭曲资源配置和妨碍合法竞争。尽管《补贴与反补贴协议》对这类政策的控制，着重在东道国对外来资本的管理方面，但是东道国的补贴确实对进入和流出的直接投资都产生影响，尤其是资本流动的大小、种类、目的国方面。最后，还有世界贸易组织《政府采购协议》(GPA)，在规范政府对服务的采购方面，与本书主题有一些相关性，例如政府机构采购建筑工程服务。但是目前金砖四国没有一个是世界贸易组织《政府采购协议》的签字国。世

❶ 联合国贸易与发展会议报告，2005:41.

❷ R Dolzer，C Schreuer. 国际投资法原理. 牛津：牛津大学出版社，2008.

❸ E Graham. 新兴市场国家对国际投资法律的态度能否变化. //K Sauvant. 新兴市场国家跨国公司的兴起. 切尔滕纳姆：Edward Elgar 出版社，2008.

界贸易组织《政府采购协议》禁止签字国在政府采购中歧视外国供应商❶。在全世界很多国家，因为政府要对基础设施进行大规模扩建和改善，政府投资中的采购变得越来越重要。尽管传统观念似乎认为国有企业在国际投资中主要集中于采矿行业，其实在服务行业的国际投资中，也有很多是国有企业❷。目前，多数区域和双边投资协议都把政府采购排除在外，没有进行规范，就像《服务贸易总协定》也没有就政府采购做出规定一样。只有世界贸易组织《政府采购协议》的签字成员国在未来增加到一定程度，它的重要性才会逐渐显现出来❸。

国际投资争端解决中心（ICSID）公约和《纽约公约》

国际投资法律法规当中的争端解决机制已经在相当大程度上实现了多边化。很大程度上这个成功来源于国际复兴开放银行的不懈努力。国际复兴开发银行，又称世界银行，建立于 1944 年，目前有 188 个成员国，玻利维亚、厄瓜多尔、委内瑞拉三国退出了世界银行。世界银行充分认识到外国直接投资对经济发展的辅助作用，同时也认识到在政治不稳定国家投资的风险性，世界银行于 1965 年建立了国际投资争端解决中心（ICSID）❹。世界银行的目的是改善发展中国家的经济状况，而实现这个目标的方式，主要是通过向发展中国家的经济发展项目例如道路和水坝提供低息贷款。世界银行低息贷款通常也伴随着外国私人投资者的进入。而世界银行的国际投资争端解决中心，目前是调节外国投资者与东道国政府间纠纷的主要仲裁渠道。国际投资争端解决中心，为可能受到东道国政府法规限制或者行政行为的损害，投资于政治或者法律环境不够稳定国家的跨国企业，提供了法律补救手段，从而为国际直接投资提供了一定程度的安全保障❺。国际投资争端解决中心建立的头十年中很少有案件上门，后来随着外国直接投资额的增加，国际投资争端解决中心处理的投资纠纷案件数量呈现爆炸式增长。它之所以受欢迎，是因为国际投资争端解决中心为多数国际双边投资协议提供了一个争端解决的论坛。到 2012 年，《解决国家与他国国民间投资争端公约》总共有 144 个成员国，但是在金砖四国里面，只有中国正式批准了《解决国家与他国国民间投资争端公约》，俄罗斯在 1992 年签署过该公约，但是没有通过政府批准。国际

---

❶ 参考世界贸易组织《政府采购协议》第 3 条第 1，2 款。

❷ 2012 年世界投资报告。

❸ 参考世界贸易组织《政府采购协议》第 1.3b 和第 1.3c 款。

❹ 《解决国家与他国公民投资争端解决公约》（《华盛顿公约》或称《世界银行投资争端国际解决中心公约》）575UNTS159，4ILM524（1965）。

❺ 参见《服务贸易总协定》第 17 条。

投资争端解决中心受到欢迎，不仅因为它为投资者和东道国政府间的投资纠纷提供了中立的解决平台，并被世界各国承认，还因为它拥有标准化的仲裁程序和得到全世界政府的广泛支持。国际投资争端解决中心的争端解决程序建立在各方事先约定的基础上，仲裁决定不受外界其他机构，包括各国法庭的影响。仲裁庭做出的裁决除了极个别情况外，都是最终裁决并具有强制力，在各个成员国内可以自动强制执行，不需要借助国内法庭的程序来执行。作为世界银行下属机构，国际投资争端解决中心可以借助世界银行拒绝贷款的威胁，来强制执行它的决定[1]。对国际投资争端解决中心最大的批评，主要是针对它决策程序的不公开性，缺乏强制非成员国参与仲裁的力量[2]，缺乏上诉机制[3]，还有决策有时前后不一致[4]。

《承认及执行外国仲裁裁决公约》(《纽约公约》)[5]是另一个关键性的投资争端解决的国际多边协议，为外国直接投资增加了法律安全性。《纽约公约》要求缔约国的国内法庭承认同意仲裁的私人协议，并承认和强制执行在其他缔约国做出的裁决，使得这些裁决和本国国内法庭判决拥有同等效力。《纽约公约》到 2012 年拥有 149 个签字国，包括所有四个金砖国家，它被认为是规范国际仲裁的基本国际法规，其中自然也包括投资者和东道国政府之间的争端仲裁。在纽约公约中，如果仲裁庭组成的程序上不正确，或者仲裁庭超出了司法管辖范围，这种情况下，仲裁裁决仍然有可能不被签字国国内法庭所接受。如果裁决违反了执行国的公共政策，也有可能被拒绝，因此，《纽约公约》为国家主权提供了一层额外的保障，这个保障国际投资争端解决中心就不具备，有时候投资者会因此对《纽约公约》有所抱怨。《纽约公约》允许国际仲裁的程序，适用国际投资争端解决中心以外的程序，最常用的国际投资争端解决中心以外的仲裁程序就是联合国国际贸易法委员会（UNCITRAL）仲裁规则[6]。在各种国际投资协议中，联合国国际贸易法委员会仲裁规则和国际投资争端解决中心仲裁规则一样，都是通常被特别提出可以使用的规则。很多金砖国家所签署的投资协议也适用这两种规则。联合国国际贸易法委员会还制定了一部《国际商事仲裁示范法》，提出了各国法庭承认

---

[1] 参考《解决国家与他国国民投资争端公约》第 27 条。

[2] D Collins. 世界贸易组织在国际投资法中的新角色：后新自由主义时代的公众利益. 康涅狄格国际法，2010,25:1.

[3] S Subedi. 国际投资法：兼顾政策与原则. 伦敦：哈特出版社，2008.

[4] A Harrison 在《污染企业转向国外了吗? 验证污染天堂理论》中论述了“污染天堂”的理论。ARE 更新（加州大学 Giannini 农业经济学基金会）2001/12/1。

[5] 330 UNTS38，1958 年 6 月 10 日签署，1959 年 6 月 7 日生效。

[6] 联合国国际贸易法委员会仲裁规则（2010 年 7 月 12 日修订）。

并执行国际仲裁机构裁决时，所应遵循的程序。这部示范法是一个法律模板，成员国可以自行修改采纳作为国内仲裁法律的一部分。金砖四国都各自采纳了联合国《国际商事仲裁示范法》，表明金砖国家对采用国际仲裁作为国际商事纠纷解决机制的接受态度，也体现了四国仲裁程序上的高度一致性。

对外直接投资的区域性和双边协定

包含投资保护条款的各种双边和区域协定是规范对外直接投资最主要的手段。它不只是传统上吸引外资的主要手段，很多新兴经济体国家都在签订的各种双边协议里表达了促进对外投资的意愿，因此近年此类区域和双边国际贸易和投资条约越来越多。出于促进对外投资的需要，很多区域性国际经济合作协定包含了投资促进和投资保护条款，对于金砖国家来说至关重要[1]。与《服务贸易总协定》比较，《服务贸易总协定》对于直接投资的重要性，在于促进了投资前的市场准入，而各种双边投资保护协定的作用，主要在投资行为发生之后的保护。双边投资保护协定很少包括市场开放的条款，而且金砖国家也很少在他们所签署的投资保护协定里做出市场开放的承诺。

越来越多的国家在他们所签署的各类双边投资保护协定、自由贸易协定和区域贸易协定中，包含了保护一个缔约国在另一个缔约国境内直接投资和取得最低程度优惠待遇的条款。我们把以上各类有关直接投资的协定总称为国际投资保护协定。这些投资保护措施，不仅为各缔约国在对方境内的企业提供了稳定可靠的法律环境，而且通过互惠原则，也有利于各缔约国促进对外的直接投资。过去十年，有关服务业直接投资的各类国际投资保护协定在数量上有极大增加，尤其是在发达国家和发展中国家之间的服务业直接投资保护协定[2]。尽管所有这些投资保护协定的内容各有不同，但是可以总结出很多共通的条款，因为投资保护协定中许多概念，都衍生自相同的国际习惯法[3]。金砖四国所参与的双边国际投资协议，主要反映了各自国家作为外资东道国，对于外来投资的态度，但是随着这四

---

[1] P Gulger，J Chaisse. 亚洲在国际投资中份额上升的变化和模式. //J Chaisse，P Gugler. 亚洲贸易和直接投资的扩张. 纽约：Routledge 出版社，2009.

[2] 联合国贸易与发展会议报告. 2005.

[3] A F Lowenfeld. 国际经济法. 牛津：牛津大学出版社，2008.

个国家对外投资的增加，他们已经不仅是外资东道国，而且是越来越重要的直接投资的来源国。巴西签署的双边投资协议较少，只有 14 个，其他三国参与的投资双边协议广泛得多，俄罗斯签署了 50 个，印度 68 个，中国 130 个。

就服务领域的国际直接投资来说，国际投资保护协定的主要目的是保护已经建立的外国跨国企业的子公司持续运营。市场准入是一个次要的目的，如果有市场准入条款，也仅仅是要求外资遵守东道国的各项法律，外加一个鼓励外资的一般性表态。金砖四国所签订的国际投资保护协定一般包括的条款有：投资的定义，东道国法律系统应公平公正地对待外资企业，国民待遇和最惠国待遇，保障不实施征用，以及保障不受暴力犯罪的侵害等。本书的后续章节将对条款的细节进行更详尽的讨论。几乎所有投资协议都包含出现投资纠纷的时候使用中立的国际投资仲裁的条款，一般是运用国际投资争端解决中心或者联合国国际贸易法委员会规则进行仲裁。国际投资保护协定明确地限制缔约国对国内经济事务进行自由裁定的主权，可能会招致前文提到的损害国家经济主权的批评。未来当发达国家越来越多地发现自己处于新兴市场资本东道国的地位，而不是传统上资本输出国的角色，传统上发达国家又不习惯经济主权受到约束，那么以上抱怨会越来越多。

前文讲过，国际直接投资对东道国的经济利益是否能起促进作用，这个问题尚有争议。大多数国际投资保护协定只注重于投资保护，不涉及市场准入承诺，对于此类协定，能否促进国际资本流动的问题，答案也不明确。有很多学术文章运用各种方法研究这个问题，但是没有一致的答案[❶]。本书的目的也不在运用某个经济指标来回答这个实证问题，或者倡导运用某种经济指标，本书仅仅指出，大多数此类学术文章，都忽略了投资保护协定缔约国本身兼具资本东道国和来源国的双重身份，没有研究国际资本的双向流动[❷]。作为资本的净输入国和净输出国，一个国家对于国际投资保护协定的基本态度是不同的，当东道国和来源国的角色区别趋于模糊的时候，国家所签订的投资条约，也会倾向于兼顾投资者和东道国的权益更加平衡。有时候，仅仅使用国际投资的数据，并不能反映出投资条约对于改善东道国法律法规体系这一类质量上的正面作用。

本书将在后面的章节详细分析金砖四国所缔结的各种国际投资保护协定所包

---

❶ K Sauvant，L Sachs. 条约对外国直接投资的影响：双边投资条约、双重税收条约和投资额. 牛津：牛津大学出版社，2009.

❷ 目前所知唯一探讨对外直接投资问题的研究是 T Buthe 和 H Milner 编著的《双边投资条约和外国直接投资：政治分析》。节选自 Sauvant 和 Sachs 2009 年在牛津大学出版社出版的《条约对外国直接投资的影响：双边投资条约、双重税收条约和投资额》。

含的主要条款，归纳出它们在投资保护的标准、投资者损害补偿、争端解决这些方面的共性。本书强调金砖国家在投资保护方面的共性，无论发达国家还是发展中国家，不仅应该同时促进外来直接投资和对外直接投资，而且要同时兼顾东道国主权，不忘国家综合经济发展的目标。

《服务业多边投资协定》（MAIS）

本书的第一部分研究四个最大的新兴市场国家服务业对外直接投资国际管制的共同特点，以及四国在处理外来直接投资方面的方法和手段，第二部分将勾勒出综合这些共性的一个广泛的服务业多边投资协定的主要条款。我们建议的这个共同国际条约旨在促进发达国家和发展中国家所有的国际直接投资的双向流动。在促进国际资本双向流动的同时，这个多边条约还应该保证缔约国政府在实行服务业投资渐进开放的过程中，还能兼顾重要的公共政策目标。这样一个广泛的单一投资条约，这里称之为《服务业多边投资协定》（MAIS），将普遍适用于传统的资本输出国和输入国。它将是对本书第一部分各种多边双边国际协定共性的归纳和总结。我们提议的这个国际条约，建立在这样一些前提之上：世界服务业管制自由化的趋势，以金砖国家为代表的发展中国家对外投资日益增多，因此国际社会需要制定出对投资者和东道国双方的保护更为均衡的国际法规。本书将不讨论这个拟议中的多边条约的细节，只勾勒出它大体应该包括的主要内容。

通过观察金砖国家在服务业领域日益增长的对外直接投资，我们可以预测发展中国家跟发达国家之间对待国际直接投资的不同立场正在趋于弥合，这就是我们建议《服务业多边投资协定》的必要性和可能性。这个条约的必要性还在于，服务业在国际投资和世界 GDP 总值中所占的比重逐年上升，因此需要更加开放的投资环境和完善的投资保护。尽管目前服务行业相对于制造业和采矿业来说，还存在更多的管制规定❶，但是实际上服务行业需要的管制则相对较少，这也是服务业多边投资协定可能性的一个基础。采矿业采集的是不可再生资源，东道国在资源管理上的错失将引起严重的后果，未来很难轻易消除。而制造业尽管能够提供更多就业和技术转让的机会，从而受到东道国的青睐，但是会造成环境污

❶ 2012 年世界投资报告。

染、劳动纠纷，或者投资来源国的倾销或者投资国家的反倾销和反补贴。因此服务行业相对采矿业和制造业，在管制的需求上较为简单。

在制造业上，双边的投资协议使发展中国家受益较多，因为发展中国家通过模仿发达国家的商业法律法规，能够更深地融入国际生产的网络中[1]。但是在服务行业，这种双边协定的优势不明显，可能是因为多数服务行业，例如金融和电信服务，服务标准是全球化，而不是地区化和国家化的，因此需要全球化的投资法律来保护。现存的各种双边和区域性国际协定太多太复杂，目前已有逾三千种国际投资保护协定，还有很多正在谈判当中，再加上各种争端解决机制，整个系统过于庞大复杂，无论国家政府还是跨国公司都很难尽数掌握。而这个已经非常庞杂的双边和区域性条约体系，还不能完全满足这么多国家两两之间贸易投资关系的需要[2]。以前也曾经有建构一个广泛的外国投资多边协定的努力，但是失败了，主要是因为需要解决的问题太多，各国无法达成广泛一致的共识[3]。而服务业多边投资协定则基于国际投资法规已经出现的共性之上[4]，同时也建立在《服务贸易总协定》第三种服务方式的各国管制自由化基础之上。这个全球性条约在涉及的范围上更为集中（只涵盖服务行业，而不是所有的直接投资），在条款上更为平衡（兼顾了缔约国政府保留对服务业管制的需要），因此可以更成功地解放全球服务业直接投资，最终有助于全球经济发展。多边条约的方式优于双边方式，因为前者使用全球一致的投资规则，降低了行政管理的成本，使得遵守条约变得更加简易，让各国政府可以将节省出来的行政资源转用于更有益的其他用途。如果出现一个在法律上一致的同质服务业全球市场，可以有助于各国降低对外资的准入壁垒，促进跨国企业内部国际贸易[5]。法律法规的同质化，还能够消除跨国公司利用各国法律不同的寻租行为，使纯经济考量成为国际投资的唯一目的，从而提高经济效率。

从金砖四国对迅速增长的服务业对外直接投资的管理经验出发，我们所提议的服务业多边投资协定，其结构和内容大体可分为三个部分。第一，建立投资保护的基本标准，包括对外国国有企业投资的保护，这是对投资保护概念的一个拓

[1] 2011年世界贸易报告　世界贸易组织和贸易优惠条约：从共存到统一（世界贸易组织 2011）。
[2] 2012年世界投资报告。
[3] S Amarasinha，J Kokott. 重新审视多边投资规则. //PMuchlinski，F Ortino，C Schreuer 牛津国际投资法手册. 138-51.
[4] S Schill. 国际投资法中的多边定义. 剑桥：剑桥大学出版社，2009.
[5] P Muchlink：跨国公司和法律. 牛津：牛津大学出版社，2007：119.

展。缔约国在投资发生之前就互相承诺国民待遇，但是不承诺市场开放，因为市场准入是政府最主要的经济调控工具。在投资行为发生之后的承诺条款包括国民待遇和大部分最惠国待遇，还有平等公正的法律待遇，不实施没收和征用的保证，以及法律法规的公开性。第二，基于重要的可持续性发展目标，例如劳工待遇、国家安全、文化保护和经济危机情况下的主要例外条款。现有大多数各种国际协定都包含类似例外条款。第三，当投资者和东道国之间发生投资纠纷的时候，推荐适用世界银行国际投资争端解决中心仲裁。此一内容将有助于发展中国家获得更多的国际关注和法律帮助。第四，《服务业多边投资协定》鼓励缔约国尽可能降低对外直接投资的壁垒，与其他缔约国一起采取措施促进国际投资，从而帮助本国企业国际化。

《服务业多边投资协定》将采纳目前金砖四国在各种双边条约中普遍使用的规定内容，尤其是投资保护条款。对于世界贸易组织成员国，《服务业多边投资协定》并不试图取代《服务贸易总协定》和其他条约中所做的承诺，而是对这些已有的承诺起辅助作用，在某些方面更加具体（例如只涉及商业存在，不涉及市场准入），在另一些方面更加广泛，例如提倡在所有行业承诺投资行为实施前给予国民待遇，包括政府服务采购中的国民待遇，保证不实行没收和征用和投资者可以直接获得争端解决服务。《服务业多边投资协定》是一个相当实用的国际条约，因为它兼顾了各方的利益，包括资本输出国（包括金砖国家）、发达国家（传统上大多数跨国公司的母国，同时也是越来越多金砖国家资本的目的国）和发展中国家（这些国家法律体系不健全，容易受到外国资本的剥削）。为了打消最不发达国家的顾虑，还设计了特殊补偿条款。我们建议的《服务业多边投资协定》试图同时促进市场化，保护外资，并防止外国投资行为对东道国公民造成的经济和社会损害。

本书结构安排

本书第一部分各章分别对金砖四国在各种双边、多边、区域性国际条约中所做的有关服务业对外直接投资的承诺进行论述。在每个国家的章节中，讨论该国和服务业对外直接投资相关的国内政治经济政策，并研究该国所承担的国际条约

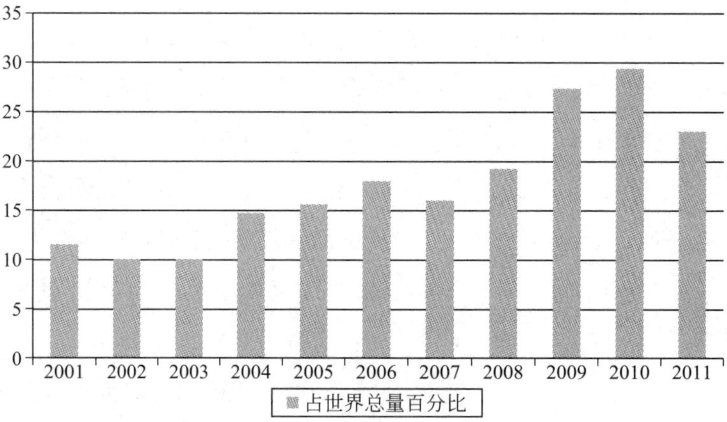

图 1.2　发展中国家和转型经济体 FDI 流量（2001—2011 年）

来源：UNCTAD 2012.

义务如何影响国内政策。以上对新兴经济体国家所承担国际义务和相关国内法律的研究，将揭示出一些共性，包括对于不断增长的本国服务业对外投资所设置的障碍，还有作为东道国对外资造成的经济和社会损害缺乏保护措施。尽管四国各自法律体系不同，但是在对待对外直接投资方面有惊人的相似性，导致金砖国家的跨国企业所采取的国际化战略大同小异。在这个意义上，这四章类似于四个案例研究，揭示了新兴市场国家对于服务业国际投资的应对规律。这四个国家在国际条约中所做出的承诺，包括在《服务贸易总协定》中的承诺，表明它们对于吸引外资，以及国际投资保障体系的一般态度。

本书第二部分在上述共性的基础上，将提出《服务业多边投资协定》(MAIS)的政策建议，目的是降低服务业国际投资壁垒，同时综合平衡东道国出于公民福利需要而保持管理自主权的要求。其中有一章论述拟议中的服务业多边投资协定的主要责任条款和待遇标准，一章论述对条约责任的必要例外条款，目的是保持国际社会的正常运转和促进可持续发展。第 8 章论述在违反了投资保护义务的情况下，可以使用何种补救和争端解决机制。全书最后一章总结金砖国家对待对外直接投资的共同趋势，并以《服务业多边投资协定》倡议为例，论述在与投资相关的国际法中应该做出哪些改进。

第 2 章 巴 西

简介：巴西的经济和法律环境

巴西经济在21世纪前十年的上升速度令人惊叹。它是南美洲面积最大、人口最多、经济总量最大的国家，人口超过2.05亿，2011年国内生产总值23000亿美元，人均11900美元。当年，它也超越英国，一跃成为全球第6经济体。巴西1822年从葡萄牙的殖民统治下独立，属于大陆法系，2000年通过新宪法，取代1916年旧宪法。巴西采取两院代议制民主政体，两院定期选举，包括联邦参议院和众议院。国际条约必须经国会批准之后才具有国内法律效力，国会批准之后，通过国内法令颁布执行，具有与国内法律相等的法律效力，只有联邦最高法院明确判定违宪，才能予以取消。巴西经济结构中第一、二、三产业发展均衡，出口水平高。经济的稳定发展，造就了国内中产阶级的稳定增加，但是无论城乡，仍有普遍的贫困现象。2011年服务业产值占国内生产总值的67%，反映出巴西经济结构的成熟和劳工技能日益提高。2003年以来，巴西经济快速增长，只有在2008年的金融危机中呈现负增长，但仍是新兴市场国家中最先从金融危机中复苏的国家，2010年经济增长速度就达到了7%，但是2011年的增长率降低到2.7%。2011年年底，巴西吸收外国直接投资总存量4260亿美元，位列全球第13，对外直接投资额总存量1130亿美元，位列第25[1]。最近的能够获得相关统计数字的2008年，巴西服务业对外直接投资存量710亿美元，占当年对外直接投资总存量的45%[2]。

[1] 中央情报局世界概况。吸引外资存量是由外国居民——主要是公司——向东道国进行的所有直接投资美元价值的总和。对外直接投资存量是本国居民——主要是公司——在外国进行的直接投资的美元价值总和。直接投资不包括购买股票的投资。外国直接投资存量是某一时点跨国公司的价值。外国直接投资流量是在某一时间段内（通常是一个日历年）资本跨越国境的程度。

[2] 世界贸易组织：巴西服务业概览（2011年12月）数据截至2008年。

巴西对外直接投资

巴西对外直接投资的总趋势

尽管巴西对外直接投资的水平在金砖四国中居末，但是近年来，相比其他发展中国家，巴西企业的国际化程度有了长足进步。巴西的对外直接投资额相对于它的经济总量来说，仍处于较低的水平。这表明巴西企业从国内消费者身上看到了消费商品和服务的压力市场，这就打消了跨国公司进行国际化的最主要动机。但是这个现象的产生也可能有另一个原因，就是巴西企业在国际化过程中，遭遇了法规壁垒阻碍。巴西 2010 年度的对外直接投资额是 115 亿美元，比 2008 年国际金融危机之前，在 2006 年达到的 280 亿美元的峰值大为逊色。2011 年，巴西对外直接投资净额是 - 10 亿美元，是过去十年来金砖四国中唯一一个经历了对外直接投资额为负值的国家，但是，这个对外投资的负净值是由于海外企业子公司向母公司汇回利润，偿还国内贷款额度高于当年对外直接投资额度导致的，并不意味着巴西跨国企业的国际化程度有所降低。在 2006 年以前，巴西年度最高的对外直接投资额是 2004 年的 98 亿美元[1]。以上数字说明巴西对外直接投资额总的来说还是呈不断增长的势头。而巴西作为国际直接投资目的地国家的吸引力，也不可忽视。详细数字见图 2.1。

巴西对外直接投资的迅速增长，有几个原因：一是国内市场的竞争压力，还有就是企业在海外销售、市场和生产基地的扩张与多样化趋势。近来，为了与进入巴西的外资企业竞争，巴西企业将海外扩张作为重要的企业战略[2]。和其他拉丁美洲的跨国公司一样，自 20 世纪 90 年代以来，许多强大的外国跨国企业进入巴西市场，这些外国大企业主要来自西班牙，国内的竞争压力逼迫巴西跨国公司进行国际化。在此期间，由于外国企业在国内市场越来越强的竞争压力，巴西早年马克思主义经济时期遗留下来的大批国有企业迅速瓦解。为了生存，很多巴西企业不得不开始国际化进程，而辅助巴西企业对外投资的主要手段，就是这些巴

[1] 联合国统计月报 1970—2010 年度外国直接投资流入流出（截至 2011 年 7 月美元现价和即时汇率）。

[2] J Wheatley. 全球化：企业必须扩张才能繁荣. 伦敦金融时报，2010，11（14）.

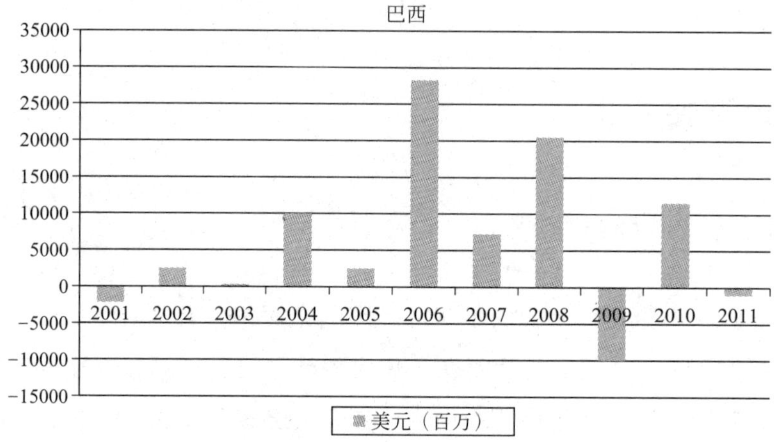

图 2.1　巴西外向 FDI 流量（2001—2011 年）

来源：UNCTAD 2012.

西企业可以获得对外投资的资金支持。与以前数十年相比，现今巴西的国际企业利用国际国内资本市场的成本要低很多，资金成本和很多富裕的经济合作与发展组织国家大致相当❶。许多巴西大企业都在纽约或者圣保罗股票交易市场上市❷。融资企业了解国际化进程中所面临的风险，尤其是在发展中国家的政治风险，而成熟的资本市场能够满足投资融资双方的不同需求❸。

巴西对外直接投资快速增长的第二个动因是国内市场的竞争压力和严苛的法律制度环境，迫使企业向海外寻求机会。巴西国内基础设施不够发达，尤其缺少高效的道路交通系统，也增加了国内竞争压力。即便在巴西市场化改革之后，巴西企业在国内仍然需要面对政府强加的法律管制，例如生产配额规定，就迫使很多巴西企业出走美国建立生产基地❹。在 21 世纪的头几年，巴西国内复杂的税收系统、严苛的劳工法和不断升值的本币，都使巴西国内企业在全球化中处于不利地位❺。因此在拉丁美洲，那些最有活力的企业，原本以服务本国市场为主，现在纷纷转进其他南锥体共同市场国家。有些企业进一步制定出全球战略，转向亚洲、非洲、经济合作与发展组织国家，尤其是转向美国寻求发展❻。过去，这些

❶ J Santiso. 拉丁跨国企业的兴起. Cepal 评论，2008，95.

❷ P Resende，A Almeida，J Ramsey. 巴西公司的跨国化：最大二十家跨国公司的经验教训.//K Sauvant，G McAllister，W Mascheck. 新兴市场国家的外国直接投资. 纽约：麦克米伦出版社，2010：103.

❸ W Glade. 拉丁美洲外国直接投资目前的趋势和问题. NAFTA 美洲法律与商务评论. 1998，57：73.

❹ 同注❷，98 页。

❺ J Wheatley. 全球化：企业必须扩张才能繁荣. 伦敦金融时报，2010，11（14）.

❻ J Santiso. 拉丁跨国企业的兴起. Cepal 评论，2008，95:21.

企业的国际化方式以出口为主，现在越来越多地采取直接投资的形式[1]。这既反映了企业自身的成熟度，也反映出巴西经济正向全球化方向发展。

巴西跨国公司兴起的第三个动因是为获得能够在全球市场竞争的知识和技术。类似的知识和技术不易在巴西国内获得，部分原因是过去几十年巴西政府对待外来资本的限制态度。尤其是在制造业，例如 Gerdau 钢铁公司，就是为了寻求新技术而走出国门[2]。而企业国际化战略的基础，则建立在巴西企业已有的良好人力资源和社会资本之上，大部分人力资本是在 20 世纪中期巴西执行进口替代的工业化政策时期建立起来的。一旦企业通过对外直接投资走向国际化，通过与外国企业竞争，又进一步发展了已有的人力资本。但是巴西的人力资源仍然处于相对较弱的状态，尤其是在工程方面人才匮乏，而工程人才对于石油和高科技产业的发展起到至关重要的作用。巴西国内缺乏基本的教育系统和有经验的专业人才，不仅对于外来投资者是一个问题，而且也促使巴西企业到国外去寻求人才。企业的培训机制，很多时候是由在巴西的外国企业建立的，未来或许会提高巴西劳工对外资的吸引力[3]。在巴西的市场化改革大潮中，能源、交通运输、电信行业实施了大规模私有化，促使过去很多家族拥有的大公司，资本结构变得更加多元化。过去由少数经济精英控制的大公司一统天下的局面，随着越来越多新企业的兴起而逐渐被打破[4]。

到 2011 年，Fortune 世界五百强企业中有 7 家巴西企业，其中只有巴西石油公司一家位列百名以内（排第 34 位）[5]。在拥有很大影响力的波士顿咨询公司（BCG）的 2011 年全球挑战者榜单里，巴西有 13 家公司上榜，这个榜单列出了在全球扩张势头猛烈、挑战传统发达国家巨型跨国公司的企业[6]。巴西对外直接投资主要采取新建的方式，多以建立海外商务办公室，支持本企业出口作为第一步。近年来，巴西企业的海外购并在金额和重要性上有上升趋势。巴西企业采取海外购并的主要目的是产业多元化，也可以为企业的国际产业链增加价值。巴西对外直接投资主要目的地仍然在拉丁美洲，因为巴西企业认为拉美市场存在的不

[1] J Santiso. 拉丁跨国企业的兴起. Cepal 评论，2008，95:24. 把只限于销售的阶段叫做“商人阶段”。
[2] J Wheatley. 全球化：企业必须扩张才能繁荣. 伦敦金融时报，2010，11（14）.
[3] S Pearson. 缺乏技能使巴西能源行业面临压力. 伦敦金融时报，2012，4（19）.
[4] W Glade. 拉丁美洲外国直接投资目前的趋势和问题. MAFTA 美洲法律与商务评论，1998，57：73.
[5] http://money.cnn.com/magazines/fortune/fortune500/2010.
[6] 波士顿咨询公司报告：2011 年全球挑战者 2011 年 1 月。

确定性，低于亚洲和非洲市场[1]。正因为巴西企业集中于拉美市场，他们成为该区域主要的商品和服务提供者，如果巴西企业的投资目的国更加多元化，反而不能达成这样的市场垄断效果。因此，巴西企业在拉美市场拥有很高的议价能力，也更能适应当地消费者的特殊需要[2]。

巴西跨国公司在非洲的莫桑比克和安哥拉也有大量投资，这两个国家和巴西一样都是葡萄牙语国家，方便巴西企业进入。南非对于巴西跨国公司的吸引力，则在于采矿行业。未来预计巴西跨国企业投资目的地多元化的重点，在于非洲、东欧和亚洲国家。这主要是因为上述区域的市场广阔，自然资源丰富，而且巴西传统的投资目的地拉美市场的政治风险相对上升[3]。

巴西跨国公司大多数集中于自然资源行业，大约占巴西最大二十家跨国公司海外资产的三分之二。跨国公司过度集中于第一产业（包括石油天然气、矿物和农产品），反映巴西跨国公司在国内生产环节很难增加附加值。这可能是因为外国对拉美地区的直接投资，例如来自中国的投资，都集中于自然资源和低成本劳动力密集的行业[4]。尽管巴西最大的跨国公司多数处于第一产业，但是其国际化战略，并未着重于获取自然资源，而是把获得技术放在优先地位[5]。这表明采矿业需要更高水平的技术能力。而巴西矿业跨国公司技术能力的提升，为将来转向进军更高附加值产业[6]，如服务业，提供了基础。总体来说，巴西对外直接投资仍然与国内公司总部的出口导向战略密切相关[7]。

巴西的对外直接投资，一般由少数大型公司带头全球化，例如 Vale、巴西石油、Gerdau 公司，其他中小型公司跟随。但是巴西公司很少在各自的行业中排名世界前茅：只有三家，采矿业的 CVRD、石油业的巴西石油、钢铁行业的 Gerdau 公司，在各种行业的世界排名中位列前 20[8]。在 20 世纪中期的进口替代战略时期，巴西建立了一批国有超大型企业，例如巴西石油和 CVRD，并扶植了

---

❶ P Resende，A Almeida，J Ramsey. 巴西公司的跨国化：最大二十家跨国公司的经验教训.//K Sauvant，G McAllister，W Mascheck. 新兴市场国家的外国直接投资. 纽约：麦克米伦出版社，2010：98.

❷ 同注❶，106 页。

❸ 同注❶，102～103 页。

❹ M Perez-Ludena. 中国正在将拉美逼向自然资源出口吗？哥伦比亚对外直接投资观点. # 63，2012/3/19.

❺ E Amann. 技术，公共政策和巴西跨国公司的出现.//L Brainard，L Martinez-Diaz. 巴西成为经济超级大国？理解巴西在全球经济中变化的角色. 布鲁金斯学会出版社，2009：10.

❻ 同注❶，99 页。

❼ 同注❻。

❽ 同注❺，8 页。

一些大型私有企业，他们在数十年间能够获得政府支持，维持巨大的规模❶。这些大型企业中仍有一些引领当今的巴西国际投资方向，但是很多中小企业也开始参与到国际竞争中来。因为这些中小企业从一开始就具有全球思维和建立国际联盟关系，常常被媒体称为“生而全球化”。不久的将来，预计巴西的跨国公司数量将和很多发达国家的国际公司数量不相上下❷。很多巴西的跨国公司仍然是家族控制的，例如 WEG、Gerdau、Odebrecht，公司最高管理层很少有外国人。巴西的公司管理模式反映了巴西的文化，只信任亲近的人，只和了解的人做生意❸，巴西在《服务贸易总协定》的国民待遇义务中，享受例外待遇，也反映这个现象。这一点后文还会提到。

巴西跨国公司对于外派经理人员很少提供特殊支持，部分原因是巴西政府对此没有官方政策要求。巴西政府对企业国际化的支持是不成文的，政府为企业提供出口融资鼓励政策，这在企业国际扩张的初期能起到非常重要的辅助作用。而且，政府的财政和金融政策有所改进，为企业通过海外购并的方式寻求国际扩张，提供了融资便利❹。国际上的学者注意到，巴西跨国公司很难吸引到本国经理人员派驻国外，因为本国有较高的生活水平，而且适应和融入外国文化也有困难❺。这些问题可以通过加强培训来解决，尤其是在对技术要求较高的工程领域加强培训。巴西国内基础设施状况不佳，尤其是国内道路网络糟糕，一直是巴西企业寻求融资进行国际扩张的一个重要障碍❻。对于国际投资的法律环境来说，最重要的是，巴西政府应该对促进对外直接投资，采取更积极进取的态度。

巴西服务业对外直接投资

如前文所述，与其他新兴市场国家相比，巴西企业认为国内市场足以支持高

---

❶ E Amann. 技术，公共政策和巴西跨国公司的出现.//L Brainard，L Martinez-Diaz. 巴西成为经济超级大国? 理解巴西在全球经济中变化的角色. 布鲁金斯学会出版社，2009：8.

❷ P Resende，A Almeida，J Ramsey. 巴西公司的跨国化：最大二十家跨国公司的经验教训.//K Sauvant，G McAllister，W Mascheck. 新兴市场国家的外国直接投资. 纽约：麦克米伦出版社，2010：107.

❸ 同注❷，104 页。

❹ 同注❶，12～13 页。

❺ 同注❷，105 页。

❻ P Resende，A Cyrino. 供应链管理的跨国化：巴西工业企业的经验.//K Sauvant. 新兴市场国家跨国公司的兴起：威胁还是机遇. Cheltenham：Edward Elgar，2008.

利润率和持续增长，进行国际化的动力不足。这个倾向在服务业表现尤其明显，因为巴西拥有很大并持续增加的中产阶级，成为服务业诸如电信和能源行业的中坚消费群体，但是，仍有其他的巴西服务企业坚持必须实行国际化，例如商业软件公司 Totvs 的动机，就是因为它的主要客户寻求海外市场和原材料而走出国门，Totvs 必须追随客户进行相应的国际化❶。有一些巴西服务企业，显露出成为国际化超强企业的潜质。巴西有四家企业位列 Fortune 全球五百强之中：Itausa-Investimentos Itau、Bradesco 银行、巴西银行和 Ultrapar 控股，但是没有一家排名在前一百位❷。建筑行业的公司也拥有大量国际资产，例如 Norberto Oder-brecht 和 Adrade Gutierrez 公司。有几家巴西高科技企业在全球也很活跃，例如 Datasul、Datura 和 Lupatech。作为一个发展中国家，巴西在软件和信息技术服务业已经超越了法国、西班牙和加拿大❸。在 2010 年巴西公司进行的海外并购投资中，大约有 20% 发生在服务行业，最重要的是金融服务业❹。同一时期，巴西服务业的绿地对外直接投资占所有行业绿地对外投资的 4%❺。

巴西的服务业对外投资将会随着国内市场无法支持高额利润率而在未来几年加速增长。在 2000 年，巴西政府对很多服务行业进行了私有化改造，包括电信、交通运输和能源行业，刺激这些行业企业快速增长，最终这些企业将能够具有国际竞争力。和很多其他国家一样，巴西对外直接投资当中，跨国并购的份额逐渐加大，而跨国并购的一大趋势是“去初级产品化”，即改变过去主要依赖第一产业的状况，增加附加值生产❻。这个趋势的下一个阶段就是往产业链上增加服务业的内容，提高附加值。巴西金融服务企业国际化程度不高，但是在不久的将来这个现象会改变，因为其他拉美国家经济持续发展，需要本国以外的银行提供成熟的金融服务。巴西的 BTG Pactual 目前是整个拉丁美洲最大的私营投资银行，最近为了国际扩张刚刚发行了一轮新股融资，目前企业市值 150 亿美元❼。虽然巴西目前没有一家大型全球化的网络公司，但是却存在非常活跃的

❶ J Wheatley. 全球化：企业必须扩张才能繁荣. 伦敦金融时报，2010，11（14）.

❷ http://money.cnn.com/magazines/fortune/global500/2010。

❸ H Loewendahl. 新兴市场国家跨国公司的兴起：未来投资促进的挑战.//K Sauvant，G McAllister，W Mascheck. 新兴市场国家的外国直接投资. 纽约：麦克米伦出版社，2010.

❹ 2011 年世界投资报告，联合国贸发会议。

❺ 2011 年世界投资报告，62 页。

❻ P Resende，A Almeida，J Ramsey. 巴西公司的跨国化：最大二十家跨国公司的经验教训.//K Sauvant，G McAllister，W Mascheck. 新兴市场国家的外国直接投资. 纽约：麦克米伦出版社，2010：106.

❼ D Schafer，J Leahy. 巴西 BTG 银行用 15 亿美元投资追求快速增长. 伦敦金融时报，2012，4（4）.

中小型新兴网络公司群体，其中很多公司都有强烈的国际化愿望。巴西本土的风险投资公司，很多拥有外国资本的支持，将会帮助推动巴西网络公司国际化的进程❶。

巴西在服务业投资方面承担的多边法律义务

本节将探讨以上投资趋势背后的国际法律环境。

世界贸易组织框架下的法律义务

巴西是世界贸易组织创始成员国，积极参加世界贸易组织旨在促进商品和服务国际贸易开放的各次谈判。巴西向世界贸易组织各机构提交过很多提案，也参加了《服务贸易总协定》关于电信业和金融服务业的谈判，但是巴西没有批准《服务贸易总协定》关于电信业的第四议定书。这表明巴西不承担《服务贸易总协定》中必须允许国际电信公司联通国内服务的义务。有趣的是，巴西不承担这个义务，是因为不愿意为外国公司在巴西以外提供服务，从而避免在巴西的商业存在提供便利和国民待遇❷，而这恰恰反映了巴西对外来直接投资在巴西境内建立服务企业的开放态度。巴西目前正在审批《服务贸易总协定》第五议定书有关金融服务领域采取审慎措施的过程当中❸。

巴西在视听电影产业使用《服务贸易总协定》第二附件最惠国待遇豁免，依据和安哥拉、莫桑比克、几个南美和西欧非英语国家所签订的文化交流协议，给予这几个国家合拍影视剧国民待遇。另外，巴西使用最惠国待遇豁免，也方便给予阿根廷、玻利维亚、智利、巴拉圭、秘鲁、乌拉圭的陆地运输服务企业特殊优惠。巴西还援引最惠国豁免条款，和中国、美国、欧盟的几个未披露的成员国、拉美几个国家签订了海运特殊优惠协议❹。最后，在直接面对消费者的广播电视领域，有一些国家保障巴西广播电视的市场准入，巴西也对这些国家给予互惠，

---

❶ V Sreeharsha. 借鉴硅谷经验帮助巴西小企业. 纽约时报，2011，10（24）.

❷ 电信业法律法规的国际比较法指南，2009，国际比较法指南系列。

❸ 巴西：世界贸易组织贸易政策评论，WT/TPR/S/212（2008）。

❹ 巴西，第 2 条（最惠国待遇）例外的最终文本，GATS/EL/1315（94-1100）（1994/4/15）。

因此援引了最惠国豁免条款。所有的巴西最惠国豁免都是无限期的[1]。

在巴西所承担的《服务贸易总协定》一般性最惠国待遇和公开性承诺以外，巴西还在 43 个服务行业做出了特殊承诺。正如第 1 章所指出的，《服务贸易总协定》成员国的承诺，主要是影响外来直接投资，而不是对外投资，因为这些义务和承诺并不是在各国之间互惠的。此处提到《服务贸易总协定》义务，只是一般性地考察巴西对国际投资的开放态度和有哪些行业比较惧怕国际竞争。总的来说，巴西对于第三种形式服务贸易，即商业存在，在市场准入和国民待遇方面存在重大限制。巴西政府要求所有外资企业，如果要汇回利润的话，必须在巴西中央银行登记。几乎所有服务行业的外资企业必须按照巴西法律建立法人机构。会计和审计事务所必须是巴西企业，由巴西人管理，不可以由外国人控制。对广告事务所也有类似限制。外国资本在保险公司最多占有 50% 股份，拥有的有投票权的股票不得超过三分之一。禁止外国保险公司在巴西新建子公司或者办事处，外国个人或者企业也不得在巴西保险公司增加所持有的股本份额。外国其他金融机构如果要在巴西新建子公司或者办事处，或者外国个人要在巴西金融服务机构增加所持有的股本份额，需要逐个向巴西政府报批。对外国银行的巴西分行，或者由外资控制的巴西银行的最低资本额要求，比巴西本土银行高一倍。外国电影制作人必须在巴西住满三年才能开始电影制作。在亚马逊流域的巴西旅游服务公司享有税收减让，而外国旅游公司没有。最后，外国铁路运输公司必须经政府审批[2]。总的来说，以上种种限制表明，巴西尽管希望引进外资，但也注重国家安全和文化方面的考量。

尽管以上对于《服务贸易总协定》中国民待遇和市场准入承诺的限制，仅是对外来服务业直接投资的障碍，并不直接影响对外投资，但是确实妨碍了全球服务贸易的开放。但是，巴西对服务贸易第三种形式的承诺，比对其他形式服务贸易的承诺广泛，其他金砖国家和大多数世界贸易组织成员国也是这样的。事实上，巴西更希望外国服务业企业在本国建立分支来提供服务，而不希望提供跨国服务。相比服务业跨国贸易，巴西更容易接受直接投资，因为直接投资会比跨国贸易，为巴西带来更多的资本、就业和技术转让方面的好处。政府对于引进外资

[1] 巴西，第 2 条（最惠国待遇）例外的最终文本，GATS/EL/13/suppl.1 11（93-1387）（1997/4/11）。这个例外早于互联网时代，没有改变过。

[2] GATS/SC/13，151994/4/15（94-1012）巴西：特别义务列表和 GATS/SC/13/Suppl.3，26，1998/2/26（98-0633）。

的开放度，对巴西对外直接投资有间接的影响，因为巴西企业的国际化战略，会受到国内市场外企竞争的影响。

巴西没有在世界贸易组织《服务贸易总协定》中受到过指控。在《与贸易有关的投资措施协议》(TRIMS)下，有四宗质询针对巴西，但都是制造业投资，与服务业无关[1]。在《与贸易有关的知识产权协定》(TRIPS)下，美国质询巴西“专属专利权保护的当地生产要求”违反了《与贸易有关的知识产权协定》[2]。在这个纠纷中，美国认为只有在巴西生产的产品，其发明专利才能得到保护，否则巴西法律允许强制专利许可，这违反了《与贸易有关的知识产权协定》精神。这个质询最终和解，它仅和制造业产品有关，当然，也有可能对和这个制造业产品有连带关系的服务产生影响。

巴西也曾经在世界贸易组织提出过一次有关直接投资的质询，但是这次纠纷也仅和制造业有关。2001 年巴西指控美国违反《与贸易有关的知识产权协定》和《与贸易有关的投资措施协议》。巴西认为，美国法律规定，发明只有在产品主要在美国生产的情况下才能受到专利保护，这一条款违反以上协定[3]。还有一宗纠纷，巴西质询欧盟，不应该出于专利侵权的理由，扣留从印度出发经过欧盟港口转运往巴西和其他第三国目的地的仿制药物，巴西认为，欧盟的这一举措违反《与贸易有关的知识产权协定》[4][5][6]。这个纠纷目前还在磋商当中，并吸引了其他世界贸易组织成员国，包括印度，加入质询。尽管在理论上对知识产权的强制保护对发展中国家不利，但是没有证据显示，《与贸易有关的知识产权协定》对巴西企业造成损害。实际上，在巴西企业越来越多进军高科技产业的过程中，他们可以运用这个协定来保护自己，尤其是在软件和其他信息技术领域。巴西发起的其他质询，都仅和商品贸易有关。

---

[1] 巴西——汽车行业影响贸易和投资的措施，WT/DS81(1997/5/7 开始磋商)；巴西——汽车行业影响贸易和投资的某些措施，WT/DS65(1997/1/10 开始磋商)；巴西——汽车行业影响贸易和投资的某些措施，WT/DS52(1996/8/9 开始磋商)；巴西——某些汽车行业投资措施，WT/DS51(1996/7/30 开始磋商)。

[2] 巴西——影响专利保护的措施，WT/DS199(2011/7/5 和解后撤销)。

[3] 美国——美国专利法，WT/DS/224(2001/1/31 磋商)。

[4] 欧盟和一个成员国——没收运输中的仿制药物，WT/DS/409(2010/5/12 磋商)。

[5] 《与贸易有关的知识产权协定》第 28 条。

[6] 《与贸易有关的知识产权协定》第 41.1、第 41.2 和第 42 条。

国际投资仲裁:《解决国家与他国国民投资争端公约》(ICSID) 和《纽约公约》

巴西不是《解决国家与他国国民投资争端公约》成员国，这倒不是因为国内政策反对该公约，而是在巴西国内政治斗争中被忽略了。但是如果巴西对外投资的东道国是《解决国家与他国国民投资争端公约》成员国，根据公约的附加便利规则，也可以受到国际投资争端解决中心仲裁的保护。至少巴西看起来确实考虑过未来加入《解决国家与他国国民投资争端公约》。在巴西跟荷兰签订的双边投资协议中，规定“一旦巴西联邦共和国成为国际投资争端解决中心成员”，缔约双方同意在投资者和东道国产生争端的时候，利用国际投资争端解决中心解决。在此之前，巴西同意把争议诉诸国际投资争端解决中心的附加便利规则❶。而且巴西的很多双边投资条约文本中有以下语言：巴西“目前暂时”不是国际投资争端解决中心成员国❷。这种提法是为了未来一旦巴西批准了《解决国家与他国国民投资争端公约》，立即就可以适用于各个双边投资保护协定，而不用逐个重新协商修改协定。

巴西在 2002 年批准了《纽约公约》❸，因此投资者和东道国之间的纠纷仲裁适用联合国国际贸易法委员会（UNCITRAL）仲裁规则，而《纽约公约》保证依据联合国国际贸易法委员会仲裁规则所做出的仲裁决定，会得到巴西国内司法系统的承认和执行。巴西 1996 年仲裁法规定，当国外仲裁的赔偿决定交付巴西国内法庭执行的时候，法庭应该考虑巴西的国际条约义务❹，根据这条法律的精神，实际上《纽约公约》已经在巴西生效了。巴西 1996 年仲裁法依据联合国国际贸易法委员会示范法，还规定仲裁裁决具有和法庭判决同等的法律效力❺，由此，那些不具有像世界银行国际投资争端解决中心仲裁判决那么强大的自身执行力的国际仲裁结果，也拥有了强制执行力。但是在巴西法律中还有一些争议，比如说无论国内还是国外，仲裁的对象可不可以是巴西政府或者巴西的国有企业？这个争议当然会对外国投资者造成困扰，因为尽管巴西通过了《纽约公约》，但是针

❶ 第 9.2.b 条和巴西芬兰协定第 9.2.a 条。
❷ 例如巴西芬兰协定第 9.2.a 条。
❸ 第 4.311 号政令，2002/7/23。
❹ 仲裁法 9.307，1996/9/23。
❺ 第 31 条。

对国家政府的仲裁判罚，有可能得不到执行。巴西法庭最近停止了国际仲裁程序，理由是国有企业不受国际仲裁管辖[1]。巴西对于国内争端适用仲裁的接受程度，反映对国际仲裁的接受程度，间接反映出巴西吸引外国投资的意愿[2]。巴西法庭拒绝国有企业接受仲裁的事实，并不影响巴西国有企业的对外直接投资，如果巴西国有企业在国外赢得了一场针对东道国政府的仲裁，而要获得的补偿是巴西国内的一项资产，巴西的法庭不太可能因为赢得仲裁的企业具有国企身份，就拒绝执行外国仲裁的有利判决。而巴西作为国际资本目的地国家，投资争端解决机制越安全公开，就越能吸引外资，巴西国内市场的竞争也越激烈，这反而促使巴西企业开拓海外市场。有学者预测，鉴于巴西法庭系统缓慢、昂贵，而且不可靠，巴西企业在国际化过程中，会更多地寻求国际仲裁的保护，而这个趋势会促使巴西提高对国际仲裁的接受程度[3]。

目前尚无记录显示国际纠纷中有企业针对巴西政府提出指控，也没有巴西投资者诉诸国际仲裁的报道。所以，不清楚随着巴西企业的国际扩张，未来会不会有巴西跨国公司运用国际仲裁手段来解决与东道国政府的纠纷。巴西的企业可能特别倾向于在投资合同的法律适用条款中，寻求国际仲裁来代替巴西国内法庭作为解决争端的手段，因为巴西是世界上司法效率低的国家之一，曾经有报导说用了二十多年才做出一项判决[4]。

最后，尽管巴西不是经济合作与发展组织（OECD）成员国，却是金砖四国中唯一一个采纳了《经济合作与发展组织跨国公司行为准则》的国家。经合组织的这个准则不具有法律约束力，是经济合作与发展组织成员国政府对跨国公司负责任的商业行为的指导原则。为了实施《经济合作与发展组织跨国公司行为准则》，巴西有一个国家联络点。如果其他国家的个人觉得他们在本国或其他非经济合作与发展组织国家受到巴西跨国公司商业行为的损害，而损害发生地国家对受害者没有保护或者保护程度不够，他就可以向巴西的国家联络点申诉。这个申诉过程的结果，是巴西有关当局向造成损害的巴西跨国公司提出一份报告，报告

---

❶ 例如 Companhia Estadual de Energia Eletrica（CEEE）诉 AES Sul Distribuidora Gaucha de Energia e Outros R.D.B.A.案，# 18 第 389 页（2005/10/25）（认定公众相关的事务不属于仲裁法第 1 条所谓的“可用资产”范畴），见 A Pucci.巴西的仲裁：外国投资和巴西对仲裁的新态度. 争端解决杂志，2005，60（2~4）：82.

❷ A Pucci. 巴西的仲裁：外国投资和巴西对仲裁的新态度. 争端解决杂志，2005，60：82.

❸ D Wei. 双边投资条约：巴西和中国实践的实证分析. 欧洲法律与经济杂志，2012，33（3）：663.

❹ C Cookson. 巴西长期直接投资. 迈阿密大学美洲法学评论，2004，35:345.

中写明推荐的损害赔偿方案❶。这种司法手段以外的保护措施，对于受到巴西跨国公司海外商业行为损害的申诉人，具有重要意义，因为巴西国内法庭对海外的损害赔偿不具有管辖权。以上申诉程序不应被看成给巴西对外直接投资制造障碍，而应视作巴西跨国公司在发达国家市场释放的善意。

区域性和双边投资保护协定

本节综述巴西所签订的各种区域和双边互惠投资保护协定当中主要的共同点。这里涉及的很多基本概念，例如平等公正待遇的具体含义，将在本书第二部分提出服务业多边投资协定的政策建议时，再详加阐述。

区域性投资保护协定

巴西是南锥体共同市场成员国，其他成员国还包括阿根廷、巴拉圭和乌拉圭。委内瑞拉很快将会成为第五个成员。这个关税同盟和玻利维亚、智利、哥伦比亚、古巴、厄瓜多尔、墨西哥和秘鲁签署了互惠贸易协定，作为南锥体的一员，巴西和以上国家自然也有互惠贸易关系。巴西正在谈判加入两个南锥体投资议定书：一是《布宜诺斯艾利斯议定书》❷（关于南锥体以外的国家对成员国的直接投资），二是《科洛尼亚议定书》❸（关于南锥体成员国之间直接投资）。这两个议定书在其所规定的条约义务方面，类似于巴西的各种双边投资协议，但是还未获国会批准。这两个议定书对于投资的定义比较宽泛，是通过一个列表举例定义的。缔约国承诺按照各国国内法律的规定，允许外来直接投资进入本国。这两个议定书都规定对外国投资者给予国民待遇、最惠国待遇、平等公正待遇，保证人身和财产安全。议定书禁止随意进行征用，如果为了公共需要必须征用外资财产，必须给予公平、及时、足够的补偿❹。两个议定书都保证货币的自由兑换，《布宜诺斯艾利斯议定书》还规定了通过不事先指定的仲裁机构来解决投资

❶ NCP 决议 2007/1。到目前为止唯一的投诉发生于能源行业，和在巴西发生的事故有关。

❷ 南锥体共同市场决定第 11/94 号，关于促进和保护来自非南锥体成员国的投资的公约。

❸ 南锥体共同市场决定第 11/93 号，保护来自南锥体成员国互相投资的公约。

❹ 布宜诺斯艾利斯公约第 1 条。

企业和东道国政府的争端[1]。相比南锥体条约本身，没有规定私人企业投资者可以将纠纷直接诉诸国际争端解决机构的条款。两个议定书还允许缔约国在特定的行业对所承诺的国民待遇提出临时例外规避，而巴西选择的临时例外规避国民待遇承诺的行业有：医疗服务、广播、电信、金融服务和建筑业[2]。这些例外跟巴西在《服务贸易总协定》下国民待遇例外的规定是一致的。

南锥体共同市场是通过《阿森松协定》[3]建立起来的，在《阿森松协定》里本身也包含了服务贸易开放的条款[4]，但是《阿森松协定》没有像世界贸易组织《服务贸易总协定》那样，对“商业存在”形式的服务贸易做出特别规定，因此对服务业直接投资没有影响。南锥体共同市场《蒙得维的亚议定书》，旨在促进成员国之间的服务业自由贸易，确实提出了一个成员国个人在另一个成员国境内通过“商业存在”提供服务的贸易形式[5]。《蒙得维的亚议定书》内容和《服务贸易总协定》基本相同，规定了一般性的最惠国待遇和公开性承诺，而国民待遇和市场准入则算作各成员国承担的特殊义务。在《蒙得维的亚议定书》中，巴西对法律咨询和保险这一类专业服务行业提供的国民待遇和市场准入有所限制。议定书允许巴西对电信行业外资参与实施限制。外国电信公司必须在巴西设立总部，而且必须申请许可证。在议定书的巴西例外清单中还包括，巴西可以限制外资金融企业，要求其高级管理人员必须是巴西的永久居民。只有持有总统行政命令才能准许外国银行在巴西建立子公司。铁路运输服务行业的外资进入需要政府批准，而且必须在当地建立实体公司[6]。以上限制说明，巴西不愿意对外资完全彻底地开放所有服务行业，这些限制和巴西所签署的《服务贸易总协定》例外条款内容一致。

双边投资协议（BIT）

巴西只签订了 14 个双边投资协议，全都签订于 20 世纪 90 年代，大多数都是和发达国家签订的，这反映了巴西传统上作为资本输入国的地位。14 个双边投资

[1] 布宜诺斯艾利斯公约第 E 和 H 条。
[2] G Gari. 南锥体服务业贸易自由化. 伦敦：伦敦玛丽女王大学，2008.
[3] 《在阿根廷、巴西、巴拉圭和乌拉圭之间建立共同市场的条约》巴西签署于 1991 年 11 月。
[4] 第 1 条。
[5] 第 2.1.4 条，第 2.2.4 条。
[6] G Gari. 南锥体服务业贸易自由化. 伦敦：伦敦玛丽女王大学，2008.

保护条约没有一个通过国会批准生效❶。这说明巴西对国际投资法律中的双边主义采取了不同寻常的抵制态度，考虑到这个国家大量的国际直接投资双向流动，巴西对投资保护协定的抵制态度是世界各国中的特例。这个现象也许可以表明，双边投资保护条约在促进直接投资方面的作用，其实并不明显。巴西这种态度的一个原因，可能是反感双边投资保护条约对投资者的保护，这与巴西日益成为资本输出国的地位是不相称的❷。巴西国会强烈抵制双边投资保护协定，因为大多数双边协定给外国投资者提供了国际仲裁这样的争端解决手段，而国内企业得不到这个便利，这违反了巴西宪法中公平待遇的保证。而且国会认为巴西不需要双边投资保护条约来吸引外资，因为巴西不存在国有化的威胁。事实上一个多世纪以来，外资在巴西始终活跃，没有显著问题发生。巴西认为与发达国家签订的双边投资保护条约是不平等条约，有悖于这个国家平等自由的一贯形象❸。

未来随着巴西企业不断的国际扩张，将需要保护自己不受东道国政府行为的损害，可能巴西政府对双边投资保护条约的抵制态度会发生变化。2006 年，玻利维亚政府没收了巴西在当地的石油资产，说明了保护本国国外资产的必要性。在高风险的发展中国家进行直接投资的巴西企业，很可能呼吁国会更多地批准双边投资保护协定，因为世界银行多边投资担保机构（MIGA）和其他国际政治风险保险机构，对向和母国签订有双边投资协议的目的地国家投资的企业，能够提供更优惠的贷款利率和保险条件。巴西不需要和发达国家签订太多的双边协议，因为在发达国家，巴西可以用外交而不是法律手段来保护本国投资，并敦促东道国投资开放❹。同时，如果巴西的签约对象国跟本国经济发展程度相当的时候，巴西在条约中所获得和让渡的利益基本相当，也不会把双边投资保护条约看作是单边利益攫取的工具而进行反对了❺。下面来审视巴西签订的少量双边投资保护条约中的主要条款，因为这些条款显示了巴西政府在国际谈判中最重要的政策考量。

巴西所签订的双边投资保护条约对投资的概念界定，一般都很宽泛，包括投资方依法在东道国所获得的“任何资产”。对服务业来说，重要的是这里面也包

❶ 来源：国际投资争端解决中心双边投资条约数据库。

❷ J Alvarez. 新兴市场国家跨国公司的兴起：未来的法律挑战.//K Sauvant，G McAllister，W Mascheck. 新兴市场国家的外国直接投资. 纽约：麦克米伦出版社，2010.

❸ D Wei. 双边投资条约：巴西和中国实践的实证分析. 欧洲法律与经济杂志. 2012，33（3）：671.

❹ 对前国际贸易部长（2007—2010 年在任），巴西外交学会贸易谈判教授 Welber Barral 的采访（2012/4/27）。

❺ 注❸，675 页。

括了知识产权[1]。专有技术和商标在几个条约的知识产权部分被专门提及[2]，这反映了巴西吸引价值链上游外资的意愿。有些双边投资保护条约对投资方的定义广泛，包括商业公司和“其他法人”[3]，这就意味着也可能包括不以盈利为目的的国有企业，这对中国跨国公司是有吸引力的。巴西 1995 年与丹麦签订的双边投资协议中，将投资定义为商业活动，不包括非商务盈利目的的活动[4]，但是它对投资方的定义包括所有机构，无论是否以盈利为目的[5]。这就包括了丹麦公司在巴西为经济发展而进行的投资。

巴西所签订的各种双边投资保护条约基本都包括平等公正待遇原则，一般都是在前言中提到，例如 1998 年巴西与荷兰的协定。1997 年巴西古巴双边投资保护条约保证按照国际法准则为投资方提供平等公正待遇[6]，显示此类条文只不过是重复了现行国际习惯法中已有的对外国人最低保护准则，而不是另外规定了标准。在巴西其他的条约中，并没有提及平等公正待遇标准和国际法的联系[7]。巴西各个双边协定都会提供平等公正待遇保证，而平等待遇的标准，一般规定是不低于任何其他第三国投资方或者公民的待遇标准[8]，那就是说，这个标准与国民待遇和最惠国待遇相联系。有些双边投资保护条约也提到了全面的安全与保护[9]。虽然巴西现在很少出现社会动荡，但是贫富差距巨大的国家，总是会被认为容易出现社会不安定局面。

巴西的双边投资保护条约承诺依照东道国法律法规准许外资进入[10]。大多数协议还提到了国民待遇和最惠国待遇，前提条件是“投资方处于类似情况”，但是却没有具体解释什么是“处于类似情况”。最惠国待遇不适用于区域经济一体化的特殊优惠，例如自由贸易区或者关税同盟[11]。如果缔约双方至少有一方是某个区域经济一体化组织成员国时，通常会规定最惠国豁免原则[12]。这个例外经常

---

[1] 例如巴西芬兰协定，巴西丹麦协定。
[2] 例如巴西韩国协定。
[3] 例如巴西智利协定，巴西古巴协定（从葡萄牙语翻译）。
[4] 第 1.a.2 条。
[5] 第 1.e.2 条（从葡萄牙语翻译）。
[6] 第 3.2 条。
[7] 例如巴西丹麦协定。
[8] 巴西芬兰协定第 3.2 条。
[9] 例如巴西丹麦协定，巴西韩国协定。
[10] 例如巴西芬兰协定第 2.1 条。
[11] 巴西智利协定第 3.5 条。
[12] 巴西芬兰协定第 4.1.a 条。

在另一个补偿条款中得到进一步澄清：如果双边投资保护条约缔约国双方都属于另一个国际组织成员，而企业根据那个国际组织章程能够获得更优惠的待遇，那么本协定不应减低这种待遇❶。据此，《服务贸易总协定》签字国承诺给其他世界贸易组织成员国的待遇仍然有效。这个条款，也有利于其他特殊区域一体化组织，比如南锥体国家投资的跨国公司。最惠国待遇一般也对国际税收条约例外。1994 年巴西智利协定，还规定了服务行业外来直接投资国民待遇的其他例外条款。第一，巴西在政府采购中对巴西企业实行优惠待遇❷。它还禁止外国企业投资医疗服务业。巴西只允许本国公民，或者归化入籍十年以上的外国人，拥有影视广播企业，这反映了巴西作为一个主要讲西班牙语的大陆里唯一的葡萄牙语国家，对于保护本国语言文化传统的重视。巴西还宣称，它可能对外资参股本国金融机构做出限制❸。

巴西的双边投资协议一般都会禁止直接或者间接的征用，除非征用是出于公共目的，对各国一视同仁，并提供补偿❹。有些协议不使用“间接征用”这个词汇，而是列举和征用同样效果的某些举措❺。另一些双边投资保护条约规定只能在公共必要性的情况下才能进行征用❻，因为在国际习惯法中，对“公共必要性”有严格的正统理解，因此就给征用确立了极高的门槛。1995 年巴西芬兰投资协议规定，征用必须严格按照相关法律程序进行❼，这个条款反映外国投资者对于巴西司法系统效率低下的疑虑情绪。1994 年巴西智利投资协议规定，对征用的补偿必须及时、足够和有效，补偿的价值应该基于征用行为发生前一天该资产的市场价格❽。1996 年巴西荷兰的投资协议规定对征用的补偿必须“公正”，这个提法应该和“及时、足够、有效”是一个意思❾。有些协议规定“及时、足够、有效”的标准应该依照东道国的法律❿。这反映了加尔沃准则，即补偿的程度不应

---

❶ 巴西韩国协定第 10 条。

❷ 巴西丹麦协定和巴西芬兰协定也有此类对政府采购的限制，注意这个限制只针对在巴西的外国企业，不针对巴西的海外企业。

❸ 第 3 议定书。

❹ 例如巴西智利协定第 4.1 和第 4.2 条。

❺ 巴西韩国协定第 5.1 条。

❻ 巴西韩国协定第 5 1 条。

❼ 第 5.1 条和巴西荷兰协定第 6a 条。

❽ 第 4.2 和第 4.3 条，和巴西丹麦协定第 5 条。这是所谓的赫尔公式，参见 S Subedi 于 2008 年在哈特出版社出版的《国际投资法：兼顾政策与原则》。

❾ 第 6c 条。

❿ 例如巴西古巴协定。

该由条约单独规定，而应该依据东道国法律，并参考投资者从该资产已经获得的利润[1]。由行政机构进行征用和补偿所引起的纠纷，可以由普通国内法庭进行判决[2]。

由战争和国内动荡引起的投资损害，根据国民待遇进行赔偿，就是说外国投资者和本国投资者受到的补偿相同[3]，在某些协议中规定补偿不得低于任何第三国投资者受到的补偿水平[4]。前一种规定显示，巴西不愿意采纳高于本国待遇的国际补偿标准，一直以来对于建立国际投资统一法律的努力是抵触的。1995 年巴西丹麦双边投资保护条约进一步保证，由战争或内乱造成的损害将获得及时、足够、有效的补偿[5]。1995 年巴西韩国协定也做出类似担保，但是使用了补偿应该“公平足够”这样的语言[6]。

协定缔约国一般都会保证允许外国职业人士和咨询顾问为进行投资的目的而进入本国[7]。1995 年巴西韩国协定明确保证专家顾问入境[8]，含糊允许拥有特殊高技能的工人入境。把入境的权利仅限于特定的能够进行技术转让的人群，有助于保护本国低技术劳工。

有一些双边协议规定了保护伞条款，缔约一方应该遵守对另一方投资者做出的所有承诺[9]。此类保护伞条款给予投资者更高程度的保护，因为理论上投资方受到任何损害，诸如合同毁约、侵权，甚至其他国际义务，都可以诉诸协定的争端解决条款。由于这个原因，保护伞条款被视作容易引起麻烦，因为投资方可以把原来条约没有预料会诉诸国际仲裁的事务也拿去仲裁。对于争端解决本身来说，投资方和东道国的纠纷一般情况下应该首先通过磋商解决，磋商解决不了的问题，投资方再选择是诉诸国际仲裁，还是在缔约国的法庭解决[10]。协定经常明确要求双方一致同意才能进行国际仲裁或者调解[11]。1994 年巴西智利双边投资保

---

[1] 第 4.2 和 4.3 条，和巴西丹麦协定第 5 条。这是所谓的赫尔公式。参见 S Subedi 于 2008 年在哈特出版社出版的《国际投资法：兼顾政策与原则》。

[2] 巴西智利协定第 4.3 条。

[3] 巴西智利协定第 4.4 条。

[4] 巴西韩国协定第 4.1 条。

[5] 第 6.2 条。

[6] 第 4.2 条。

[7] 例如巴西古巴协定。

[8] 第 3.3 条。

[9] 例如巴西丹麦协定。

[10] 例如巴西智利协定。

[11] 例如巴西荷兰协定。

护条约和巴西的其他很多类似协定一样，规定先使用国际投资争端解决中心的附加便利条款，等到缔约国双方都正式加入了国际投资争端解决中心之后，即选用国际投资争端解决中心。否则，争端应该诉诸使用 CITRAL 规则的仲裁庭❶。1997 年巴西古巴协定则规定，如果投资方选择进行国际仲裁，应该通过联合国国际贸易法委员会的仲裁庭来进行，没有提到国际投资争端解决中心❷，这是由于古巴对于西方国家创始的国际投资争端解决中心系统抱有敌意。有一些巴西的双边投资保护条约规定双方在进行国际仲裁之前，首先要走完所有国内赔偿法律途径❸，鉴于巴西国内法律系统效率低下，这个条款对于投资方来说，会很成问题。在国际投资争端解决中心仲裁所适用的法律方面，一般会规定适用缔约东道国的国内法或者国际法规则❹。巴西的双边投资保护条约通常都有条款规定，双方必须明确选择是选用国内法庭还是国际仲裁解决纠纷，二选其一❺。有时候此类二选一的条款会有松动，投资方在国内法庭作出判决之前，可以撤销诉讼，将争议改交国际仲裁❻。巴西投资保护协定中一般会说双方争议将诉诸“仲裁法庭”解决，而没有明确究竟是哪一种❼，可以假定“仲裁法庭”包括仲裁或者法庭。协定通常会说明这个过程的进一步细节❽。

最后，巴西的双边投资保护条约声称鼓励国际投资。但是此类条款并不具体，只是大而化之❾。他们并不特别指出鼓励投资的具体措施。这个忽略对巴西跨国企业是有害的，因为巴西企业如果要进行海外扩张，会受益于鼓励投资的一些制度性举措，例如与潜在东道国之间结成战略伙伴关系，或者定期信息交流。

前文已经指出，巴西的双边协定都没有批准生效，要么是因为政府的行政机构没有将条约提交国会，要么是在国会投票前撤回来了。这反映了在国会看来，保证国际条约遵守“所有投资者一律平等”这个宪法原则，是非常重要的❿。国会质疑双边投资保护条约条款的主要问题主要在于：条约赋予外国投资者在争端解决机制上的选择权，而国内投资者不享有这项权利，这种对外国投资者的优惠

❶ 第 7.4.1 和第 2 条，还有巴西丹麦协定第 9.2 条。

❷ 第 8.4 条。

❸ 例如巴西丹麦协定第 9.3 条。

❹ 例如巴西智利协定第 7.3 条。

❺ 巴西韩国协定第 8.6 条。

❻ 巴西韩国协定第 8.3 条，巴西芬兰协定第 9.3 条。

❼ 例如巴西智利协定第 7 条，巴西古巴协定第 2.2 条。

❽ 例如巴西荷兰协定第 12 条。

❾ 例如巴西智利协定第 2.1 条。

❿ 巴西：世界贸易组织贸易政策回顾，WT/TPR/S./212（2008）。

待遇是否合乎宪法原则？双边协定中对投资的广泛定义也是一个有争议的问题。还有就是在征用外国资产的情况下，双边投资保护条约要求使用硬通货及时支付补偿。这个规定被认为违宪，因为宪法中规定了有些征用的补偿形式，例如农业改革所需要的国家征用，应该用巴西农业改革债券来补偿，而这种补偿手段无疑无法令外国投资者满意。间接征用的定义模糊，也是国会的担心之一[1]。

巴西国际直接投资法规概览

巴西越来越倚重外国直接投资来帮助它完成从进口替代型发展战略向出口促进型外向性经济过渡[2]。1995 年通过的宪法修正案不再区别外资和国内资本，目前的宪法要求在相同情况下，对内资外资的法律待遇一视同仁，禁止任何没有法律明文允许的对内资和外资的差别待遇。因此，巴西法律支持对外国投资者的国民待遇[3]。但是外资在乡村不动产、医疗保健、电信行业、大众传媒、海运和空运等一些领域的所有权受到法律限制。巴西为了保证国家安全，限制外资使用跨国购并的方式进入本国。而对外资所有权的限制，实现方式是要求巴西政府在有关的行业企业拥有最低的所有权和控制权[4]。巴西对外资所占最高比例的限制，据称也是为了国家安全考虑，反映在《服务贸易总协定》下，巴西对于绝大多数服务业行业外国商业存在的大部分市场准入义务进行限制，而国民待遇义务几乎完全进行限制[5]。即便外资企业能够享受到广泛的国民待遇，但是在受到东道国侵害的时候，也不容易找到寻求补偿的地方。巴西拒绝全盘接受国际仲裁的态度，表现在拒绝加入世界银行国际投资争端解决中心和拒绝批准双边投资保护协定，代表了新国家主义甚至是孤立主义的加尔沃原则的重新崛起。加尔沃原则要求外国投资者只应当受到跟本国公民相同的保护，尤其是在征用赔偿的标准方面[6]。它

---

[1] 巴西：世界贸易组织贸易政策回顾，WT/TPR/S./212（2008）。

[2] J Yackee. 双边投资协定是个聪明主意吗：探讨投资条约热情的理性基础. 加州大学戴维斯分校国际法与政策评论，2005，12：195.

[3] 巴西宪法第 5 条。

[4] 这就是所谓的“黄金股份”. //M Moscogliato. 公司的外国直接投资：美国和巴西以国防为理由的限制俄勒冈国际法评论，2007，9：67.

[5] 巴西：世界贸易组织贸易政策回顾. WT/TPR/S/212（2008）.

[6] W Shan. 加尔沃主义、国家主权和正在变化的国际投资法.//W Shan，P Simons，D Singh. 在国际经济法中重新定义国家主权. 牛津：哈特出版社，2008.

禁止东道国政府歧视本国公民而偏向外国投资者，它的反面作用是令那些在法律体系不完善的东道国投资的外国企业更加担忧，不敢投入资本。当然，这种忧惧也会迫使东道国政府改进法律体系以吸引外来投资。

巴西联邦政府采取措施吸引外资，尤其是在那些有助于提高巴西国际竞争力，刺激长期经济增长的行业。这些政策举措不断地改善外资的商务环境和法律环境。政府尤其鼓励外资投向基础设施建设和技术密集型行业，但是并没有向外资提供特别的激励措施❶。在金砖四国当中，巴西是最忠实于法律精神的，包括公开出版法律条文，公平的法规执行和易于进行民事诉讼，尽管民事诉讼的过程极其冗长❷。以上措施对外资的影响，大于对外投资的影响，但是毕竟巴西的国际企业能够从巴西政府忠实于法律条文的声誉中受益。而且，受到国内市场外资竞争的压力，巴西企业也被迫进行现代化改造。巴西应该对他在世界银行年度《商营环境报告》中较低的排名感到担忧（总共 183 个国家中排名第 128 位）❸。这个报告对各国进行商业活动的容易度进行排名。而《全球竞争力报告》对各国综合运用资源的能力进行排名，巴西在总共 143 个国家中排名第 53 位，主要的问题在于税收政策不合理和基础设施不足❹。对于外资最重要的排名是“法律对直接投资的商业影响”排名，巴西位居第 74 名，仅略高于中间值❺。

虽然巴西缺乏广泛的双边投资协议，但是这似乎不影响巴西吸引外资。巴西对于国际资本来说是一个太大的市场，所以巴西政府不需要使用双边投资保护条约的手段来吸引外资。而且巴西不像其他拉丁美洲国家，历史上没有发生过大规模的政治动荡或者国家征用。而且，因为巴西国内市场广阔，巴西企业还没有开始大规模的国际化，巴西目前还没有完全意识到使用国际条约保护本国跨国公司的必要性。这个现象，一定会随着巴西企业增长的需求，超出了本国市场，转向国外投资，尤其是在高风险的发展中国家投资（例如其他拉美国家），而在未来的十年逐渐转变。国际观察家敦促巴西应该在双边投资保护条约的谈判和批准方面，表现出更大的热忱❻。

巴西对外直接投资目前还是主要集中于周边国家和采矿业。在服务行业，巴

❶ 巴西：世界贸易组织贸易政策回顾. WT/TPR/S/212（2008）.

❷ 世界司法项目的 2011 年法治指数。

❸ http://www.doingbusiness.org/rankings。

❹ 2011—2012 年全球竞争力报告（世界经济论坛）。

❺ 2011—2012 年全球竞争力报告。

❻ C Cookson. 巴西长期直接投资. 迈阿密大学美洲法学评论. 2004，35:360.

西对外投资主要在金融服务业，但是服务业对外投资整体仍然处于低水平，可能的原因是其他国家，例如经济合作与发展组织国家对服务业的管制更多。随着巴西增加对教育和培训的投入，劳动力队伍技能提高，未来服务业对外投资一定会有增长，但是这还要取决于东道国对服务行业的开放。国际学者将巴西企业的国际化努力描述为“独木难支”，因为缺乏来自政府的制度支持。看来，巴西政府还处于观察理解企业国际化进程究竟如何，以期未来能够制定出促进对外投资的政策的阶段。目前巴西需要有更多正式的促进对外直接投资的政策。

巴西的对外投资增长，更多是由于出现了商业机会，而不是由于精心计划的政府或者企业的国际化战略[1]。巴西人做生意习惯于先和商业伙伴建立亲密的关系增进相互了解。为了保证双方公平和诚信，建立个人关系比确立正式保护机制更重要。在国际商务当中需要建立良好的个人关系，这可以解释为什么巴西企业不那么热衷于进军国际市场：因为不同文化间不容易建立这种亲密关系。但是，当巴西国内市场不足以支持巴西企业持续增长的需求、企业持续扩大国际化的时候，国家的全球化战略很快会建立起来，它将包括广泛的双边投资保护协定体系和正式的政府援助。在非洲和中东等高风险地区投资的巴西跨国公司，将寻求双边投资保护条约的保护，同时也继续依靠世界银行多边投资保障机构和其他投资风险保险机构的帮助。很明显，既然巴西在外国企业和巴西政府之间起纠纷的时候不愿意诉诸国际仲裁，那么这个态度也会妨碍巴西企业在外国受到不公正待遇的时候，寻求国际仲裁的帮助[2]。因此，巴西只有在成为资本输出国之后，这个新的角色才能迫使它更多地参加国际投资条约，正如在贸易领域已经发生的一样。巴西企业在国外寻求并购机会的优势在于，他们都是上市公司，很少受政府控制。所以，当巴西企业进入经济合作与发展组织国家的时候，东道国不会像对待来自俄罗斯和中国的国有企业那样充满怀疑的眼光。

虽然巴西采矿业跨国公司已经在公司社会责任方面取得了长足进步，但仍有很多需要改进的余地。巴西最大的矿业公司 Vale 就指出，公司良好的社会责任形象和良好的行业内关系，有助于克服“外国身份”的不利条件，即消费者对外国公司的天然敌意。这一点在发达国家尤其重要，例如加拿大对环境保护和公司

---

❶ P Resende，A Almeida，J Ramsey. 巴西公司的跨国化：最大二十家跨国公司的经验教训.//K Sauvant，G McAllister，W Mascheck. 新兴市场国家的外国直接投资. 纽约：麦克米伦出版社，2010：106.

❷ W Shan. 加尔沃主义、国家主权和正在变化的国际投资法.//W Shan，P Simons. D Singh. 在国际经济法中重新定义国家主权. 牛津：哈特出版社，2008：270.

帮助当地社区，一直有很高的期许和要求[1]。

本章小结：巴西对服务业外国直接投资多边协定的接受度

巴西可能会接受服务业全球投资保护协定，因为巴西企业已经开始在服务业进行国际扩张了。有学者认为，巴西虽然不愿意参与双边投资保护协定，但是类似态度可能不会影响一个多边国际协议，因为多边协议中，发达国家和发展中国家的议价能力更平等，多边协议还可以为发展中国家制定特别条款[2]。令人鼓舞的是，巴西在加入世界贸易组织和南锥体共同市场的时候，大大降低了对外资的壁垒。巴西迄今不愿通过世界银行国际投资争端解决中心来仲裁外资与东道国的投资纠纷，也拒绝批准双边投资协议，反映了巴西对于国际争端解决机制的担心。因此，要让巴西同意加入这样一个国际投资多边协定，需要在国际仲裁问题上更有灵活性，还应该在国家安全、强制技术转让和文化政策等方面更加宽松。

---

[1] A Fleury，M Tereza，L Fleury. 巴西跨国公司：国际化中的竞争力. 剑桥：剑桥大学出版社，2011.

[2] D Wei. 双边投资条约：巴西和中国实践的实证分析. 欧洲法律与经济杂志. 2012，33（3）：663.

第 3 章

俄罗斯

简介：俄罗斯的经济和法律环境

俄罗斯在20世纪末期前苏联解体、经济形态转向市场经济之后，很快成为新世纪的经济巨人，拥有丰富的自然资源和资金极为充足的私有企业。俄罗斯是世界上国土面积最大的国家，2011年人口为1.38亿，位列世界第9。现代俄罗斯国家诞生于1991年前苏联解体之后，在1993年颁布了现行宪法。俄罗斯属于大陆法系，实行民主政体，立法机构包括两院：联邦上议院和国家杜马（下院）。两院都由定期选举产生，但是时常会爆出选举丑闻。俄罗斯走出了苏联时期的孤立状态之后，其经济正在日益市场化和全球化，尤其在期盼已久的2012年加入世界贸易组织之后，这个过程会进一步加速。20世纪90年代的经济改革完成了大部分行业的私有化，但能源行业是一个明显的例外。自从1998年金融危机之后，俄罗斯经济年平均增长率在7%，居民实际收入已经翻倍，中产阶级开始出现。虽然俄罗斯经济在2008—2009年的世界金融危机中受到重创，但仍在2010年和2011年维持了4.3%的年增长率。俄罗斯2011年国内生产总值为24000亿美元，人均17000美元，经济总量排名世界第7。俄罗斯国内生产总值的60%来自服务业，就业机会的60%也在服务业。2011年底引进外资总存量3430亿美元，排名世界第16位。俄罗斯对外直接投资总额存量在2011年年底是3150亿美元，也排世界第16位[1]。以上数字显示俄罗斯在国际直接投资流动中作为资本输出国和输入国的地位相当均衡，这也决定了俄罗斯对于国际投资法律的独特立场（详见图3.1）。

2013年乌克兰危机后，西方制裁，油价大幅下跌，卢布贬值，俄罗斯经济陷入衰退，近几年增长率落后，甚至萎缩，负增长，2014年GDP 1万亿美元，增长0.6%，2015年萎缩3.7%。

---

❶ 中央情报局. 世界概况. 近几年中俄签署几个重要贸易及投资协定，天然气，石油等.

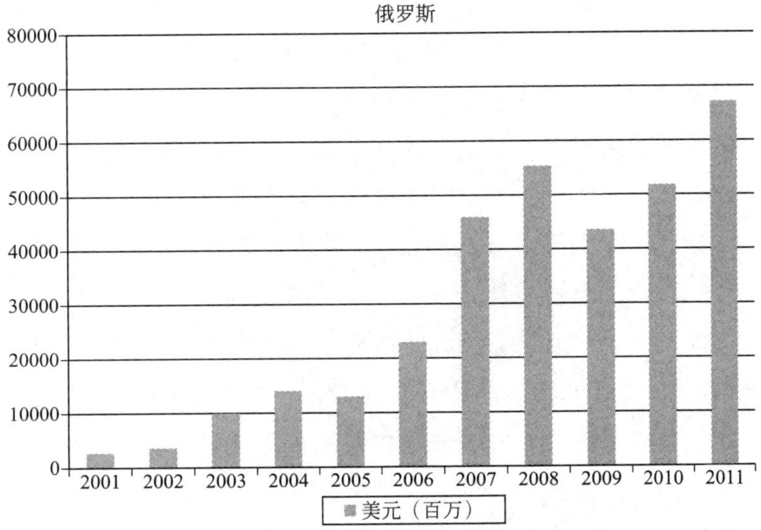

图 3.1　俄罗斯外向 FDI 流量（2001—2011 年）

俄罗斯对外直接投资

俄罗斯对外直接投资的总趋势

前苏联解体以后的 20 世纪 90 年代初期，俄罗斯的商业环境动荡不安，企业很难正常运转。例如那些前后不一致甚至是惩罚性的国家税收法规和对资本流动的限制[1]。在这个时期，政府对于俄罗斯企业对外投资抱有厌恶的态度，消极抵抗，但是却又没有有效的手段来阻止资本外流[2]。这种国内形势迫使俄罗斯企业转向国外市场避险，逃离本国，将资产转移到国外账户[3]。资本外逃迫使政府开始改革经济体制，为寻求国际扩张的企业创造更好的市场环境。21 世纪早期，俄罗斯国内经济环境出现根本变化，国家经济好转，在关键的行业建立起了大型国有企业，管理手段更有效率，并享受国家融资优惠。2000 年以来，俄罗斯经济集中于少

[1] K Kalotay. 俄罗斯跨国公司海外扩张的兴盛和波折.//K Sauvant，G McAllister，W Mascheck. 新兴市场国家的外国直接投资. 纽约：麦克米伦出版社，2010.

[2] M Mulino. 俄罗斯资本外逃的先决条件. 大西洋经济杂志，2002，30（2）：148.

[3] 同注[1]，125 页。

数大公司之手。我们相信，俄罗斯经济高度集中是推动俄罗斯企业国际化的主要原因。2001 年，俄罗斯投资银行 Troika Kialog 计算得到：大约 70 家巨型工业和金融集团控制了俄罗斯 GDP 的 40%❶。

虽然前苏联解体之后不久产生的大型企业主要是银行和其他金融寡头，但国际原材料初级产品价格剧烈抬升，很快造就了自然资源行业企业的大量崛起。这也是俄罗斯企业开始向国际进军的时期❷。主要出自能源产业的所谓“雄鹰跨国公司”，和西方国家的公司相比，在建立之初就开始了国际化进程。相比较而言，20 世纪 90 年代俄罗斯企业国际化的原因是逃离国内严苛的法律环境而不是国内竞争压力，21 世纪俄罗斯跨国企业主要的战略目标是为国内资源寻找国际市场。这个企业战略深受普京总统任期内国家政策的影响❸。俄罗斯企业的国际化受到少数几个强大的寡头的控制，这是俄罗斯国际化进程中一个独特的促动原因：少数大亨想要炫耀自己作为国际商务领头人的光辉形象❹。

俄罗斯 2011 年对外直接投资流量为 670 亿美元，创造历史最高纪录，也是同期金砖四国里最高的。俄罗斯的对外投资流量从 1998 年的 12 亿美元稳步增长到 2005 年的 127 亿美元。而在 2006 年俄罗斯对外直接投资流量剧增到 231 亿美元，2007 年又跃升至 459 亿美元❺。以上令人惊叹的数字创造了金砖国家对外直接投资流量与国内生产总值的最高比率❻。我们有理由相信，近年对外投资流量的剧增，更多是因为对外直接投资监控和报告制度渐趋完善的结果❼。很多国际学者尚未认识到尽管俄罗斯人均 GDP 相对较低，但俄罗斯已经是一个资本净输出国了。

俄罗斯有两家企业打入了 Fortune 杂志世界 500 强企业名录的前 100 位，分别是 Gazprom（第 35 位）和 Lukoil（第 69 位），都是采矿企业❽。波士顿咨询集团 2011 年全球挑战者榜单包括六家俄罗斯公司：Evraz 集团，Gazprom，

---

❶ K Kalotay. 俄罗斯跨国公司海外扩张的兴盛和波折.//K Sauvant，G McAllister，W Mascheck. 新兴市场国家的外国直接投资. 纽约：麦克米伦出版社，2010：127.

❷ K Sauvant. 外国直接投资的新来源：巴西、俄罗斯、印度和中国的对外直接投资. 世界投资和贸易，2010，6（5）：639.

❸ 同注❶，125 页。

❹ A Kuznetsov. 俄罗斯跨国公司的发展. 管理与组织国际研究，2011，41（4）：34.

❺ 1970—2010 年度外国直接投资流量统计美元现价即时汇率. 联合国贸发会议统计月报，2011-07.

❻ 俄罗斯对外直接投资中有一大部分是回转投资，即通过第三国再投回国内. C Belton，C Clover. 俄罗斯寻求修补与西方的联系. 伦敦金融时报，2008-10-6.

❼ 联合国贸发会议 2010 年世界投资报告。

❽ http://money.cn.com/magazines/fortune/global500/2010.

Lukoil，Norilsk Nickel，Severstal 和 United Company Rusal[1]。因为国内资源丰富，俄罗斯跨国公司尽是采矿企业，主要的国际化动机不是降低成本，而是寻找市场[2]。这些俄罗斯跨国企业在所有者结构、企业战略、国际化动机方面都非常类似。首先，和发达国家跨国公司相比，俄罗斯公司凭借自然资源优势，国际化速度非常快。Novolipisk 钢铁公司和 Severstal 就是所有金砖国家里“生而全球化”企业的很好例证[3]。其次，俄罗斯跨国公司的另一个共同特点就是规模巨大。Gazprom，Lukoil 和 Norilsk Nickel 都拥有特别巨大的资产规模。俄罗斯企业在国内的规模大，这是它们的所有权优势，当俄罗斯边境向外资开放的时候也不畏惧外资企业竞争。国内企业规模的巨大，是因为 20 世纪 90 年代匆忙的私有化进程，将外国投资者几乎完全排除在外。20 世纪 90 年代的俄罗斯对外投资动机不是真正的国际化，而是国际避税[4]。之后这些寡头通过互相兼并巩固各自在行业中的垄断地位[5]。现代的俄罗斯跨国公司拥有高度垂直一体化和水平一体化的生产能力，还囊括了分销网络跟金融服务，将服务业和非服务业对外直接投资联系在一起。大多数海外的俄罗斯公司和国内自然资源有不可分割的联系。直到最近，大多数俄罗斯跨国公司还是分布于石油天然气、金属冶炼、发电输电这几个行业。俄罗斯企业利用他们与自然资源基地的紧密联系，作为对外投资贷款的抵押品，尤其是在国际原材料和初级产品价格最高的时期[6]。

尽管有市场化改革，俄罗斯政府仍然对企业有很强的控制力，而且似乎有加强控制的趋势。但是俄罗斯的国有企业主要将注意力集中于国内市场，国际化的进程比私有企业慢[7]。俄罗斯政府在跨国企业中所有权的份额在增加，尤其是在 2008—2009 年金融危机中，很多私有企业需要政府提供援助避免破产，使得政府拥有企业的份额加速上升。俄罗斯企业的这个特点，有利于他们向独联体国家这样与母国相似并有紧密外交关系的国家扩展。而且尤其是在政治风险高的东道国投资，政府支持可以有效地避免风险。所以俄罗斯国有企业对政治风险保险的

---

❶ 波士顿咨询公司 2011 年全球挑战者报告。

❷ K Kalotay. 俄罗斯跨国公司海外扩张的兴盛和波折.//K Sauvant，G McAllister，W Mascheck. 新兴市场国家的外国直接投资. 纽约：麦克米伦出版社，2010：126.

❸ 同注❷，120 页。

❹ S Filippov. 崛起的俄罗斯跨国公司：挑战与机遇. 歌本哈根：哥本哈根商学院，2008：9-10.

❺ 同注❷，121 页。

❻ 同注❷，125 页。

❼ 同注❷，124 页。

兴趣不大❶。但另外，当国家间发生政治冲突的时候，例如与格鲁吉亚的战争，和俄罗斯-乌克兰天然气争端时期，国有企业比私人企业受的影响更大。因为自然资源供应充足，多数俄罗斯对外直接投资都采取跨国购并的形式。这能够帮助俄罗斯企业迅速实现全球化目标。但是实践证明，跨国购并比绿地投资更容易受到金融危机的影响。所以俄罗斯企业受到 2008—2009 年金融危机的伤害尤其严重。大多数俄罗斯企业的跨国购并都发生在第一产业，尤其是石油和采矿业。20 世纪 90 年代早期的大多数俄罗斯对外投资发生于制造业、金属冶炼和汽车制造行业，但是近年这些行业的对外投资在减少。

俄罗斯企业海外购并的对象主要是欧美发达国家的企业，但也有很多俄罗斯跨国公司开始扩大在独联体国家的购并，尤其是购买前苏联解体后各国留下来的国有资产。向发达国家扩张的目的主要是想从发达国家企业获得先进技术。但是没有证据表明这种战略有什么显著成效❷，因此国际条约中的强制技术转移条款应该会受俄罗斯人的欢迎。

俄罗斯企业大规模向独联体国家投资的原因，除了独联体各国经济发展迅速之外，还因为共同的语言文化纽带和地理位置接近，因此独联体各国的商务运作方式类似，政治关系紧密❸。就单一国家来说，英国是在俄罗斯资本最大的东道国，其次是加拿大和美国。最近俄罗斯企业在独联体国家的跨国购并又有上升趋势❹。对发展中国家进行直接投资，这对俄罗斯企业来说还是一个新的现象，目的地集中于亚洲和非洲国家，主要目标也还是寻求新市场，而不是降低成本。这个规律反映了俄罗斯企业首先是区域扩张，然后才是进行真正的全球化部署❺。到目前为止，还没有俄罗斯企业成功地购并欧美大公司，但是有些俄罗斯企业，例如 Severstal 公司，经常以低廉的价格买进处于危机的欧美企业。俄罗斯企业全球化的主要目的是技术进步，例如获得更先进的石油生产技术❻。

---

❶ P Satyanand. 金砖国家的跨国公司如何抵御国际政治风险. 哥伦比亚直接投资评论，2010.

❷ A Kuznetsov. 俄罗斯跨国公司的发展、管理与组织国际研究，2011，41（4）：39.

❸ P Vahtra. 俄罗斯对独联体国家投资：范围，动机和有利因素. 图尔库经济学与工商管理学院泛欧研究所电子期刊，2005-09.

❹ K Kalotay. 俄罗斯跨国公司海外扩张的兴盛和波折.//K Sauvant，G McAllister，W Mascheck. 新兴市场国家的外国直接投资. 纽约：麦克米伦出版社，2010：115.

❺ 同注❹，117 页。

❻ S Filippov. 崛起的俄罗斯跨国公司：挑战与机遇. 哥本哈根：哥本哈根商学院，2008：16.

由于俄罗斯企业的投资手段有问题，尤其是大规模购买中欧的公司[1]，会导致东道国政府对来自俄罗斯的直接投资在市场准入方面设置障碍，在建立企业以后的待遇也不友好。东道国政府会有顾虑，认为俄罗斯投资不是单纯的私人企业经济战略，而是俄罗斯政府外交政策的工具。若非如此，俄罗斯对外投资的规模将会更大。而且俄罗斯企业不愿意对外公布他们商务活动的资料信息，这就更加剧了东道国的以上担忧[2]。尤其是，中小企业对外投资只占俄罗斯对外投资中很小的比例，根本无法引起媒体和学者的关注[3]，尽管这些中小企业中，有些可能是在某个特别的细分行业中的业界翘楚。有观察家认为，在西方国家和独联体国家当中的反俄情绪大大夸张了，事实上伤害了很多俄罗斯企业[4]。

俄罗斯服务业对外直接投资

尽管俄罗斯服务行业在国内经济占很大比重，可是服务业的对外直接投资和采矿业不在一个水平上。这可以解释为，随着俄罗斯公民财富的增加，俄罗斯服务行业企业拥有足够的国内市场。但也可以解释为，俄罗斯服务企业的竞争力不足。Fortune 世界五百强名单里有两家俄罗斯服务业公司：金融业的 Sberbank 和电信业的 Sistema，但都不在前两百名之内[5]。

俄罗斯的电信企业为了扩大市场而进行对外投资，尤其是为了巩固在独联体邻国的市场地位。获得国外先进技术也是俄罗斯电信企业全球化的主要目标，但是这主要是依靠和西方发达国家公司构建战略联盟的方式来实现的，而不是在独联体国家进行跨国购并[6]。2004 年，俄罗斯第一大移动通信服务商 MTS 购买了乌兹别克斯坦最大电信服务商 Uzabunorbita 公司 74%的股权。2005 年俄罗斯第二大电信服务商 KaR-Tel 购买了哈萨克斯坦第二大移动服务商的股份。VimpelCom 公司在塔吉克斯坦和乌克兰也有活动，还计划扩展至越南和柬埔寨。MTS 集团的 Mobile TeleSystems 公司在包括乌克兰、乌兹别克斯坦、土库曼斯

---

[1] 例如 Gazpromo 公司收购匈牙利化工企业 BorsodChem，就被认为是出于政治动机，见 S Tatata. 俄罗斯来自石油和天然气出口的收入. 欧亚地理与经济，2005，43（8）：610.

[2] 俄罗斯联邦提高政策公开性. 经济合作与发展组织投资政策评论，2006.

[3] P Vahtra，K Liuhto. 扩张还是出逃：俄罗斯大公司的海外运营. 图尔库经济学与工商管理学院泛欧研究所电子期刊，2004-08.

[4] A Kuznetsov. 俄罗斯跨国公司的发展. 管理与组织国际研究，2011，41（4）：46.

[5] http://money.cnn.com/magazines/fortune/global500/2010。

[6] S Filippov. 崛起的俄罗斯跨国公司：挑战与机遇. 哥本哈根：哥本哈根商学院，2008：16.

坦、亚美尼亚、白俄罗斯在内的许多独联体国家都是无线通信行业的领头羊。它还是 Sistema 控股集团旗下最大的公司，而 Sistema 集团本身已经获得了印度的进网许可，还计划进军中国和孟加拉市场。在俄罗斯电信行业中，VimpelCom 是在全球扩张方面最活跃的企业。

MTS 是俄罗斯跨国公司里最大的非自然资源类公司，也是最大的移动电话服务商。Sistronics 也属于 Sistema 集团，除了是重要的电信企业，还是信息技术企业，在独联体国家、捷克和希腊有投资。俄罗斯电信业公司在全球迅速赶超俄罗斯的自然资源和重工业集团。他们成功的经验之一，是及早在国际资本市场公开上市，获得对外扩张急需的资本支持[1]。

在软件和信息技术行业，俄罗斯国际企业的数量仅次于美国[2]。尤其是信息和通讯技术行业，有一些俄罗斯高科技公司在全球特别活跃。1997 年创建的互联网杀毒公司卡巴斯基到 2005 年底已经在亚洲、欧洲、北美的十个国家拥有固定资产，建立起了全球网络。另一个俄罗斯高科技公司 NT-MDT（纳米科技-模块化工具设备公司）2005 年在爱尔兰设立了组装、测试、售后服务和研发部门[3]。2007 年俄罗斯的 GIS 控股集团收购了法国微电子制造商 Altis 半导体公司[4]。但是考虑到俄罗斯高水平国防技术研发的传统，俄罗斯没有涌现更多的高科技跨国企业，是很令人惊讶的[5]。可能是由于过分强调科技保密的传统，或者政府限制高科技产业对外投资的举措。这就促使企业更多运用市场手段，诸如出口贸易或者技术许可证，来进行国际交易，而不是对外直接投资，这样可以降低安全风险。2005 年俄罗斯政府对国际直接投资放松行政管理，可能会导致更多的俄罗斯高科技企业如航空航天科技企业，在国外开设分公司。航空航天科技在某种程度上可以被视为服务业[6]。俄罗斯的信息技术产业被国际上视为相当稳定的产业，有利于吸引私人和机构投资者，促进企业国际化[7]。

即便是在俄罗斯不发达的银行业方面，最大的五家金融机构也在很多国家拥

---

❶ 2007 年 12 月俄罗斯电信新闻（2007 信息守门员数据库）。

❷ H Loewendahl. 新兴市场国家跨国公司的兴起：未来投资促进的挑战.//K Sauvant，G McAllister，W Mascheck. 新兴市场国家的外国直接投资. 纽约：麦克米伦出版社，2010.

❸ K Kalotay. 俄罗斯跨国公司海外扩张的兴盛和波折.//K Sauvant，G McAllister，W Mascheck. 新兴市场国家的外国直接投资. 纽约：麦克米伦出版社，2010：74.

❹ S Filippov. 崛起的俄罗斯跨国公司：挑战与机遇. 哥本哈根：哥本哈根商学院，2008：2.

❺ 同注❸，73 页。

❻ 同注❸，73 页。

❼ 2009 年世界投资报告，7 页。

有分支。俄罗斯最大的跨国银行是 Sberbank，由政府控股，在哈萨克斯坦和乌克兰有两家分行，还和美国、匈牙利及以色列的当地银行签订了合作协议。VTB 银行规模远为逊色，但是作为外贸专业银行，在英国、法国、德国、瑞士等欧洲国家有分支机构，在新加坡、乌克兰、安哥拉有商务活动。前文提到，俄罗斯大型矿业跨国公司拥有高度的生产营销一体化程度，其中也包括拥有自己的银行。阿尔法银行就是俄罗斯石油天然气和金融服务集团公司阿尔法集团的银行。这反映了俄罗斯服务业投资和本国巨型矿业托拉斯千丝万缕的联系。俄罗斯银行目前也在向非洲渗透。Vneshtorgbank 在安哥拉开设了该国第一家外资多数持股的银行，之后又进军纳米比亚和象牙海岸。Renaissance Capital 拥有纳米比亚最大银行 Ecobank 25%的股份，而 Ecobank 在非洲 11 个国家拥有分支[1]。

俄罗斯有三家重要的运输业跨国公司。Sovcomflot 是海运业的国有企业，拥有一家大型西班牙货运公司。PriSCO，又称 Primorsk 运输公司，是主要从事大宗液体货品海运的公司，这和石油行业又挂上了钩。它除了在本国之外，在新加坡也有运输基地。FESCO 除了海运，还是从事铁路集装箱运输的国际公司[2]。

还有几家其他服务行业的跨国公司值得一提。InterRAO 是前俄罗斯国家电力垄断企业拆分之后的继承公司之一，在独联体拥有发电和输电资产。房地产开发企业 Mirax 在美国、黑山、土耳其、瑞士和柬埔寨有开发项目。Ritzio Entertainment 是博彩和娱乐企业，在东欧和玻利维亚、秘鲁、哥伦比亚拥有无数办公室[3]。2007 年，俄罗斯网络媒体公司 SUP 购并了美国的 LiveJournal 公司，这家美国公司拥有世界最大的博客平台[4]。

对外直接投资的多边协定

世界贸易组织

经过多年艰苦的谈判，世界贸易组织终于在 2011 年 11 月正式接纳俄罗斯加

---

❶ 联合国贸发会议 2011 年世界投资报告。
❷ http://money.cnn.com/magazines/fortune/global500/2010.
❸ http://money.cnn.com/magazines/fortune/global500/2010.
❹ S Filippov. 崛起的俄罗斯跨国公司：挑战与机遇. 哥本哈根：哥本哈根商学院，2008：2.

入，在 2011 年 12 月签署了世界贸易组织附加议定书，并商定了加入的附加条件。俄罗斯议会 2012 年 7 月以微弱多数批准加入，8 月俄罗斯正式成为世界贸易组织成员国。俄罗斯加入世界贸易组织最重要的障碍在于商品贸易，尤其是农产品。俄罗斯仍然坚持对很多食品实行进口配额限制，令邻国格鲁吉亚大为吃惊。俄罗斯拒绝接受《实施动植物卫生检疫措施的协议》(SPS) 要求的美国对卫生检疫的要求[1]。作为加入世界贸易组织的让步，俄罗斯同意实施贸易开放，在国际投资方面提供更多的政策公开性和一致性。事实上，一般都认为，俄罗斯在加入世界贸易组织初期经济会受到负面影响，因为他的制造业和农业产品缺乏全球竞争力。短期内加入世界贸易组织对俄罗斯的好处是能够吸引更多外资，因为俄罗斯为了遵守世界贸易组织的规定，提高了政策公开性和减少了官僚程序。加入世界贸易组织以后更高强度的国际竞争，会促使俄罗斯政府向企业提供更为优惠的贷款，刺激企业国际化进程[2]。对于外来直接投资重要的一点是，俄罗斯在 11 个服务行业 116 个子行业中，根据《服务贸易总协定》做出了特别承诺。目前对电信业外资所有权的限制将在四年缓冲期完全之后取消。俄罗斯还同意执行电信业基本协定条款，在合理和无差别的基础上对所有成员国开放公共电信网络。外国资本对俄罗斯电信企业拥有权不得超过 49% 的限制，也将在加入世界贸易组织四年之后取消。外国保险公司将在俄罗斯加入世界贸易组织后九年内被允许设立分公司。允许外国银行在俄罗斯建立分行，而且对单个俄罗斯银行没有外国股权上限要求，但是除了在将要私有化的银行参股之外，外国资本在整个俄罗斯银行业的所有权不能超过 50%。俄罗斯政府还承诺允许外商独资企业进入海运和公路运输行业，和在销售业经营批发、零售与特许经营业务。俄罗斯限制某些服务行业只能由本国的法人企业经营，也就是说外资必须按照俄罗斯法律在俄罗斯组建企业[3]。俄罗斯在《服务贸易总协定》下所承担的义务非常广泛，比其他世界贸易组织成员国尤其是印度和巴西所承诺的更多。现如今，要加入世界贸易组织，需要承担比该组织创始成员国更多的义务。

很有可能，俄罗斯长期游离于各种世界经济机构之外，尤其是缺席世界贸易组织，反而有助于俄罗斯对外直接投资。因为俄罗斯不是世界贸易组织成员国，

---

❶ 印度美国协定第 29.25 条.

❷ A Medetsky. 杜马艰难通过世界贸易组织投票. 莫斯科时报，2012-7-11.

❸ 俄罗斯入世工作组报告第 2 部分——服务业特别义务列表，第 2 条最惠国待遇例外列表，WT/ACC/RUS/70/Add.2WT/MIN (11) /2/Add.2 (2011/11/17)。

俄罗斯企业在出口中面临更多的贸易保护主义，迫使他们为了绕过贸易壁垒而投资于目的地市场国家[1]。这个效应在服务业更为显著，因为服务业的生产要素来源不需要固定地点。如果这个贸易替代理论成立，那么俄罗斯加入世界贸易组织，和其他外国公司享受一样的市场准入，实际上将会抑制俄罗斯对外直接投资。

国际仲裁：《解决国家与他国国民投资争端公约》和《纽约公约》

俄罗斯没有批准《解决国家与他国国民投资争端公约》，但是该公约的附加便利条款允许俄罗斯企业将与国际投资争端解决中心成员国政府的纠纷提交国际仲裁。同样，国际投资争端解决中心成员国企业，也可以把俄罗斯政府告到国际投资争端解决中心仲裁庭。俄罗斯对发展中国家直接投资的力度很大，因此俄罗斯缺席国际投资争端解决中心组织未免令人惊讶，可能是由于多数资本是投向独联体国家，俄罗斯投资者认为这些国家的投资环境很安全。有迹象表明俄罗斯在未来会加入国际投资争端解决中心。在俄美双边投资协议中规定“如果俄罗斯联邦成为国际投资争端解决中心成员[2]，那么投资纠纷就由国际投资争端解决中心解决”，在 1998 年俄日双边投资保护条约中也规定“一旦加入国际投资争端解决中心组织”将如何如何[3]。1992 年俄美双边投资保护条约也同意援引《解决国家与他国国民投资争端公约》附加便利条款来解决纠纷[4]，与日本的协定也规定在不能使用《解决国家与他国国民投资争端公约》的情况下，使用其附加便利条款[5]。

因为俄罗斯大多数双边投资保护协定都规定争端解决机制应用《联合国国际贸易法委员会仲裁规则》，或者在斯德哥尔摩商会进行仲裁，那么就需要一个承认和执行仲裁赔偿的机制。国际观察家注意到外国企业经常无法通过俄罗斯法庭执行仲裁决定，尽管近年来这种情况有所改善[6]。俄罗斯是纽约公约的签字国。俄罗斯国内的仲裁法律 1993 年国际商务仲裁法受到《国际商事仲裁示范法》的

---

[1] A Kuznetsov. 俄罗斯跨国公司的发展、管理与组织国际研究，2011，41（4）：39.

[2] 俄美双边投资协议第 7.3.a 条。

[3] 俄日双边投资保护条约第 11.2.1 条。

[4] 1992 年俄美双边投资保护条约第 6.3.b.i 条。

[5] 11.2 条。

[6] N Rubins. 俄罗斯联邦与投资条约：熊的诱饵？. 国际商法，2008，9（2）：100. 注意在 Sedelmayer 案中针对俄罗斯的赔偿判决最终强制执行了。

重大影响。这对于俄罗斯作为国际投资东道国的国际形象有利。

在金砖四国中，只有俄罗斯和印度作为国家，在公开的记录中曾经作为国际投资仲裁的被告。目前的记录显示，俄罗斯作为被告的总共有七宗争端。Berschader 诉俄罗斯案[1]：俄罗斯政府招标建筑项目，比利时公司中标并完成项目之后，俄罗斯没有及时付款。这次起诉未被受理，因为原告的商务活动不满足 1989 年俄罗斯比利时双边投资保护条约中所规定的投资的定义。原告方作为比利时公司的少数股权所有者主张权利，而这没有满足条约所规定的股权比例要求。而且条约上规定，仲裁只能决定征用的补偿，不能决定征用行为是否发生。因此，仲裁庭认定自己无法判定原告是否适用条约中的最惠国待遇条款，而原告主张，根据最惠国条款，它应该援引俄罗斯与其他国家较早签订的投资条约而享有获得仲裁的权利。

还有几桩有关俄罗斯的诉讼，涉及外国企业在俄罗斯 Yukos 石油公司所持有的股份。塞浦路斯 Hulley 有限公司诉俄罗斯联邦一案[2]，原告是塞浦路斯的 Yukos 公司，根据《能源宪章条约》(ECT) 控诉俄罗斯对资产的征用行为。仲裁庭做出阶段性裁定，判决自身对案件拥有司法管辖权，可以开始考虑原告诉求的合理性。Renta 4 S.V.S.等公司诉俄罗斯联邦案[3]，原告是一家西班牙投资公司，援引 1990 年俄罗斯西班牙双边投资保护条约，起诉俄罗斯政府滥用行政和法律权利，导致他们在 Yukos 公司的股份被事实征用。仲裁庭决定他们有权就此案进行仲裁。这个决定基于两个原因：一是协定中的平等公正待遇承诺，包括了就此案寻求国际仲裁的权利；二是条约中对于投资定义的广义解释，适用于此案西班牙公司在 Yukos 石油公司所持有的资产。英国 RosInvestCO 公司诉俄罗斯联邦一案[4]，是关于一家英国投资公司在 Yukos 的股份，受到俄罗斯政府对 Yukos 公司进行国有化的不利影响。仲裁庭审议了 1989 年俄罗斯英国双边投资保护条约中的反对征用承诺条款，判决俄罗斯政府违反了该条款，应该予以国家赔偿。但是赔偿额比原告要求的少，因为英国投资企业在 Yukos 公司形势已经十分紧张的情况下购进股份，未免有投机的成分。塞浦路斯老兵石油有限公司诉俄罗斯联邦案[5]，是另一宗塞浦路斯公司援引能源宪章条约起诉俄罗斯征用其在

[1] SCC 案例第 080/2004 号。
[2] PCA 案例第 AA226 号。
[3] SCC 案例第 24/2007 号。
[4] SCC 案例第 Arb.V079/2005 号 (2010 年 9 月 12 日终审判决)。
[5] PCA 案例第 AA228 号。

Yukos 所持资产的纠纷，仲裁庭就管辖权做出的中间判决是它拥有管辖权，尽管在这个条约中有一个“非此即彼”条款，要求投资者在国家法庭或者国际仲裁之间二选其一。俄罗斯法庭关于 Yukos 公司国有化诉讼的各项文件与国际仲裁的要求并不冲突，因为仲裁庭不是要推翻俄罗斯法庭的判决，也不是要判断那些判决是否合法，仲裁的问题是判断俄罗斯政府是否违反了《能源宪章条约》。最后，英吉利海峡曼岛的 Yukos 环球有限公司依据《能源宪章条约》起诉俄罗斯联邦国有化案[1]，也有关于管辖权的中间判决，俄罗斯基于“非此即彼”条款对仲裁管辖权提出的异议被驳回，允许投资者继续仲裁。在这里需要指出，俄罗斯政府一向认为，由于 Yukos 公司甚至包括其海外子公司，从来都和俄罗斯政府存在千丝万缕的联系，因此对这家公司的国有化，实质上不是国家与外国投资者的纠纷，而是俄罗斯国内法律问题。俄罗斯坚持说起诉的 Yukos 股东企业在它们的建立地根本没有实际存在，只是空壳公司[2]。而以上几个案件的仲裁庭，都拒绝了俄罗斯政府的抗辩，即对于“投资”的定义，应该包括控制、所有权受益和外国资本来源这几个要素。

Sedelmayer 诉俄罗斯联邦[3]案，是根据 1989 年苏联德国投资保护协定，由一家德国人拥有的美国公司发起的，这家公司向俄罗斯政府机构出售警用保安装备，并为俄罗斯政府培训使用这些装备的人员。政府机构雇佣该公司为一个警察训练营提供服务，后来要求投资公司搬迁到条件艰苦、无法接受的地点，并没收了投资者的某些资产。仲裁庭命令俄罗斯政府为投资者与该项商务有关的资产提供补偿，但是将该人的个人财产排除在补偿范围之外。这次纠纷大概是唯一一件控告俄罗斯政府并成功执行了赔偿的案件[4]。

虽然针对俄罗斯政府的不利仲裁结果，令它不愿意更多接受国际投资仲裁这种争端解决手段，但是仲裁对于俄罗斯的对外投资者却应该是有力工具。到目前为止，俄罗斯投资者至少发起了三宗针对东道主的仲裁，还有一件正在启动。尤里博格达诺夫、Agurdino 投资有限公司和 Agurdino-Chimia JSC 联合诉摩尔多瓦一案[5]中，俄罗斯投资者根据俄罗斯摩尔多瓦投资保护协定，就它们在一家新

---

[1] PCA 案例第 AA227 号。在另一个西班牙投资者诉俄罗斯政府干预的案例中，斯德哥尔摩商会 2012 年 7 月裁定俄罗斯败诉：Renta 4 S.V.S.A.等诉俄罗斯联邦案，SCC（2012 年 7 月 20 日判决）。

[2] R Rothkopf，F Albert. 俄罗斯拒绝 ECT：投资仲裁的新时代. Vindobona 国际商法与仲裁杂志，2010：141.

[3] 斯德哥尔摩商会（1998 年 7 月 7 日裁决）。

[4] 同注[3]，148 页。RosiinvestCo 案的赔偿金尚未给付。

[5] 斯德哥尔摩商会（2005 年 9 月 30 日仲裁）。

近私有化、经营方向不明的摩尔多瓦公司所持有的财产，针对摩尔多瓦政府要求仲裁。政府使用了特别制订的补偿计划，限制了俄罗斯投资者从所购买的股份获得收益。虽然仲裁庭认为在摩尔多瓦政府的行为发生以后，在投资者手中的资产仍然残留了可观的价值，因此摩尔多瓦政府不应为此负责，但是由于政府对已经转手的资产补偿不足，等于违反了平等与公正待遇承诺，因此应该为投资者资产贬值付出赔偿。另外，尤里博格达诺夫诉摩尔多瓦共和国一案[1]中，同一家投资公司依据 1998 年俄罗斯摩尔多瓦投资保护协定，指控摩尔多瓦政府征用，并且对一家化工出口公司的盈利能力造成损害。投资公司位于一个商务促进特区内，拥有一定的法律优势，包括稳定的海关报关制度。仲裁庭裁定，摩尔多瓦法律的变化导致了俄罗斯投资者面临烦琐的海关手续，因此应该付出赔偿。海关制度的改变未经详细解释就付诸执行，而且对于投资者进行了歧视性的运用，违反了条约中的平等公正待遇标准。

Sergei Paushok、CJSC Golden East 公司和 CJSC Vostokneftegaz 公司诉蒙古政府一案[2]，是根据 1995 年俄罗斯蒙古双边投资保护条约而发生的仲裁案，有关俄罗斯投资者在一家蒙古黄金开采公司的所有权。蒙古政府法律法规的变化，影响了投资者利益，包括在国际金价高涨之后，不发施工许可证，对黄金开采征收高额税率等。仲裁庭驳回了原告申诉，指出国家管理矿业的法律并不构成无法预测和不公开的投资环境，扣发工作许可证也不构成歧视，因为根据具体情况裁夺是国家法律的特性。这起案件值得注意，因为在审理过程中，仲裁庭发出了暂时的禁制令，禁止蒙古政府为征收欠税而攫取投资者在仲裁中的资产，仲裁庭一般很少发出这种非金钱形式的命令。最后一案，2012 年 7 月，俄罗斯-加拿大矿业公司 Rusoro 针对委内瑞拉政府在国际投资争端解决中心提出仲裁要求，要求委内瑞拉政府为在黄金产业国有化当中所攫取的 Rusoro 公司的资产付出赔偿。Rusoro 的请求显示，俄罗斯企业在对他们有利的情况下，非常乐意在国际机构解决争端。这次是在跟东道国的谈判长期不能解决问题的情况下才要求国际仲裁的[3]。

---

[1] SCC 仲裁第 5 号。

[2] 联合国国际贸易法委员会（俄罗斯蒙古双边协定）（2011 年 4 月 28 日关于司法管辖权和责任的裁定）。

[3] 俄罗斯金矿公司和委内瑞拉政府起争端. 莫斯科时报，2012-7-20.

对外直接投资的区域性和双边协定

区域投资保护协定

关于俄罗斯投资的最重要区域协议就是《能源宪章条约》。1998 年 4 月生效的《能源宪章条约》目的在于建立法律框架，在能源领域的投资、贸易、能源效率等方面促进长期合作。因为《能源宪章条约》也涵盖能源输送，所以它也和服务业直接投资有关。缔约国同意为其他缔约国投资者提供互惠的投资保护和征用补偿待遇。《能源宪章条约》对于投资的定义非常广泛，不要求控股达到一定水平以上[1]，这个漏洞导致一系列遭到俄罗斯政府反对的关于 Yukos 公司的仲裁。虽然 1994 年俄罗斯签署了《能源宪章条约》，但是从来没有获得国内批准，2009 年俄罗斯宣称不再适用《能源宪章条约》条款。但是前面提到的各种争端仍然援引《能源宪章条约》继续进行，因为它规定签字国从废止条约日起算，二十年内仍然要遵守其中投资保护和争端解决的条款，因此俄罗斯受到《能源宪章条约》约束的截止日期至少要到 2029 年[2]。

包括俄罗斯在内的一些独联体国家 2003 年建立了共同经济空间，旨在促进区域经济一体化，但是这个共同经济空间的各项条约还没有草拟出来。这个组织近期目标是到 2012 年建立起一个包括商品、劳动力、投资的单一市场，最终目的是建立完全的关税同盟。以上安排，还有俄罗斯加入世界贸易组织，将大大促进俄罗斯对外资开放。

双边投资保护协定（BIT）

前苏联 1989 年和芬兰达成了第一个双边投资协议，之后几年和其他经济合作与发展组织国家陆续达成类似协议。1992 年采取的双边投资协议模板比旧的

---

[1] 《能源宪章条约》第 16 条，并见 R Rothkopf，F Albert. 俄罗斯拒绝 ECT：投资仲裁的新时代. Vindobona 国际商法与仲裁杂志，2010：147.

[2] 《能源宪章条约》第 45.3.b 条。

协定进步得多，赋予投资者就多种纠纷诉诸仲裁的权利。自从 2000 年普京当选总统之后，俄罗斯签署双边投资保护条约的速度急剧下降，过去十年只签署了少数几个新协定，而且都是和不重要的贸易伙伴签的。2001 年起草了第二份双边投资保护条约模板，去掉了很多最重要的保护条款，包括国民待遇、最惠国待遇、平等与公正待遇。而且，2011 年的示范协定规定只有在争端出现之后，双方都同意进行仲裁的前提下才能进行仲裁[1]，这是极不可能发生的情况。国际学者批评俄罗斯的新示范双边投资保护条约是从早先对直接投资开明态度上的倒退[2]。虽然这种做法可能有助于限制外国企业进入俄罗斯，但是对依赖条约保护的俄罗斯企业确实有害。

1989 年以来，俄罗斯总共签署了 50 个双边投资保护条约，其中生效的有 30 个[3]。大多数早期的投资保护协定是和发达国家签署的，后来的一些对象是发展中国家，包括独联体国家和新兴的亚洲国家。这种混合的组成，反映了俄罗斯同时作为资本输出国和输入国的地位。以下详细分析这些协定的主要内容和特点。

在很多俄罗斯的双边投资保护条约中，投资的定义都没有包括国有企业[4]。1992 年俄美协定看来只和私人投资有关，条文中提到“私人企业的重要性”[5]。但是这个条约也特别提到公司的定义也包括政府拥有的公司[6]，这是迄今为止最直接的重申国有企业权利的条款，清楚地为大型俄罗斯国有采矿企业的利益服务。1998 年和日本的协定涵盖“各种形式的投资”，然后给出了举例清单[7]，这个清单特别指出包括那些不以盈利为目的的公司[8]，虽然没有明确指出是国有企业，但包括那些以发展为目的的公司。1997 年与埃及的协定将投资者广泛定义为“任何法人”[9]，暗示也包括国有企业。1997 年与黎巴嫩的协定给出了广泛的定义，投资者包括任何按照母国法律有能力进行合法投资的法人[10]。这意味着只要投资母国也有类似于国有企业的法人，即政府控制的以盈利为目的的公司，那

---

[1] 7.2 条。

[2] M Luz. 俄罗斯双边投资条约的新模板：对于外国投资者的退步. 俄罗斯/东欧商务与金融报告和管理层手册，2001-10-15，11（18）.

[3] 国际投资争端解决中心双边投资条约数据库。

[4] 例如俄罗斯加拿大协定。

[5] 俄美协定。

[6] 1992 年俄美协定第 1.1.a 条。

[7] 1998 年俄日协定第 1.1.a 条

[8] 1998 年俄日协定第 1.3 条。

[9] 俄罗斯埃及协定第 1.b 条，又见俄罗斯埃塞俄比亚协定第 1.1 条。

[10] 俄罗斯黎巴嫩协定第 1.1.b 条，又见俄罗斯埃塞俄比亚协定第 1.1.b 条。

么国有企业就会受到保护。2006 年中俄协定没有特别提到国有企业，但是它定义投资者包括按照任一缔约国法律组建的任何法人[1]。俄罗斯的双边投资保护条约所保护的投资，一般都包括知识产权和金融资产，这两类在服务业直接投资中非常重要，尤其是在高科技和金融服务行业[2]。1992 年俄美协定对投资的定义可能是最宽泛的，包括“任何人类努力所发明的东西”[3]和“任何法律或者合同规定的权益”[4]都将受到保护。特别有关服务业跨国公司的是，俄美协定明文规定保护的活动包括商业信息的散播、市场调查和服务的营销[5]。这对于那些为传统采矿行业提供服务的俄罗斯企业非常重要。

任何俄罗斯的双边条约都不保护市场准入权。大多数俄罗斯的条约规定东道国有权依据本国法律甄选外来投资[6]。缔约国根据本国法律法规批准外国投资[7]。既然俄罗斯不受世界贸易组织《与贸易相关的投资措施协议》约束，它就可以随意对外资企业提出绩效要求。但是协定的互惠性质也就意味着，俄罗斯企业要进入其他国家，也会受到同样的限制。这就解释了为什么有一些俄罗斯的双边投资保护条约包含了禁止绩效要求的条款，最突出的例证就是 1989 年俄德协定，德国是制造业大国，那个协定禁止缔约国要求外资企业雇佣本国人[8]。与日本的协定使用了“与贸易相关的投资举措”这个提法，禁止对外资提出诸如当地成分要求之类的绩效要求，但是只有在当地成分要求违反了双方任何一方所参与的多边协定的前提下，才被俄日协定所禁止[9]。这个规定实际上给予了在日本投资的俄罗斯企业跟世界贸易组织正式成员国企业相同的待遇。俄美协定也规定双方不得要求对方企业使用当地商品或服务[10]。但是有一些双边投资保护条约不包括类似条款[11]，在俄罗斯成为世界贸易组织成员国之前，有可能对寻求国际化的俄罗斯企业造成困扰。

---

[1] 2006 年中俄协定第 1.2.b 条。

[2] 例如俄罗斯塞浦路斯协定第 1.2 条，俄罗斯黎巴嫩协定第 1.1.d 条中对投资的定义也包含了“专有技术”的提法，又见俄罗斯荷兰协定第 1.c.4 条。

[3] 1992 年俄美协定第 1.1.4 条。

[4] 1992 年俄美协定第 1.1.5 条。

[5] 1992 年俄美协定第 1.1 条。

[6] 例如俄罗斯荷兰协定第 2 条。

[7] 俄罗斯中国协定第 2.1 条。

[8] 1989 年俄德协定议定书第 2.c 条。

[9] 俄日协定第 16 条。

[10] 俄美协定第 2.5 条。

[11] 例如俄罗斯加拿大协定。

最惠国待遇是俄罗斯双边投资保护条约中的标准条款[1]。但是和许多别的国家一样，俄罗斯对区域经济一体化也做了例外规定，尤其是和前苏联成员国，现今的独联体国家的优惠安排，属于最惠国待遇豁免[2]。双重税收协定也排除在最惠国待遇承诺之外[3]。中俄协定要求，区域经济一体化条约必须在符合世界贸易组织要求的前提下，才能适用最惠国待遇豁免[4]。中俄协定进一步澄清，最惠国待遇豁免适用于中国在《服务贸易总协定》下承担的任何义务，换句话说，只要中国按照《服务贸易总协定》承诺给予世界贸易组织所有成员国的优惠待遇，都不用照样提供给俄罗斯[5]。但是俄罗斯加入世界贸易组织以后，作为成员国自动享有中国根据《服务贸易总协定》承诺的优惠，以上条款就失去了意义。

俄罗斯的投资保护协定中，国民待遇条款通常附加苛刻的条件。发展中国家通常喜欢这样做，因为他们可以保留给予本国投资者更优惠待遇的权利[6]。1989年与加拿大的协定涵盖了外资企业建立之前和之后的阶段，措辞仅是提供“最好的待遇”义务。它规定尽可能遵照缔约国国内法规给予国民待遇[7]。其他协定中强调缔约双方保留依照本国法律对国民待遇承诺做出例外的权利，这样给政策留出了灵活性[8]。1997 年俄罗斯埃及协定规定双方有权确定外国投资者被排除或者限制的经济部门和活动范围[9]。日俄协定也有类似条款，并且进一步规定作出限制之前必须预先告知对方国家[10]。这类预先告知的负面清单，有助于让外资企业对投资机会有一个合理的法律期待，预防错判形势、受到伤害。而且，日俄双方同意通过不断的谈判，努力消除这类限制活动清单[11]。1995 年同瑞典的协定加入了协定所赋予的权利不得限制按照国内立法为国内企业提供的额外优惠的条款[12]。以上条款显示，双边投资条约不应被解读成废除国内投资者现存权利和优惠，防止东道国税收减让之类特别优惠措施消失。某些俄罗斯双边投资保护条约

---

[1] 例如俄德协定。

[2] 例如俄罗斯塞浦路斯协定第 3.4 条，俄埃协定第 3.4 条。

[3] 例如俄罗斯立陶宛协定第 3.4.b 条。

[4] 中俄协定第 3.4 条，意思是他们不违背《服务贸易总协定》第 24 条。

[5] 中俄协定第 2 议定书。

[6] J Xiao. 二十一世纪的中国双边投资条约.//J Chaisse，P Gugler. 亚洲贸易和直接投资的扩张. 纽约：Routledge 出版社，2009.

[7] 第 3.4 条。

[8] 例如俄罗斯塞浦路斯协定第 3.3 条和俄埃协定第 2.1 条。

[9] 俄埃协定第 3.3 条，又见俄罗斯黎巴嫩协定第 3.3 条。

[10] 日俄协定议定书第 5.2~5.4 条。

[11] 日俄协定议定书第 5.5 条，这个程序类似于《服务贸易总协定》。

[12] 1995 年俄罗斯瑞典协定第 10 条，在俄日协定第 10 条中有类似条款。

还排除了那些不具备重要商业存在的外资企业[1]，这样可以防止外国投资者在俄罗斯建立空壳公司，在外资母国没有与第三国签订投资保护协定的情况下，利用俄罗斯与第三国的双边投资保护条约来骗取优惠待遇。但是商业存在没有明确定义，留给仲裁庭来自行决定。

德俄投资保护协定允许基于“法律、秩序、安全、道德或公共卫生”需要对外企进行歧视[2]。和瑞典的协定也包括同样对国民待遇的豁免条款，此外还加上“双方同意的对国民待遇的有限的例外”[3]。俄美协定包含的国民待遇例外条款有公共秩序和国家安全利益，但这两样的定义没有一样可以自行决定[4]。与日本的协定包括“国家安全迫切需要”的国民待遇豁免，这个条件同样也是不能自行定义的[5]。俄美协定虽然没有明确规定劳工权利也可以作为国民待遇例外的理由，但提到了“尊重国际承认的劳动人民的权利”[6]。1996 年，当环境问题和公共卫生成为国际热点问题的时候，俄罗斯与匈牙利签订的投资保护协定也规定了这两条例外[7]，但是很难理解为什么在同时期[8]或者以后[9]的协定中没有这个条款。

有些协定规定缔约国应该允许对方人员为了投资活动而入境，允许外国投资者不分国籍雇佣任何自己选定的雇员，只要这些雇员在工作期间能获得入境东道国的许可[10]。中俄协定没有限制享受这项保证的工人类型，只说了“对方缔约国公民”[11]。这条要求上没有附加高技术专业人士的限制，说明技术转让并不重要。但是这项保护没有实际意义，因为它要求工人获得东道国的入境许可，而如果东道国想限制普通工人的入境数量的话，可以用任何理由拒绝发给签证。美俄协定在这方面更成问题，因为它规定为投资而进入对方国家的人员，过去或者未来要向对方国家贡献大量的资源或者资本[12]。“大量”的概念没有定义，看起来，小投资者不容易像大公司那样能够方便地雇佣外国人进入对方国家。这类要求反

[1] 例如俄美协定第 1.3 条。

[2] 德俄投资保护协定议定书第 2.c 条。

[3] 俄罗斯瑞典协定第 3.3 条。

[4] 俄美协定第 5.1 条。第七章将进一步探讨“自我判定意为缔约方本身可以决定国家安全是否是违约的适当理由，而不是同意由中立方例如仲裁者来决定”。

[5] 俄日协定议定书第 5.1 条。

[6] 俄美协定。

[7] 俄罗斯匈牙利投资保护协定第 2.3 条。

[8] 例如俄罗斯老挝人民共和国协定。

[9] 例如俄罗斯卡塔尔协定。

[10] 俄埃协定第 4.1、4.2 条，又见俄罗斯埃塞俄比亚协定第 2.3 条。

[11] 中俄协定第 2.3 条。

[12] 美俄协定第 2.3 条。

映了俄罗斯的投资伙伴国吸引富有的俄罗斯大宗商品跨国公司的愿望。

某些俄罗斯的协定中包含公开性条款，要求公布有可能影响外来投资的法律❶。有一些协定强调要理解对方国家的投资法律❷，可能反映了外界对俄罗斯法律系统复杂性的恐惧。这也可能反映了俄罗斯跨国公司对独联体以外国家法律体系复杂性的不耐烦和沮丧。与日本的协定在公开性方面更进一步，要求不但要披露法律决定，而且要披露行政程序❸。

俄罗斯的投资保护协定中一般都包括平等与公正的担保❹。有时候这个平等公正定义为待遇不低于第三国投资者❺。完全的安全和保护，过去不常见于俄罗斯的双边投资保护条约，但近来也开始出现❻。这说明过去大家认为俄罗斯不太可能出现国内动荡。的确，2011 年大选被指控为非法，但是随后的抗议基本上是和平的，当然恐怖主义一直是个危险。1998 年俄乌投资保护协定提及双方为对方投资者提供无条件的法律保护，但是没有提及人身安全❼。它还提到，平等公正待遇，完全的安全与保护，任何情况下不能和国际习惯法发生冲突❽。这一条款为外国投资者确立了最低可接受的待遇，防止把国内投资者的糟糕待遇，当作粗暴对待外国投资者的借口。与日本的协定提供了过程类型的保护，授权投资者可以运用法律和行政手段保护自己的权益❾。这可以视为鼓励投资者更多运用国内法律手段，而不诉诸国际仲裁。

一般情况下，征用只能出于公众利益的原因，而且不得进行国籍歧视，补偿必须及时、足够、有效，并基于市场价格❿。有时候俄罗斯的双边投资保护条约不使用这样直接的语言⓫。1997 年与土耳其的协定值得注意，它规定补偿必须基于资产“真正的价值”，却没有明确解释⓬。德俄协定规定，如果外国投资者拥有股份的企业的经济活动受到损害，而且损伤重大，那么就应该付出赔偿⓭。这一

---

❶ 例如俄罗斯埃及协定第 5 条，俄罗斯黎巴嫩协定第 5 条。
❷ 例如俄乌协定第 4 条。
❸ 俄日协定第 15 条。
❹ 例如俄罗斯黎巴嫩协定第 3.1 条，俄罗斯荷兰协定。
❺ 例如俄挪协定第 3 条。
❻ 俄黎协定第 2.2 条，俄土协定第 2.2 条。
❼ 1998 年俄乌投资保护协定第 2.2 条。
❽ 1998 年俄乌投资保护协定第 2.2.a 条。
❾ 俄日协定第 4 条。
❿ 例如俄罗斯塞浦路斯协定第 4 条，俄罗斯埃及协定第 6 条。
⓫ 例如俄德协定第 4 条，俄荷协定第 6 条。
⓬ 俄土协定第 6.2 条，又见英苏协定第 5 条。
⓭ 德俄协定议定书第 3 条。

条澄清了两点：第一，以跨国购并方式进行的国外直接投资也可以获得补偿；第二，不仅是完全的征用，而且对投资产生损害效应的任何举措，都可以付出补偿。1989 年与荷兰的协定规定不仅剥夺投资者的财产，而且“类似的”举措都可以付出补偿，这就包括了广泛的间接征用的行为❶。俄罗斯的很多条约里还特别规定了对“等同于征用”行为的补偿❷。由于战争或者国内动乱所导致的征用，补偿标准类似于给予国内投资者或者第三国投资者的补偿标准❸。通常，投资者有权，但是没有义务将有关补偿的纠纷提交当地法庭或者行政仲裁❹。

俄罗斯在各个双边投资保护条约中广泛同意通过国际仲裁解决争端。一般来说，投资方和东道国的争端解决机制都使用联合国国际贸易法中心联合国国际贸易法委员会仲裁规则❺。德俄协定中规定使用斯德哥尔摩商会作为仲裁方❻。遵照《纽约公约》的承诺，俄罗斯的协定包括承认和执行仲裁庭裁决的条款❼。通常协定还会包括任命仲裁人的细节❽，和使用公认的国际法准则以及当事国的法律来解决争端❾。俄土协定声明投资者和缔约国之间的争端可以提交给缔约国的法庭❿，说明双方对对方的国内司法系统互相信任，这种信任在国际投资法律当中并不常见，尤其俄罗斯的国内司法系统在国际上声名狼藉。这条规定还有一个惊人之处：规定法庭的任何判决都是终审判决，就是说没有在同一国家更高级法庭上诉的权利，其实上诉权传统上是法律允许的⓫。俄罗斯的协定通常还规定二选其一条款，就是说投资方必须在国内法庭和国际仲裁之间选择⓬。鉴于俄罗斯对于没完没了的 Yukos 诉讼的厌烦情绪，做此规定可以理解。有几个俄罗斯投资保护协定，尤其是前苏联时代签署的协定，将征用是否发生这个问题排除在仲裁范围之外，但是允许对已经认定的征用的赔偿数额进行仲裁⓭。这个规定引起了前

❶ 俄荷协定第 6 条。

❷ 例如俄日协定第 5.2 条。

❸ 例如俄罗斯瑞典协定第 5 条，俄土协定第 7 条。俄日协定使用了“故意”一词。

❹ 例如韩苏协定第 5.2 条，俄罗斯匈牙利协定第 5.2 条。

❺ 俄加协定第9.3 条，俄罗斯塞浦路斯协定第 7 条。

❻ 德俄协定第 10.4 条。有几个俄罗斯的双边协定中指定了斯德哥尔摩商会，例如与立陶宛的协定中第 10.2.b 条。

❼ 例如俄挪协定第 8 条。

❽ 例如俄挪协定第 8 条。

❾ 例如俄罗斯希腊协定第 8.5 条，中俄协定第 9.4 条。

❿ 俄土协定第 10.2.a 条，又见俄乌协定第 9.2 条。

⓫ 俄土协定第 10.3 条，又见俄乌协定第 9.3 条。

⓬ 例如俄日协定第 11.4 条。

⓭ 见 Berschader 诉俄罗斯案的讨论，# 52，[204]，提到了诸如苏加协定第 10.1 条。

文所述的一些针对俄罗斯的令人惊讶的指控。俄罗斯似乎更倾向于使用其他的争端解决手段，强调在把争端提交仲裁之前，双方要一致，本着友好的精神协商解决问题[1]。很多条约提及双方要尽最大努力协商解决纠纷[2]。双方的争端解决机制一般都被称作国际仲裁，在后面的条文里又规定了指定仲裁员的过程细节[3]。应该认识到，大多数前苏联时代的仲裁条款的管辖范围有限，只允许国际仲裁来判定征用的补偿数额，不允许裁判征用是否发生。实际上，这就意味着先要由俄罗斯法庭来判决是否发生了征用，再由仲裁决定赔偿金额。

正如前文指出，俄罗斯的投资保护协定一般会包含合格的投资者享有最惠国待遇的保证。按照最惠国条款，东道国有义务为对方国家的投资者提供不低于第三国投资方所享受的待遇。换句话说，外国投资者可以援引最惠国待遇条款享受任何第三国投资方的权利，包括其他的国际协定所给的优惠。很多前苏联时期签署的条约里，对于征用补偿数额和形式的问题，仲裁的范围受到限制，而后来签订的条约对仲裁的规定放宽了。这就带来了一个关键的国际法问题：某一个国家的投资者，根据条约不能就征用或者违反平等公正待遇所造成的损害进行仲裁，而另一个国家的投资者，根据另一份条约可以就此提出仲裁，那么，前者相比后者是否就是遭遇了劣等的待遇呢？投资仲裁机构在这个问题上没有做出过明确决定：是否最惠国待遇条款可以用来引入另一个条约中更为有利的争端解决条款呢[4]？

以上问题因为某些协定的保护条款而进一步复杂化了，比如俄罗斯跟荷兰的双边投资保护条约，各方保证遵守关于对方国家投资者所承担的任何义务[5]，这就把条约本身并不包括的那些可以付诸争端解决机制的事项也包括进来了。这种情况会造成困扰，因为如此延伸使用最惠国待遇条款，可以使得一个国家对某类争端不得提交仲裁的限制变得无效。最惠国待遇可以用来引入另一个条约，而这个条约当中规定了无限制同意仲裁的条款。

最后，协定一般都会包括非常含糊的鼓励两国之间直接投资的话[6]。和立陶

---

[1] 例如俄罗斯埃塞俄比亚协定第 8.1 和第 8.4 条。

[2] 例如俄乌协定第 9.1 条，俄美协定第 6.2 条。

[3] 例如俄罗斯卡塔尔协定第 11 条。

[4] Maffezini 诉西班牙案，国际投资争端解决中心案例号 ARB/97/7（2007-1-25）裁定最惠国待遇条款包括程序性问题例如争端解决机制。但是 Plama Consortium 有限公司诉保加利亚共和国案，国际投资争端解决中心案例号 ARB/03/24（2005-2-8）裁定最惠国待遇条款只有在条约明确指出包括程序性问题时才包括。

[5] 俄荷协定 3.4，俄美协定 2.2.c。在与日本的协定中，保护条款隐藏在第 3.3 条的公平与平等待遇条款当中。

[6] 例如俄罗斯塞浦路斯协定 2.1，俄罗斯埃及协定 2.1。

宛的协定提到为了提高公开性而互相通知法律规定[1]。但是这些协定并没有规定明确的机构或者程序来鼓励俄罗斯对外直接投资。某种程度上这也很正常，因为很多俄罗斯跨国公司作为国有企业，享有政府的无限支持。

过去，俄罗斯政府在签订和执行双边投资保护协定方面是前后不一致的，为今天留下了各种各样的双边投资保护协定。大多数跟俄罗斯最重要贸易伙伴所签署的协定，在运用方面都不那么清晰明确，所以当外资企业针对俄罗斯，或者俄罗斯企业针对外国，依据条约将争端付诸仲裁的时候，仲裁庭通常会遇到如何解释协定条文的困难。有两个困难最为突出：最惠国待遇条款能否延伸扩展仲裁规定，还有是否能执行未获批准的条约，尤其是《能源宪章条约》（ECT）[2]?

俄罗斯外国直接投资法规概览

根据俄罗斯法律，外国投资者享有国民待遇，和其他根据国际协定精神应该得到的待遇保障，例如不受到征用的权利[3]。根据俄罗斯宪法，当国际条约与国内法律冲突时，国际条约优先[4]，因此国际条约对于俄罗斯国内法有直接影响，国际条约不需要先作为国内法进行颁布就能生效。国内法庭可以应用国际法，如果法律有冲突，法庭应优先考虑国际条约和国际习惯法。因此，如果有关的投资保护协定为外来投资规定了高于国内法的待遇，那么应该应用国际条约的规定。

尽管有国民待遇保证条款，但是俄罗斯还是立法限制外国企业在战略性行业的投资，尤其是与国家安全相关的行业进行跨国购并[5]。尽管这条法律一般来说被视为透明的，但却也限制了国家从外来投资获得经济增长的动力，而且损害了国内经济从传统的自然资源领域向多元化发展[6]。我们还不清楚，外来投资在这些行业减少，是否通过国内竞争度的降低，从而对国内企业对外投资产生负面的影响。对国民待遇国家安全例外的限制性立法，只能由联邦立法机构出于捍卫宪

---

[1] 第 5 条。

[2] N Rubins. 俄罗斯联邦与投资条约：熊的诱饵？国际商法，2008，9（2）：108.

[3] 1999-7-9 联邦法律# 160-FZ《关于在俄罗斯联邦的外国投资》。

[4] 15.4。

[5] 2008-4-29 联邦法律# 57-FZ《外国在具有战略重要性的国防和安全行业公司投资的程序》，Heath. 战略保护主义？国家安全与在俄罗斯联邦的外国投资. 乔治 · 华盛顿国际法评论，2009，41：465.

[6] Heather，473 页。

法的原则，依据道德、健康、人权和其他合理的需要来制定[1]。有 42 个行业被列为战略性行业，最重要的服务业包括媒体、电信、航空和保险。战略性行业的法律限制一般会要求想要在这些行业进行购并或者获得国内企业控制性股权的外国投资方，事先需报请政府批准，而政府可能向外企附加一些条件，例如在国家安全需要的时候征用资产等。不清楚在以上行业进行新建绿地投资受不受相似的限制。对于这些行业跨国购并的审批程序比过去公开和直接了很多，事实上国际社会观察到对战略性产业国际购并案的审批没有受到无理的刁难[2]。在战略性产业方面管理外国投资的限制性法律不应被视为保护主义，很多其他国家都有类似的国家安全行政审批程序。国际社会对俄罗斯在审批外来直接投资方面的效率进步表示赞赏[3]。

在金砖四国里，俄罗斯在遵守法律、执行法律和腐败方面的口碑最低。2011 年大选中传出的腐败新闻进一步损害了国家的形象。企业想获得法律帮助也不容易，尽管在这方面俄罗斯比印度强[4]。在世界银行进行商务活动难易程度排行榜上，总共 183 个国家，俄罗斯排第 120 位，仅强于巴西[5]。在全球竞争力指数排行榜上，俄罗斯是 143 个国家中的第 66 位，比前一年下降了 3 位，它的主要弱点在于腐败和政府官僚主义[6]。在引进外资对商业的影响的衡量指数上，俄罗斯在金砖四国中最低，远远低于全球平均值[7]。如果俄罗斯经济要从全球化中受益，就需要大大改进国内的制度环境。俄罗斯政府对此有一定的认识，在 1994 年和外国企业合作建立了外国投资顾问委员会（FIAC）来帮助改善俄罗斯的投资环境[8]。外国投资顾问委员会建立了投资者和俄罗斯政府之间直接的对话渠道，能够在一些手续问题出现麻烦的时候及时向上反映。俄罗斯加入世界贸易组织以后，在某些服务行业的外资参股限制将取消，而且受到世界贸易组织争端仲裁组织的约束，将有助于改善投资环境，吸引服务业的投资和贸易，同时也有益于俄罗斯企业进入世界贸易组织其他成员国市场。

很可能是因为对与 Yukos 公司有关的国际仲裁结果不满，俄罗斯近年所签

---

[1] 1999-7-9 联邦法律# 160-FZ《关于在俄罗斯联邦的外国投资》第 2 点第 4 条。
[2] 引自 V Vasilyev 编著的《外国在俄罗斯采矿业的投资限制》。
[3] W Pomerantz. 俄罗斯的保护主义和战略产业法. 美国大学国际法评论，2010,25:213.
[4] 世界法制项目 2011 年法治指数。
[5] http://www.doingbusiness.org/rankings。
[6] 2011-12 全球竞争力报告（世界经济论坛）。
[7] 全球竞争力报告第 6.12 章。
[8] 由 2009-12-9 第 1141 号政府法令做出规定。

署的双边投资条约数量有所下降。有人预测，今后俄罗斯在新的双边投资保护条约中给予外资的保护水平，将回到前苏联时代，尤其是不允许国际仲裁决定征用是否发生，只能判决征用已经发生条件下的赔偿金额。也因为 Yukos 诉讼的教训和害怕将来数不胜数的投资方诉讼，俄罗斯未来可能不愿意在双边投资保护条约中承诺国民待遇、最惠国待遇、平等与公正待遇[❶]。观察家进一步担心，俄罗斯政府会对投资方和投资的定义作出更严格的解释，防止外国公司像 Yukos 系列案件一样钻协定的空子[❷]。但是，对国际投资仲裁的开放态度，仍然是俄罗斯融入全球经济的重要一环。

最近在投资保护协定中俄罗斯实施了严厉的限制，包括国民待遇和最惠国待遇，是因为俄罗斯政府觉得之前给予外资的保护太多了。俄罗斯无意给予外资比世界贸易组织普通成员尤其是贸易有关的投资措施条约之外更加优惠的待遇，害怕在某一个协定中的待遇太高，其他世界贸易组织成员国也会要求相同待遇[❸]。但是当俄罗斯本身的企业不断在国外扩张的时候，他们可能会感谢这些条约里禁止绩效要求的规定。俄罗斯退出能源公约协定有可能影响它作为外资合适的东道国的名声，但是加入世界贸易组织和进一步融入世界经济秩序会挽回负面的影响。在俄罗斯，保护主义被视为刺激国内经济的手段，因此国际投资一向被视作政治问题[❹]。俄罗斯最近的双边投资保护条约收紧，可能是国际自然资源价格上升、2000 年以来国家经济稳定的结果。因为政府没有急迫的吸引外资的意向，本国对外投资还相对有限，政府没有优待外国投资者的动力[❺]。因为 Yokus 案，俄罗斯政府害怕类似攫取公司资产的行为，还会引发新一轮针对自己的国际仲裁。从目前看来，俄罗斯暂缓了签订和批准投资保护协定的步伐[❻]。这就释放了一种似乎国际投资是高风险的行为的信号，这样的信号只会有损于俄罗斯在其他国家的直接投资。

俄罗斯很少积极促进对外直接投资。俄罗斯对待本国企业国际化的态度相对其他国家更沉默，部分原因是俄罗斯没有专门支持本国企业国际化的机构，比如它没有独立的投资保险机构来减少国外投资的风险[❼]。这是因为俄罗斯政府传统

---

❶ R Rothkopf，F Albert. 俄罗斯拒绝 ECT：投资仲裁的新时代. Vindobona 国际商法与仲裁杂志，2010：146.

❷ 同注❶，148 页。

❸ 例如 Lu2，俄罗斯荷兰协定第 2 条.

❹ W Pomerantz. 俄罗斯的保护主义和战略产业法. 美国大学国际法评论，2010,25:213.

❺ N Rubins. 俄罗斯联邦与投资条约：熊的诱饵？国际商法，2008，9（2）：105.

❻ 同注❺，105 页。

❼ K Kalotay. 俄罗斯跨国公司海外扩张的兴盛和波折.//K Sauvant，G McAllister，W Mascheck. 新兴市场国家的外国直接投资. 纽约：麦克米伦出版社，2010：127.

上大量参与本国最大的那些跨国公司的日常运作，所以不需要再特别地积极推动企业对外投资。俄罗斯外交部会为大企业提供东道国市场情报。外交部和很多国内商会有协定，定期交换市场情报以支持对外直接投资❶。

俄罗斯政府在对外投资方面的控制，尤其是对主要发达国家的投资控制，有两个重要手段：通过政府直接拥有投资企业；如果是私人企业投资方，就通过税收手段或者控制资本账户交易。过去这种战略可能支持了对外投资，但现在越来越成为直接投资增长的障碍。虽然这些控制手段相比前苏联刚刚解体的那两年已经放松了，但大型企业对外投资的主要交易仍然要报总统批准。政府和国有企业的关系非常密切，在政府和公司之间的区别和界限，在 1991 年前苏联解体之后越来越模糊❷。在投资保护协定当中明确规定国有企业的地位，有助于防止这种政企不分的关系成为俄罗斯企业国际化的重大障碍。

俄罗斯退出《能源宪章条约》（ECT）不但伤害了外来投资，而且也影响了俄罗斯跨国公司在国外的机会。《能源宪章条约》的签字国企业能获得低价的融资成本，相对于俄罗斯企业占有优势。这个条约对 Gazprom 很重要，因为这家公司计划在西欧和美国投资❸。俄罗斯的对外投资在 2008—2009 年金融危机中严重受挫，因为国际商品市场价格跳水，使自然资源行业的几家巨型公司蒙受巨大损失。俄罗斯跨国公司借债很多，债务负担使得他们在面对其他新兴市场国家企业竞争的时候处于不利地位。把经济结构多元化向服务业倾斜，有助于俄罗斯经济抵御个别行业低迷的经济风险。俄罗斯正在寻求电力行业的外资，帮助对国内老化的基础设施进行现代化改造，满足电力需求❹。俄罗斯对外直接投资的原因之一，就是俄罗斯企业想要进行资产多样化，逃离国内不稳定的经济环境❺。在能源行业的资本外流最终会带动服务行业向外投资。

从长期角度来说，俄罗斯对外直接投资还是呈增长的趋势。目前服务行业的对外投资非常有限，但是将来会改变的。无论什么行业的俄罗斯对外投资，未来仍会与政府紧密联系，以获得知识和技术为主要目的。过去俄罗斯企业的对外扩

---

❶ K Kalotay. 俄罗斯跨国公司海外扩张的兴盛和波折.//K Sauvant，G McAllister，W Mascheck. 新兴市场国家的外国直接投资. 纽约：麦克米伦出版社，2010：128.

❷ 同注❶，128 页。

❸ R Rothkopf，F Albert. 俄罗斯拒绝 ECT：投资仲裁的新时代. Vindobona 国际商法与仲裁杂志，2010：149.

❹ A Boute. 改善欧洲在俄罗斯电力生产行业的投资环境（Ⅱ）：法规同化的作用. 能源和自然资源法律杂志，2008，26（2）：327.

❺ 同注❶，81 页。

展主要限于那些国有企业，尤其是在能源行业，而且政府对于企业的支持措施也与俄罗斯的外交政策紧密相关。

资本主义时代的来临大大刺激了俄罗斯的新兴企业家，而稳定和明确的产权是这些新兴企业家的利益所在。而且，当越来越多的俄罗斯企业开始国际化，外国的合作伙伴希望与之合作的俄罗斯伙伴是西方式的企业[1]。就像国内市场竞争会迫使企业国际化一样，国内法规的低透明度也会迫使国内公司更多地向更加公开、更加可预测的市场转移。俄罗斯国内政策的不公开，使得俄罗斯企业在国外的接受度降低。因此俄罗斯跨国企业应该意识到，增加国内环境的公开性对于其国际运营也有益处。俄罗斯企业必须面对在国外的形象问题[2]。增加企业信息的公开性，比利用宣传手段粉饰太平要有用得多[3]。

在俄罗斯国内，无论政府还是非政府机构，都对企业的社会公益责任行为缺乏监督，这也无助于改善俄罗斯企业的国际形象。实际上，直到最近，企业的社会公益责任还是一个无人问津的概念。近年来俄罗斯企业提高了学习和实践社会公益责任的积极性。目前俄罗斯企业相信，良好的劳资关系、财务公开性、社区公益活动和环境影响评估，都应该成为企业国内国际战略的重要组成部分。特别是劳资关系，在前苏联时代曾经极其重要，但在前苏联解体以后重要性迅速下降了。企业社会责任的觉醒，很大程度上得益于外国企业在俄罗斯投资，与当地社区良好互动的示范效应[4]。与很多新兴市场和西方国家不同，俄罗斯企业不太在意降低劳动成本[5]，这在全世界都很罕见。俄罗斯企业可以多宣传自己这一面，作为企业社会责任的例子。

本章小结：俄罗斯对服务业外国直接投资多边协定的接受度

俄罗斯经过长期艰苦的谈判，最终加入世界贸易组织，在很多关键的行业都

[1] K Kalotay. 俄罗斯跨国公司海外扩张的兴盛和波折.//K Sauvant，G McAllister，W Mascheck. 新兴市场国家的外国直接投资. 纽约：麦克米伦出版社，2010：78-79.

[2] 同注[1]，85 页。

[3] A Kuznetsov. 俄罗斯跨国公司的发展.管理与组织国际研究，2011，41（4）：46.

[4] A Settles，O Melitonyan，J Gillies. 俄罗斯的公司社会责任.//C Mallin. 公司社会责任：案例研究方法. Edward Elgar 出版社，2009.

[5] 同注[3]，40 页。

做出了重要的市场准入承诺。这个事实本身就说明俄罗斯可以接受通过多边磋商来管理国际投资关系的方式。俄罗斯的一系列双边投资保护协定承认投资保护的原则，有助于俄罗斯本身大量的对外直接投资。俄罗斯退出《能源宪章条约》和在双边协定中对国际仲裁前后不一致的态度，表明俄罗斯不愿意在投资争端上信任国际仲裁，这是俄罗斯接受全球化投资法规的重要障碍。目前还不清楚俄罗斯自《能源宪章条约》退出是否表明政府对国际投资条约的政策变化。俄罗斯加入世界贸易组织显示他在特定的投资问题上接受国际仲裁的司法管辖权。国家安全政策空间的放宽和与强大的采矿工业相联系的俄罗斯服务业企业的增长，都会促进投资政策开放和投资保护的完善。

第4章

印度

简介：印度的经济和法律环境

印度发展成为发展中国家第二大经济体的速度非常惊人。印度是南亚面积最大的国家和世界第二大人口国，2011 年人口大约是 12 亿。按照目前的增长速度，印度将在本世纪中叶超过中国成为全世界人口最多的国家。印度 1947 年从英国殖民统治下独立，成为一个资本主义联邦共和国，采纳英国式的普通法体系。1950 年通过并颁布的国家宪法，之后经过多次修改。印度的立法机构由上下两院组成，上院叫国家会议，由任命产生，下院叫人民代表大会，由民选产生，代表五年一届，可以连选连任。20 世纪 90 年代早期，印度经济大开放，国有企业私有化，对外贸和国际直接投资都放松了控制。经济开放有助于国家从 1997 年之后保持平均 7% 的高增长率，2011 年增长率是 7.2%。印度从 2008—2009 年金融危机中恢复过来以后，2011 年国内生产总值 45000 亿美元，是全世界第四大经济体（但是人均 GDP 只有 3700 美元，反映了居高不下的贫困率）。印度 GDP 的 57% 来自服务行业，该行业提供了 34% 的工作机会，尽管印度拥有受过良好教育的劳工队伍，但这个比例仍然远低于世界平均值。2011 年印度引进外国直接投资存量 2250 亿美元，排名世界第 20 位。同期对外直接投资存量 1140 亿美元，2011 年的对外直接投资年流量是 147 亿美元[1]。进一步的细节见图 4.1。

---

[1] 中央情报局. 世界概况.

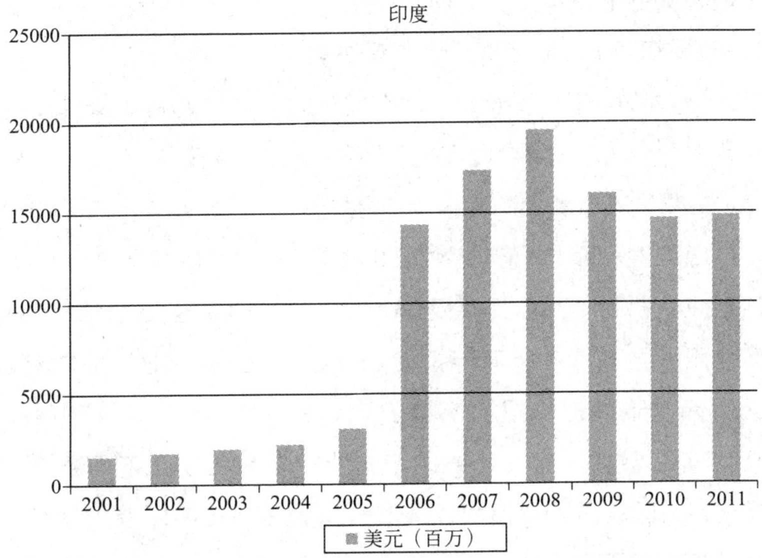

图 4.1　印度外向 FDI 流量（2001—2011 年）

印度对外直接投资

印度对外直接投资的总趋势

印度对外直接投资增长的速度比其他金砖国家要慢，尤其是和中国相比，部分原因是印度的经济体制改革开始得晚。直到 2004 年印度政府为了支持国内发展，鼓励企业国际化，才真正开始执行开放的改革政策❶。印度曾经从国际货币基金组织（IMF）大量贷款，作为交换条件执行了经济紧缩政策，此后的 20 世纪 90 年代早期，印度开始执行经济开放的改革政策。改革包括向外来投资开放市场，取消行业准入制度。行业准入制度限制了国内企业通过竞争求得发展并向国外扩张。在改革之前，任何国际合资项目都必须事先请求政府批准。在改革早期，印度缺乏足够的外汇储备，而且政府经济发展战略是内向型的，因此会利用

❶ H Rui，G Yip，S Prashantham. 中国海外购并有何不同？基于印度的比较.//K Sauvant，G McAllister，W Mascheck. 新兴市场国家的外国直接投资. 纽约：麦克米伦出版社，2010.

各种政策手段积极地限制国内企业向外投资。《印度海外合资企业指导方针》《垄断与限制性贸易法案》《外汇管理规定》等法规证明了这一点。

在后来促进对外投资的开放阶段，印度政府放松了对资本外流的管制，取消了建立海外合资企业的审批制度。政府降低了印度的进口关税，以刺激国内市场竞争。因此，主要是进口商品的竞争而不是外资企业的竞争，迫使印度公司转向海外[1]。21 世纪印度继续执行支持对外投资的政策。2005 年 4 月对海外投资数额的限制从企业净值的 100% 提高到 200%，汇款限制也大大放松[2]。印度储备银行放宽了使用共同基金进行海外投资的上限[3]。合资企业指导方针在 1992 年规定 200 万美元以下的对外投资不需要审批，2002 年上限放宽到 1 亿美元，2004 年取消了审批要求。这意味着印度企业的国际化完全不需要政府审批了。法规的变化，促使印度海外投资从以绿地投资为主，转向以跨国购并为主。印度企业现在为海外投资而融资的上限达到企业净值的 200%，并且不需要印度储备银行批准[4]。但是，印度公司法和购并法这两部管理公司购并的法规，仍然被外界批评为过于烦琐[5]。

在这个大环境下，印度大企业可以扩大海外运营与外国公司构建战略联盟。因为印度政府早年只批准大公司进行海外投资，印度海外公司一般规模巨大，因此可以在本公司的各个分支内迅速传播扩散知识和技术。第一批国际化的印度公司基本都在政府扶持的行业，例如仿制药品和 IT 软件行业。政府扶持这些行业是因为这些行业对国家的长期繁荣具有战略意义[6]。而且，20 世纪 80 年代移民去欧美国家的印度专业人士有很多在 20 世纪 90 年代回国，通过他们和前雇主的联系，为印度带回了西方先进的技术和技能，正好让印度赶上互联网时代的到来，建立起自己的软件行业。因此，印度的信息技术产业通过与欧美发达国家的

---

[1] A Afsharipour. 亚洲世纪? 还是迷失在转型中? 上升的跨国公司：法律和印度公司海外购并的演进. 加州大学戴维斯分校评论，2011，44：1029.

[2] J Chaisse，D Chakraborty，A Guha. 印度的多层级直接投资管理.//J Chaisse，P Gugler. 亚洲贸易和直接投资的扩张.纽约：Routledge 出版社，2009.

[3] J Chaisse，D Chakraborty，A Guha. 印度的多层级直接投资管理.//J Chaisse，P Gugler. 亚洲贸易和直接投资的扩张.纽约：Routledge 出版社，2009：243.

[4] 注[1]，1057 页。

[5] 注[1]，1070～1074 页。

[6] H Taylor，A Nolke. 印度的全球公司.//K Sauvant，G McAllister，W Mascheck. 新兴市场国家的外国直接投资. 纽约：麦克米伦出版社，2010.

联系，得以从一开始就具有国际化视野[1]。

印度对外投资的扩张大致可分为两个阶段。第一阶段是在 1990 年之前，主要集中于低技术行业（比如纺织业和制造业），目标在发展中国家，尤其是南亚。国际化的主要方式是通过少数参股来获得新市场和资源，规避印度政府限制性的国内经济政策，并不是国内市场竞争压力导致的。第二阶段是在 1991 年以后，对外投资蔓延到所有行业，尤其是以信息技术和通信为代表的服务行业更是在全球占有越来越重要的地位。这第二波投资的目标国家更为广泛，以多数拥有股权或独资经营为主。进军发达国家的目的是获取战略资产，例如技术、营销技能、品牌和营销渠道[2]。印度在对外投资管理体制上，最重要的改革发生于 1991 年开始的开放运动时期。从那时起，国家放宽了对海外投资项目的类型、融资手段方面的限制，目的地国家也变得更多元化。20 世纪 90 年代报批海外拓展的公司和政府发出的批准都有极大增长。这个时期，向美日欧等发达国家市场投资的趋势开始成形。印度政府传统上是把对外直接投资作为与其他发展中国家改进关系的一种手段，现在放弃了这个思路，改为加强印度企业的全球竞争力[3]。

促使印度对外投资增长的动因有如下几条。第一，高科技行业西方大公司技术部门向印度外包，促进了印度企业的国际化，它为印度培养了一批具有进取心、急于寻求国际发展的专业人士[4]。第二，国内机会不足，迫使企业向外寻求发展。几乎所有寻求增加国际市场份额的印度公司在国内都拥有垄断地位。国内市场已经过于狭窄，而企业的投资者又期望保持高增长，那就只有寻求海外发展[5]。因此，印度企业国际化的动力是寻找新的技术和技能，培育高端品牌，寻求商务发展的新模式，以期成为国际市场的领导者[6]。因此，企业国际扩张的动力是国内市场机会不足，而非国内过度竞争。

---

❶ J Ruet. 新兴国家跨国公司重塑全球资本主义.//J Chaisse，P Gugler. 亚洲贸易和直接投资的扩张. 纽约：Routledge 出版社，2009.

❷ F DeBeule. 改变对外直接投资的政策：从控制到促进.//K Sauvant，G McAllister，W Mascheck. 新兴市场国家的外国直接投资. 纽约：麦克米伦出版社，2010.

❸ H Taylor，A Nolke. 印度的全球公司.//K Sauvant，G McAllister，W Mascheck. 新兴市场国家的外国直接投资. 纽约：麦克米伦出版社，2010：150.

❹ A Afsharipour. 亚洲世纪？还是迷失在转型中？上升的跨国公司：法律和印度公司海外购并的演进. 加州大学戴维斯分校评论，2011，44，1044-1045.

❺ R Kant. 新兴市场国家跨国公司的崛起：印度企业所面临的挑战.//K Sauvant. 新兴市场国家跨国公司的兴起. 切尔滕纳姆：Edward Elgar 出版社，2008.

❻ 同注❹，1045～1046 页。

印度国内法律根植于英美法系传统，广泛使用英语，也方便了印度跨国公司海外购并。共同的语言，相似的文化，较低的信息成本，都对印度向发达国家投资的数量和方向产生正面影响。尤其是国际购并的法律复杂性，使得印度公司拥有优势地位，因为它们所使用的律师对东道国的法律程序更加了解❶。

印度政府在过去 20 年中一直鼓励对外投资，所以印度跨国公司没有遭受政府干预管理的困扰。换句话说，逃离本国糟糕的制度环境并非是印度企业国际化的主要原因❷。印度企业国际化的原因和西方公司类似，是寻求增长和盈利机会，获得新市场和降低成本。

印度尽管仍是一个发展中国家，但已经成为重要的资本输出国。2011 年印度对外投资流量 147 亿美元，比上一年略有增长，但仍逊色于全球金融危机来临之前的峰值——2008 年的 193 亿美元。印度对外投资从 2000—2006 年缓慢增长，在 2006 年突增到 142 亿美元❸。印度目前有五家公司名列《财富》世界 500 强，只有一家石油企业在前 100 位，排名第 98❹。印度在 2011 年波士顿咨询集团全球挑战者榜单里有 20 家公司，仅次于中国❺。

进行海外购并的印度公司大多数是私人企业，从多元化的大型集团公司到中小企业都有。印度跨国公司购并的目标涵盖各个行业，一般都是大公司❻。2000 年以后，投资的目标侧重寻求发达国家的战略资产。比起其他金砖国家的跨国企业，印度公司在美国、西欧、日本等发达国家进行的购并更多，但是没有引起西方媒体过多的关注，这一点令人惊讶，可能是因为多数购并的目标公司规模都比较小❼。印度对外直接投资最令人吃惊的特点，就是它集中于发达国家，尤其是欧洲国家。在欧洲，印度投资最多的国家是英国，其次是德国。

印度公司在全球的增长也很迅速，不仅在亚洲、欧洲和美国，而且在非洲和

---

❶ A Afsharipour. 亚洲世纪? 还是迷失在转型中? 上升的跨国公司：法律和印度公司海外购并的演进. 加州大学戴维斯分校评论，2011，44，1048-1049.

❷ A Delios，A Singh，S Kamal. 印度企业的国际购并和全球化.//J Chaisse，P Gugler. 亚洲贸易和直接投资的扩张. 纽约：Routledge 出版社，2009.

❸ 来源：联合国贸发会议统计月报 1970—2000 年度国外直接投资流量，美元现价和即时汇率，截至 2011 年 7 月。

❹ http://money.cnn.com/magazines/fortune/global500/2010.

❺ 波士顿咨询公司. 2011 年全球挑战者报告.

❻ 同注❶，1041 页。

❼ H Taylor，A Nolke. 印度的全球公司.//K Sauvant，G McAllister，W Mascheck. 新兴市场国家的外国直接投资. 纽约：麦克米伦出版社，2010：146.

拉丁美洲也有子公司[1]。印度公司倾向于使用跨国购并的手段，远远胜过绿地投资[2]。购并使得企业能从东道国已经成熟的公司迅速获得技术资源和专业知识。研究表明购并一般来说都是盈利的，而且起到了推动印度经济发展的作用[3]。自从 2005 年以后，越来越多的印度购并案选择从国际资本市场借贷融资，结果在 2008—2009 年金融危机中有些企业遭遇了资金流动性困难，这两年间印度的跨国购并数量相对下降[4]。印度的对外直接投资集中于高科技、知识密集型制造业，例如制药业的购并。印度企业现在采用全球战略，例如汽车零部件跨国公司 Bharat Forge 和 Tata Motor 的国际扩张[5]。Reliance Industries 是印度仅次于印度石油公司的第二大公司，也是最大的私人企业，不仅从事石油开采，也从事相关的材料生产，它的无数全球子公司组成了完整的产业链。最近媒体曝光率最高的印度企业国际化案例，可能是 2007 年 Tata 购并了英国炼钢企业 Corus，还有 2005 年 Tata 汽车公司购并英国汽车制造商美洲虎和路虎。其他著名的案例还有：Tata 集团购买 Tetley Tea，Hindalco 购并加拿大矿业公司 Novelis，Dr. Reddy 实验室购并德国的 Betapharm。印度在孟加拉国、尼泊尔和不丹投入了一些基础设施建设项目，总的来说在南亚的投资规模较小[6]。

印度服务业对外直接投资

相对于制造业和采矿业，印度服务业对外投资的规模较小。在印度进入《财富》世界 500 强企业的 8 家公司中，只有一家在服务行业（印度国家银行，排 292 位[7]）。1990 年以前，被政府批准可以进行海外投资的少数印度企业，主要集中于制造业、能源和原材料行业。在 20 世纪 90 年代早期政策改革之后，投资行业日趋多元化，国际化的总体水平也提高了。第二波以获取海外战略资产例如

---

❶ J Ruet. 新兴国家跨国公司重塑国际资本格局.//J Charsse，P Gugler. 亚洲贸易和直接投资的扩张. 纽约：Routledge 出版社，2009：86.

❷ A Delios，A Singh，S Kamal. 印度企业的国际购并和全球化.//J Chaisse，P Gugler. 亚洲贸易和直接投资的扩张. 纽约：Routledge 出版社，2009：58.

❸ 注❷，72 页。

❹ H Taylor，A Nolke. 印度的全球公司.//K Sauvant，G McAllister，W Mascheck. 新兴市场国家的外国直接投资. 纽约：麦克米伦出版社，2010：146.

❺ 注❶，83 页。

❻ R Kumar，M Singh. 印度在南亚贸易投资一体化中的角色. 亚洲发展银行关于区域经济一体化的工作文件系列# 32，2009.

❼ http://money.cnn.com/magazines/fortune/global500/2011.

技术、品牌、营销渠道为目的的投资热潮中，也有服务行业的成分[1]。1998—2002年印度经济的下滑，和太多外国竞争者涌入印度市场加剧竞争有关。国内市场的竞争压力可能是印度服务业企业通过全球化寻求竞争较少的市场的动力。信息技术公司 Wipro 和 Infosys 因为本行业内激烈的竞争而转向大量从事海外资产购并活动[2]。

前文提到，印度企业在传统上倾向于发达国家企业占统治地位的知识密集型高科技行业，通过购并在发达国家寻求发展。信息技术和商业服务是两个特别吸引印度对外直接投资的行业。印度在美国购并案的 80% 都和信息技术和相关服务有关，在欧洲也是如此[3]。印度的海外投资战略目的在于"占领产业链上游"，获得并应用新技术[4]。印度企业还试图通过购买已经成熟的品牌来渗透发达国家市场[5]。这将会导致印度更加关心保护知识产权。

随着海外购并活动的增加，印度海外建立的银行分支也越来越多，这方便了印度企业为国际商务活动进行离岸融资[6]。银行业在海外的成功依赖于其他行业在海外的成功。电信业也是印度对外投资的重点产业之一。印度的电信公司已经证明了他们海外扩张的能力。印度最大的移动服务商 Bharti Airtel 公司在 2010 年扩张到 15 个非洲国家，它所使用的商业模式是低成本战略，典型的发展中国家之间投资的方式[7]。按照用户数量排名，Bharti Airtel 现在是全球第五大移动通信服务商。

印度服务业公司偏好使用海外购并而不是绿地投资，可能跟东道国在特定行业的市场壁垒有关。例如有些国家政府通过签发许可证来限制移动服务商的数量。结果外国公司能进入这个市场的唯一途径就是跨国购并[8]。

印度能成为全球服务业资本主要来源国，原因除了受过高度教育的劳工队

---

[1] F DeBeule. 改变对外直接投资的政策，从控制到促进.//K Sauvant，G McAllister，W Mascheck. 新兴市场国家的外国直接投资. 纽约：麦克米伦出版社，2010：282.

[2] H Rui，G Yip，S Prashantham. 中国海外购并有何不同？基于印度的比较.//K Sauvant，G McAllister，W Mascheck. 新兴市场国家的外国直接投资. 纽约：麦克米伦出版社，2010：190.

[3] J Ruet. 新兴国家跨国公司重塑国际资本格局.//J Chaisse，P Gugler. 亚洲贸易和直接投资的扩张. 纽约：Routledge 出版社，2009：86.

[4] 注[3]，86 页。

[5] 注[3]，87 页。

[6] S Gopinath. 印度公司的海外投资：政策和趋势的演变. 印度跨国投资和购并国际会议上的主要发言，2007-01-19.

[7] J Lamont. Bharti 公司为非洲扩张划拨 25 亿美元. 伦敦金融时报，2010-08-13.

[8] A Delios，A Singh，S Kamal. 印度企业的国际购并和国际化.//J Chaisse，P Gugler. 亚洲贸易和直接投资的扩张. 纽约：Routledge 出版社，2009：60.

伍，还有日益增长的“软实力”，就是文化的国际影响力，而文化影响力，得益于印度的民主传统和开始于 20 世纪 90 年代早期的经济开放。印度的电影、美食、艺术在西方国家越来越受欢迎，而这最终会成为印度服务业的全球品牌形象❶。未来，印度充足的受过高等教育会说英文的年轻劳动力将是支撑服务业对外直接投资的支柱。

印度在服务业投资方面所承担的多边法律义务

世界贸易组织

印度是世界贸易组织创始成员国，历史上很少参与区域经济协议，而是多边贸易条约的热心倡导者。印度接受《服务贸易总协定》关于电信业和金融服务业的第四和第五议定书。因为印度拥有受过良好培训的劳工队伍，《服务贸易总协定》第四种服务贸易方式的开放对印度有利。第四种服务提供方式是指一国服务企业的自然人到另一个成员国境内提供服务❷。印度敦促各国将第四种服务贸易方式的管理程序公开化，并促进服务贸易领域的更多贸易壁垒减让❸。印度一直主张人员和资本的流动相联系，意思就是如果其他国家欢迎印度工人的话，印度也将更愿意对外资开放❹。印度也担心外资不会带来技术和专有知识，而只是寻求廉价低技能的劳动力❺。

在原来的《服务贸易总协定》第二附录里，印度列出了几条最惠国待遇豁免，包括：保加利亚、巴基斯坦、阿联酋的货运公司享有特殊优惠（无限期豁免）；在影视制作方面为促进文化交流而与印度定有合作协定的国家有特殊待遇（无限期）；签发银行营业许可证互惠的国家豁免。最后一项豁免在“其他国

❶　R Kant. 新兴市场国家跨国公司的崛起：印度企业所面临的挑战.//K Sauvant. 新兴市场国家跨国公司的崛起. 切尔滕纳姆：Edward Elgar 出版社，2008：27.

❷　第 2.1.d 条。

❸　J Chaisse，D Chakraborty，A Guha. 印度的多层级直接投资管理.//J Chaisse，P Gugler. 亚洲贸易和直接投资的扩张. 纽约：Routledge 出版社，2009：252.

❹　印度就贸易与投资问题呈交世界贸易组织工作组的报告，WT/WGTI/W/72（1999/4/13）.

❺　注❸，249 页。

家”取消了类似的互惠待遇以后失效[1]。后来印度又增加了一项最惠国待遇豁免：允许不同电话服务商应用不同会计收益率计算方法的优惠措施。这个优惠待遇给予和印度 VSNL 公司签订了协议的国家，还有和印度签订了电信协议的邻国巴基斯坦、孟加拉国、尼泊尔和不丹[2]。VSNL 是 Tata 集团旗下公司，2002 年被私有化，目前是印度最大的长途电话公司。

印度在 37 个服务行业承担服务贸易总协定义务，它对第三种服务方式，商业存在的义务是在所有四种服务方式中承担最多的，这表明了印度对外国企业极高的接受度。但印度仍然保留了一些国民待遇和市场准入方面对于外资的限制。在所有的服务行业，在选择与政府项目或者公共企业建立合资企业的伙伴时，那些能够提供最多技术转让的外国服务商将得到优惠，因为技术转让是一个关键的政策目标。商务服务行业（主要是工程和计算机有关的服务行业）外国资本的拥有权不能超过 51%。这个外资参与的限制适用于电信、建筑、旅游、卫生、社会服务等分支行业。对文化的保护体现在限制外国影业公司在印度发行的电影数量。外资银行只能以在母国建立的银行的本地分支的形式运营。每年只给新银行和现存的银行发 12 张许可证，迫使外资银行跟印度银行合并。要求外资银行建立当地顾问委员会，由熟悉小企业运营和出口的专家组成。所有的委员会成员任命要上报印度储备银行批准。在印度获得执照独立经营的外资银行分支，如果投资于印度的金融服务企业，其投资额不得超过自有资本的 10%，或者所投资的企业总资本额的 30%[3]。以上对金融企业的限制应该是反映政府担心一旦外资银行撤资会对经济带来的损害。

加入《与贸易有关的知识产权协定》意味着国家立法方面对于知识产权的保护更加严格，印度企业不能盗用其他企业开发的技术来提高自己的科技竞争力。印度企业在全球市场的成功部分得益于薄弱的知识产权保护，提供了逆向工程的机会[4]。这也能解释为什么印度企业喜欢通过合法的国际化手段，以购并来取得发达国家的创新产品和无形资产[5]。印度经常声称与贸易有关的知识产权协定给

---

[1] 印度，第 2 条最惠国待遇的例外的最终清单，GATS/EL/42 15（94-1123）（1994/4/15）。印度对在一般金融服务领域建立企业，在互惠的基础上适用最惠国待遇，但是在 1998 年取消了互惠这个限制：印度第 2 条最惠国待遇例外清单，GATS/EL/42.//suppl.226（98-0689）（1998/2）。

[2] 印度第 2 条最惠国待遇例外清单，GATS/EL/42.//suppl.1（97-1388）（1997/4/11）。

[3] TATS/SC/42，1994/4/15，印度：特别义务清单。

[4] H Taylor，A Nolke. 印度的全球公司.//K Sauvant，G McAllister，W Mascheck. 新兴市场国家的外国直接投资. 纽约：麦克米伦出版社，2010，162.

[5] 注[4]，163 页。

印度经济带来的损害超过益处，但这不一定是事实。未来当印度企业发展出更多自己的品牌或者商标的时候，会更多依赖《与贸易有关的知识产权协定》的保护。

印度严格限制世界贸易组织《与贸易有关的投资措施协议》的使用范围[1]。因为印度在制造业的强势地位，不容易遵守与贸易有关的投资措施协议条款。实际上，绩效要求是印度对待外资的主要手段。但是，因为与贸易有关的投资措施协议禁止绩效要求的规定多数局限于制造业，制造业才需要使用较多的初级产品和原料，所以禁止当地成分要求对服务业影响不大。文化方面的要求会影响传媒业外资。

印度在世界贸易组织的《服务贸易总协定》下并没有发起任何诉讼。美国和欧盟援引《与贸易有关的投资措施协议》条款对印度在汽车制造行业提出过指控，但和服务业不相干[2]。指控针对印度政府对所有外国在印度的汽车制造商提出当地成分和出口要求。调查小组判定，印度要求制造商使用一定比例的当地部件[3]和要求用等值的出口来平衡进口[4]，违反了印度根据服务贸易总协定承担的义务。调查小组还裁定，以上措施违反了《与贸易有关的投资措施协议》中禁止使用绩效要求的条款[5]。

尽管和服务业对外投资关系不大，印度在另外两件世界贸易组织《与贸易有关的知识产权协定》上的纠纷，可能对国际投资产生不利影响。欧盟提出指控，世界贸易组织调查小组判定印度没有为制药业和农药专利提供足够的法律保护，因此违反了《与贸易有关的知识产权协定》条款[6]。调查小组特别指出，印度在审批制药专利的过程中，加入了烦琐的行政手续，不便于接受和批准“邮箱式”专利申请，因此没有为专利提供足够保护[7]。调查小组还发现印度没有为专利产品建立有效的营销专属权保障[8]。以上违约行为清楚地削弱了知识密集型投资的

---

❶ J Ya Qin. 中国、印度与世界贸易组织法律.//M Sornarajah，J Wang. 中国、印度和国际经济秩序. 剑桥：剑桥大学出版社，2010.

❷ 印度：影响汽车行业贸易与投资的措施，WT/DS146/R（专家组报告 2011/12/21 通过）。

❸ 第 3.4 条。

❹ 第 11 条。

❺ 第 2.2 条和第 2.3 条。以上措施应该是和投资相关的，因为他们要在印度建立实际的生产设施，而不仅仅是方便组装进口零件。

❻ 印度：药物和农药专利保护，WT/DS79/R（专家组报告 1998/8/24 发布）。

❼ 第 70.8 条。这个条款是为像印度这样的发展中国家所设立的，这些国家在 2004 年《与贸易有关的知识产权协定》签署的时候没有提供专利保护。

❽ 第 70.9 条。

保护，对这些行业引进外资形成障碍。以前美国也针对印度提出过同样指控，判决也是一样的[1]。

印度在很多世界贸易组织争端中是原告一方，但是这些争端都是商品贸易方面的，尤其是纺织业。在一宗关于反倾销协定的争端中，印度指控南非对印度药品征收反倾销税的计算方法[2]，南非的做法有可能对制药行业的对外直接投资形成壁垒。

国际仲裁：《解决国家与他国国民投资争端公约》和《纽约公约》

尽管印度不是《解决国家与他国国民投资争端公约》成员国，但成员国的企业却可以针对印度提出指控，印度企业也可以援引国际投资争端解决中心附加便利条款指控《解决国家与他国国民投资争端公约》成员国。印度考虑过未来加入国际投资争端解决中心。印度签署的很多双边投资保护协定都提到如果双方国家都成为《解决国家与他国国民投资争端公约》成员国，那么投资方和东道国政府的纠纷就提交国际投资争端解决中心解决[3]，暗示印度可能会加入公约。还有一些投资保护协定也使用了类似的语言[4][5]。

印度是《纽约公约》签字国，因此由外国仲裁庭做出的针对印度政府或者企业的赔偿判决，应该由印度法庭予以强制实施，前提是仲裁庭的组成合法，而且赔偿规定不违反国家公共政策。印度的仲裁法管辖所有国际和国内仲裁，几乎完全照搬《国际商事仲裁示范法》，规定如果外国做出的仲裁赔偿违反印度的公共政策，则不予执行[6]。依据《纽约公约》，外国的仲裁决定能够在印度执行，而且印度采用国际承认的《联合国国际贸易法委员会仲裁规则》，这些都令在印度的外资企业和对外投资的印度企业感到放心。

公开的资料显示有两项针对印度的国际投资仲裁案件，它们对外资在印度能否获得国际仲裁有着重要的负面影响，而能否获得仲裁是投资环境的重要方面。

---

❶ 印度：药物和农药专利保护，WT/DS50/R（专家组报告 1997/12/5 发布）、印度：药物和农药专利保护，WT/DS50/AB/R（上诉机构报告 1997/12/19 发布）。

❷ 南非：对某些印度药品征收反倾销税，WT/DS/168（1999/4/1 磋商）。

❸ 例如印度示范协定第 9.3.a 条。

❹ 例如印度丹麦协定第 9.2.b 条。

❺ 例如印度瑞典协定第 9.3.a 条。

❻ 1996 年仲裁法。

Capital India Power Mauritius I 和毛里求斯能源企业公司就 Dahhol 电力项目，诉马哈拉施特拉邦电力发展有限公司、马哈拉施特拉邦电力委员会和马哈拉施特拉邦案[1]，是根据联合国国际贸易法委员会规则，在国际商会提出的针对印度马哈拉施特拉邦政府的争端。原告美国公司通过荷兰和毛里求斯的子公司进行投资，援引印度和这两个国家的双边投资保护协定直接对马哈拉施特拉邦政府提出了两项指控。争端和这个邦的政府更替有关。当新的执政联盟上台以后，邦政府试图解除原来的投资合同，美国公司认为这种行为构成间接征用。马哈拉施特拉邦立法机构和印度政府积极争取避免国际仲裁，坚持要将此事诉诸印度的法庭。印度中央和地方政府最终和美国公司达成和解[2]。旷日持久的 Dahhol 案件揭示了印度政府内部对国际仲裁的反感态度，这会引起外国投资者的担忧。

最近，联合国国际贸易法委员会的仲裁庭在一起澳大利亚金属制造公司白色工业公司针对印度政府的纠纷中，判定印度政府违反了它与澳大利亚签订的双边投资协议[3]。因为以前的一个国际仲裁案，原告胜诉获得了赔偿，但是印度法庭执行判决的拖延旷日持久，因此这种拖延违反了双边协定中平等公正待遇条款。尽管仲裁庭不认为印度违反平等公正待遇条款，但是认为印度违反了最惠国待遇条款[4]，因为印度法庭在九年的时间里都没能执行赔偿判决，违背了提供有效手段执行协定权利的承诺。白色工业公司获得 400 万澳元赔偿。这个判决表明最惠国待遇条款可以被成功地用来获得其他条约中规定的权利，更重要的是，国内司法程序过度地拖延，等同于违反了执行协定的承诺。有人认为，此案对印度政府不利的裁定，对印度法庭的执法权构成挑战，可能引发印度对整个双边投资保护协定体系的全面再思考[5]。很可能，印度和很多其他国家一样，会考虑在起草未来的双边投资保护协定的时候，使用不那么宽泛的语言，给最惠国待遇加上更多的限制。

---

[1] 案例号 12913（ICC）（2005/4/27 终审）。

[2] R Bettauer. 印度与国际仲裁：达成和解的经验. 乔治 · 华盛顿国际法评论，2009，41：381.

[3] 白色工业澳大利亚有限公司诉印度共和国案，联合国国际贸易法委员会（2011/11/30 终审判决）。

[4] 印度澳大利亚协定第 4.2 条的最惠国待遇条款被用来引进了印度科威特协定第 4.5 条，它规定“缔约国应采取有效措施确保投资者投诉的权利”。

[5] P Ranjan. 白色工业仲裁案：对印度投资条约的意义. 投资条约新闻，2012-4-12. 在此案之后还有其他针对印度的投资协定诉讼报道，其中一个是沃达丰国际控股就印度收入税法指控印度，还有一个是英国的对冲基金叫做儿童投资基金就印度煤炭定价政策的指控：赫伯特 · 史密斯，仲裁电子榜。

公开记录里有一项印度企业针对东道国提起国际仲裁的争端[1]。但是这项争端因为国内司法程序拖延，从来没有走到国际仲裁阶段，而且也不能揭示印度跨国公司运用国际仲裁的典型方式。争端是关于一个印度律师租用了英国的一块商用不动产，结果是英国上诉法庭维持当地法庭的原判[2]。不动产的所有者是伦敦市政府，提高了租金，违反了租赁合同，印度律师起诉伦敦市政府因为他外国投资者的身份而对他进行歧视所以提高租金，因此违反了英印投资保护协定。伦敦市政府要求律师补交所欠的租金，律师作为个体投资者申请撤销这个决定，上诉法庭否决了印度律师的请求，因为伦敦不是英印投资保护协定仲裁条款的签字方。而且租约中有一条规定，由国内法庭管辖合同纠纷。此案的规模太小，一个个体投资者在外国经营一个小企业，不能代表投资者和东道国争端当中运用仲裁的典型模式。所以，我们还不清楚当印度投资者继续其国际扩张的时候，会在何种程度上诉诸国际仲裁。

服务业投资的区域性和双边协定

区域投资保护协定

印度参与区域经济一体化协议只不过是对多边主义进展缓慢的一种被动反应，并不想达成亚洲一体化。印度原先只对开放商品自由贸易和引进制造业外资感兴趣。现在对将服务业和对外投资包括进任何一体化组织当中越来越有兴趣[3]。因此，尽管印度历史上致力于多边经济合作，区域主义目前仍成为印度经济全球化的一个重要组成部分。南亚区域合作联盟成员国达成的南亚自由贸易区协定，包括一条成员国愿意考虑取消外国投资壁垒[4]。印度相应提高了对南亚区

---

[1] Sancheti 诉联合王国案，联合国国际贸易法委员会（印度英国双边协定）。

[2] 伦敦城诉 Sanchetti 案[2008]EWCA Civ1283（2008/11/21）.

[3] J Chaisse，B Nag. 印度优惠贸易政策的三管齐下政策：对现代经济条约研究的贡献. 康涅迪格国际法杂志，2011，26：415.

[4] 第 8h 条。

域合作联盟成员国缅甸、孟加拉国、斯里兰卡的投资上限[1]。

尽管有几家大型印度跨国公司在南亚投资，南亚区域内直接投资比重仍然相当低。这应该是由于区域一体化的努力不够的结果[2]。印度对南亚其他国家的直接投资占印度对外总投资额不到 2%。印度对外投资的主要动因是获得技术，这个区域的东道国缺乏先进技术，因此印度对南亚区域投资安排不感兴趣[3]。政治紧张状态，尤其是印度和巴基斯坦间的紧张关系，也是南亚投资开放的主要障碍[4]。

《双边投资协定》(BIT)

印度近年签订了几个包含投资条款的国际经济一体化协议。2010 年 10 月的印韩和印日《广泛经济伙伴协定》可能为东亚向印度投资提供便利，同时也鼓励印度向这两个国家投资。这两个协定的市场准入和国民待遇条款跟《服务贸易总协定》的条款类似，对特定行业的投资保证市场准入，对所有行业承担不征用。印度在协定中所承担的义务和《服务贸易总协定》差别不大，在金融服务和电信业等一些行业对外资有最高股权比例和政府审批的限制[5]。印度和新加坡《广泛经济合作协议》里包含了与大多数印度的双边投资协议类似的条款。除了不征用承诺之类常规的建立后保护，新加坡的协议保留很多制造业行业给予外资在建立之前的无限制国民待遇保证，外国投资在电信和金融服务业的股权上限分别是 49% 和 74%[6]。这个最新的协议会大大刺激印度和新加坡之间的投资往来[7]。

20 世纪 90 年代投资改革之后，印度签署了一些双边投资协定。印度比其他金砖国家尤其是中国开始建构双边投资保护条约体系的时间晚。结果这些协定更

---

[1] F DeBeule. 改变对外直接投资的策略：从控制到促进.//K Sauvant，G McAllister，W Mascheck. 新兴市场国家的外国直接投资. 纽约：麦克米伦出版社，2010：283.

[2] R Kumar，M Singh. 印度在南亚贸易投资一体化中的角色. 亚洲发展银行关于区域经济一体化的工作文件系列# 32，2009.

[3] 同注[1]，17 页。

[4] 同注[1]，19 页。

[5] 印度韩国广泛经济伙伴关系协定，附件 6A（印度的服务业特殊义务）2009/8/7；印度日本广泛经济合作关系协定，附件 6A（印度的服务业特殊义务）2011/8/1.

[6] 印度新加坡广泛经济合作关系协定，6.3.1［印度在服务业关于附件 7A（印度）和 7B（新加坡）里承诺的提供国民待遇的特殊义务］2005/6/29.

[7] R Garg，评估印度新加坡广泛经济合作关系协定. 国内社会中心工作文件，2009：234.

完善，为投资提供的保护更全面[1]。截至2012年印度总共签署过68个双边投资保护条约，其中25个生效[2]，多数是和发达国家签的，显示了印度作为资本输入国的地位。在综述这些投资条约的时候应该记住，印度的主要战略目的是吸引外资，而不是对外投资。

2003年，印度示范双边投资保护条约是印度开始寻求双边协商来规范投资行为的开始。示范协定涵盖了这个国家所认为的最重要的那些问题，因此是分析这个国家对直接投资态度的最好指南针，在这个示范协定里的条款，将来在真的进行双边谈判的时候，会是本国重点关心的事项。示范协定对投资的定义广泛，称做“任何形式的资产”，之后给出了一个清单。其中一项投资是“符合缔约国法律的知识产权”[3]。印度对投资的理解具有灵活性，这样对印度企业来说，他们在美国等对知识产权保护意识很强的国家，能够得到的保护比在国内市场强。投资者的定义是公司，包括按照印度法律组建的任何企业或者联合体[4]。这个定义可以包含国有企业和其他各种形式的商务实体。示范协定提到要保护所有在缔约国的合法投资[5]，并依法批准投资进入市场[6]，这也就意味着投资前的甄选和审批，而且国民待遇不是自动给予的。外国投资享受公平和公正的待遇[7]，但是没有明确定义这是什么意思。没有完全安全和保护条款，可能因为印度没有足够资源和能力应对大规模国内动荡。国民待遇条款和最惠国待遇有关税同盟例外和国家税收条约例外[8]。条约对征用保护的条件很强，包括和征用产生相同效果的措施[9]，这样意味着有争议性的间接征用也在保护范围之内。任何征用必须没有歧视，只能出于合法的公共目的，征用赔偿必须平等公正，体现征用发生前投资的真正价值，而且不能无故拖延，并由硬通货赔付[10]。投资者尤其在东道国请求独立机构对征用行为及其补偿做出裁决[11]。如果外国投资者的财产在战争、国内动

---

[1] M Sornarajah. 印度、中国和外国投资.//M Sornarajah，J Wang. 中国、印度和国际经济秩序. 剑桥：剑桥大学出版社，2010.

[2] 国际投资争端解决中心双边投资条约数据库。

[3] 1.b.4 条。

[4] 1.c 和 1.a.1 条。

[5] 第 2 条。

[6] 3.1。

[7] 3.2。

[8] 4。

[9] 5.1。

[10] 5.1。

[11] 5.2。

荡，或者其他紧急情况下受到损害，比照国内投资者或者第三国投资者获得赔偿[1]。以上条款对灾难性的情况提供的保护相当合乎国际标准，而印度地域辽阔，很多地区贫困现象严重，资源有限，天灾人祸的情况是很有可能发生的。条约允许资本自由流动和汇回，并列出了资本举例清单[2]。只要这种流动不触犯相关东道国的法律，印度示范投资保护协定允许人员为进行投资活动而跨国自由流动[3]。在示范条约中规定如有特殊的安全需要或者特别紧急的情况，所有承诺的义务都有例外。这个条款没有用主观判断的语言，而是强调任何措施都必须合法，并以合情合理、一视同仁的态度来执行[4]。这个国家安全例外条款比较弱，因为它允许仲裁庭来评估客观形势的严峻程度。而且，即便形势的确紧迫，所采取的措施也要合法，并对外国人一视同仁。

在示范协定中如有争端，双方必须先进行协商，之后再诉诸正式程序来解决争端[5]。如果协商不成功，争端要么提交国内法庭，要么按照联合国国际贸易法委员会的调解规则，提交给国际调解。在双边协定中很少见到规定要先调解的情况，这反映了印度愿意尽可能使用最不具有侵略性的争端解决手段。如果联合国国际贸易法中心的调解无效，而且缔约双方都是《解决国家和他国国民投资争端公约》成员，再把争端提交给国际投资争端解决中心，但是印度并非《解决国家和他国国民投资争端公约》成员，而且也没有规定在国际投资争端解决中心是继续调解还是进行正规的仲裁[6]。双方也可以一致采用国际投资争端解决中心附加便利规则，或者使用遵守联合国国际贸易法委员会规则的其他仲裁中心[7]。条约也规定了任命仲裁庭的方法[8]。缔约国如果要进行仲裁，条约没有指定仲裁机构[9]。最后，条约还一般性地提到要促进国际投资，但是没有写明具体措施[10]。

下面，我们来综述印度实际的双边投资条约和示范条约之间主要的异同。第一，在 1999 年和澳大利亚的协定中，公司的定义包括了非私有的机构，而澳大

[1] 6。
[2] 7。
[3] 11。
[4] 13。
[5] 9.1。
[6] 9.3.a。
[7] 9.3.b 和 c。
[8] 9.3。
[9] 10。
[10] 3。

利亚没有大型国有企业❶。1995 年和丹麦的协定涵盖所有法人，无论是盈利性的还是为发展而非盈利目的的机构❷。2002 年与加纳的协定规定法人必须满足在东道国建立和运营的条件，因此不存在建立前的保护❸。有几个双边投资保护条约从股权比例方面对投资的控制做出了明确定义，显示印度想要吸引著名品牌和外国科技进入印度，和印度跨国公司使用购并方式进行投资的潜在重要性❹。一些印度的投资保护协定还包括如果投资商在东道国境内没有实质性的商务活动的话，将不能将利润汇回国内的条款❺。

1998 年与土耳其的协定规定只有投资建立之后才能享受国民待遇和最惠国待遇，这和全世界大多数投资保护协定保持一致❻。与瑞典的协定说对外资进入的审批依据，不但包括法律法规，还包括对外资的一般性政策❼，这就赋予东道国政府更大的权力来限制外资进入。2009 年与哥伦比亚的协定规定最惠国待遇不适用于本协议的争端解决机制❽，这样就避免了像俄罗斯那样的潜在争议。缔约国任意一方目前或者未来将要参加的关税同盟和区域经济一体化组织，都在国民待遇和最惠国待遇豁免之列❾。1996 年韩国的协定等一些协定没有区域经济一体化例外条款。

和丹麦的双边投资保护条约贯穿了平等与公正待遇的基本原则。一些印度的双边投资保护条约给予投资者全面的安全与保护❿，但条约并不一定都使用这个提法⓫。1995 年与德国的协定声明对双方的投资者提供平等与公正待遇，以及全面安全与保护⓬。2007 年与墨西哥的协定进一步澄清，平等与公正待遇，跟全面安全与保护条款，都不应超出国际习惯法为外国人提供的最低待遇标准⓭。和哥

❶ 1.a.2 和印度墨西哥协定 1.3。

❷ 1.6。

❸ 1.2.c。

❹ 例如印度澳大利亚协定 1.h.1 和印度奥地利协定 1.1.c 使用了“决定性地控制”一词。

❺ 例如印度哥伦比亚协定 11.2。

❻ 2.2。

❼ 3.1。

❽ 4.3。

❾ 例如印度捷克共和国协定 3.3.a 和印度丹麦协定 4a。

❿ 例如印度捷克共和国协定 2.2。

⓫ 例如印度澳大利亚协定 3.2，印度泰国协定似乎认为安全与保护是公平与平等待遇的一部分，见协定第 3.2条。

⓬ 3.2。

⓭ 5.3.a，因为墨西哥是《北美自由贸易协定》签字国，而自由贸易委员会在 2001 年的授权声明中对以上标准的限制进行了确认，见 2001 年 7 月 31 日北美自由贸易委员会关于对第十一章若干条文解释的注释，第 2.2 节。

伦比亚的协定特别声明给予外国投资者的完全的安全与保护待遇不是超国民待遇[1]。1999 年与奥地利的协定指出，战争期间东道国军事力量给外国投资者带来的损害，不在因国内动荡给投资者的损害赔偿之列[2]。类似的限制条件在其他的公约中，所使用的语言是“由于形势的需要”而采取的行动[3]。

和德国的双边投资保护条约看来包括了禁止绩效要求的条款，因为条约规定缔约国按照国际条约不得对与投资相联系的国际商品流动提出限制[4]，这里的“国际条约”应该是指世界贸易组织对投资和贸易的规定。

因为全世界都觉得印度的法律环境不够公开，因此印度的投资保护协定中一般都会有公开性要求，比如定期出版与外国投资相关的法律[5]。

有一些和发达国家签订的双边投资保护条约只保证允许技术和管理人员入境，而且必须符合东道国的入境法律[6]。这反映缔约的发达国家希望入境的印度人仅限于具有高级技能的人员。2010 年和捷克的协定对入境的规定只写了与投资活动直接相关的人员[7]，没有具体规定，可能是因为在捷克当地印象中，印度工人都是高技术人员，尤其在信息技术行业当中。与瑞典的协定甚至把准入条款延伸至投资有关人员的家庭成员[8]。和土耳其的协定允许投资有关人员入境的前提是外国投资者“贡献了可观的资本或者其他资源”[9]。这个条款想要确保入境的外国投资者能给当地经济带来好处。但是认定“可观的资本或者其他资源”会有问题，因为“可观的”标准不确定。有趣的是，在与土耳其的协定里，入境保证仅适用于无论任何国籍的高级管理人员和技术人员[10]，这反映东道国想要通过外来资本吸收技术，但是把工作机会留给本国的低技能的普通工人。

2001 年和克罗地亚的协定对于征用补偿的规定没有提及市场价值，而说征用之前投资的“真正”价值[11]。其他的协定使用“市场价值”的提法[12]，有时候不

[1] 4.b。
[2] 5.2.b 条，另可见印度捷克共和国协定 5.2.b 条。
[3] 例如印丹协定 6.2.b，印韩协定 4.2.b。
[4] 3.3。
[5] 例如印度澳大利亚协定第 6 条。
[6] 例如印度澳大利亚协定第 5.2 条。
[7] 第 10 条。
[8] 第 11 条。
[9] 2.3 条。
[10] 2.3.b。
[11] 5.1，参见印荷协定 5.1。
[12] 例如印丹协定 5.2，印度尼西亚协定 5.1。

用“公平的”这个形容词[1]。估价的时间，要么是征用前一天，要么是征用被公布之日[2]。印韩协定允许其他的补偿方式，比如重新建立[3]。在 1994 年英印协定中规定，征用的正当目的包括公共目的，但是限于稳定经济的需要，排除社会或者环境需要[4]。和哥伦比亚的协定说某一项举措是否构成间接征用，要具体问题具体分析。该条约进一步指出，合乎公共福利目标的政府举措，包括保护公众健康、安全和环境的举措，不构成征用[5]。鉴于印度经常爆发传染病和其他公共卫生紧急情况，需要复制专利药物，不征用承诺也不包括世界贸易组织《与贸易有关的知识产权协定》下的强制获取许可。

与澳大利亚的协定规定自由兑换货币的定义以国际货币基金组织定义为准[6]。与德国的协定使用国际货币基金组织作为货币兑换汇率的准绳[7]。印度的投资保护协定中一般都包括何种资金允许自由跨国流动的列表[8]。和墨西哥的协定规定，出于东道国法律要求的目的，例如破产、退休金给付、社会安全金给付，可以限制企业资金跨国流动[9]。更重要的是，这个条约规定在国家严重收支不平衡的情况下也可以限制资金流动，只要这种限制符合国际货币基金组织所规定的义务，而且遵循无差别原则，限制的范围和时间不超过应对危机的必要就行[10]。和哥伦比亚的协定包括一个一般性例外条款，允许缔约国对于金融服务行业采取谨慎管制[11]。以上条款反映了印度经常发生资本外逃和印度作为国际货币基金组织借款国的历史经验。

和印度尼西亚的协定规定投资者选择在当地法庭或者国际仲裁之间选择解决争端的途径，而这个选择不可改变[12]。一些印度的双边投资保护条约进一步要求穷尽当地的补偿方案[13]。一般来说，只有《纽约公约》的成员国才会允许适用联

---

[1] 印度斯里兰卡协定 5.1。

[2] 例如印度阿曼协定 5.1。

[3] 4.1。

[4] 5.1。

[5] 6.2.c。

[6] 1.b。

[7] 7.3，印韩协定说“目前汇率”没有提国际货币基金组织，第 6.2 条。

[8] 例如印度哈萨克斯坦协定 7.1，印度阿曼协议 7.1。

[9] 8.3 和印度哥伦比亚协定 5.3。

[10] 8.4 和印度哥伦比亚协定 5.4。

[11] 13.3。

[12] 9.2，还有印墨协定 12.4（这里选择只能适用于金钱损失，可以同时从当地法庭寻求中止侵害的补救措施），在印度的双边投资条约里常见此类条款。

[13] 例如印韩协定 8.1.a。

合国国际贸易法委员会规则进行国际仲裁，否则补偿将很难强制执行。印度的一些双边投资保护条约特别规定，如果第三方担保人（例如投资保险公司）全部或者部分给付了损害补救，在这种情况下，受害方仍然保有通过调解或仲裁来解决争端的权利[1]。条约也规定仲裁的当事方不得因为投资者已经收到对损伤的全部或者部分赔偿或者收到赔偿担保就拒绝仲裁[2]。以上规定不仅承认世界银行多边投资担保机构（MIGA）和其他国际发展机构的重要性，而且强调了争端解决过程在理赔损伤之外其他的重要功能，那就是通过对控诉的讨论，保持投资方和东道国的商务关系。投资保护协定通常不要求在提出仲裁之前先要穷尽所有当地法律补救手段[3]。有些印度的双边投资保护条约还允许投资方选择仲裁的法律。例如与德国的协定使用东道国国家法律和国际公认的法律原则[4]。很多印度的协定[5]但不是所有协定[6]，都接受国际投资争端解决中心或者其附加便利条款来替代联合国国际贸易法委员会仲裁。印度墨西哥协定明确允许合并诉讼，条件是在几个争端里有共同的当事人，共同的事实和法律[7]。它还明确限定损失补偿的方式仅限于金钱补偿[8]。因为国际投资争端解决中心仲裁只允许金钱补偿，对那些不在国际投资争端解决中心进行仲裁的案件，如果东道国政府是仲裁中的被告，这条法律可以限制赔偿的方式，保护东道国政府。

一些印度的投资保护协定含有保护伞条款，但是同时也明确规定只有在无法获得“正常的当地法律补救”的情况下，才能诉诸国际仲裁[9]。其他条约限制保护伞条款的方法是，声明没有在本条约文本中规定的一切义务，只有在与该项义务有关的合同文本中提到了，才会被遵守[10]。这样的限定条件，可以防止有人滥用遵守一切义务的保护伞条款，在传统的国内法庭更合适解决问题的情况下，要求采取国际仲裁。

印度的各个投资保护协定跟示范协定一样，提到国家安全例外的时候也使用

[1] 例如印度澳大利亚协定 7.3。

[2] 例如印度澳大利亚协定 9.6。

[3] 例如印度澳大利亚协定 9.4。

[4] 9.2.2，印度尼西亚协定 12.1。

[5] 例如印度尼西亚协定 9.3 和印韩协定 8.3.a，两个条约中都把国际投资争端解决中心放在联合国国际贸易法委员会前面。

[6] 例如印德协定。

[7] 15.2。

[8] 19.1 和 19.2。

[9] 印度澳大利亚协定 8.2，印德协定 13.2。

[10] 印丹协定 2.4。

了不同的语言，但是从来不允许当事方就“什么是国家安全”自作判断。例如，和奥地利的协定使用“不同寻常的情况”[1]，和瑞士的协定使用“例外的情况”[2]。在和克罗地亚的协定中，紧急情况采取的措施必须合乎法律，而该法律不仅是“合理”的，而且是“正常”的[3]，可能是指该法律行为以前有过先例。有些协定还要求紧急行为必须是“善意的”，而且只能以必要的程度和时间为限[4]。有些协定进一步要求应用法律必须建立在非主观的基础上[5]，可能是为了缓解外界对印度政府腐败的印象。

有些印度的双边投资保护条约允许为了防疫和控制害虫而对条约义务采取例外，同样前提条件是此类措施合乎东道国法律而且不歧视外资[6]。其他协定类似的规定是为了防疫和控制“动物寄生虫”[7]。与哥伦比亚的协定允许一般性条约义务的例外，包括未来公共秩序、人类与动物的卫生与安全、环境、保卫国际和平与安全等，前提是例外措施不能对外国投资者做出主观和不公正的歧视[8]。以上条款在哥伦比亚的许多非常进步的双边投资保护条约中都能见到。

最后，很多印度双边投资保护条约含有创造“有利条件”促进国际投资的承诺，但是没有规定具体措施[9]。此类语言显示印度政府逐渐降低外来投资壁垒，例如外资控股限制的意愿。

印度外国直接投资法规概览

国际学者批评印度过去对外资采取复杂的限制和审批系统，限制了印度公司吸引外国资本的能力[10]。而且印度的官僚主义，尤其是烦琐的多级行政管辖（联

[1] 12.2。
[2] 11.2。
[3] 12.2 和印度尼西亚协定 12.2。
[4] 印度捷克共和国协定 12。
[5] 印度克罗地亚协定 12.2，印丹协定 12.2。
[6] 印度澳大利亚协定 15。
[7] 例如印度捷克协定 12，印德协定 12。
[8] 13.5。
[9] 例如印德协定 3.1，印度尼西亚协定 3.1。
[10] M Sweeney. 在印度和中国的外国直接投资：在全球化经济中创造平衡的体制. 康奈尔国际法杂志，2010，43：207.

邦、邦和当地三级行政）审批体系也对外资不利❶。印度逐渐对外资开放，大多数服务行业有条件地向外资开放。从 2010 年 4 月 1 日起，外资受印度产业政策和促进部颁布的综合外资政策管辖❷。这次法规合并大大理清了印度对待外资的政策，也使得政策有了更强的可预测性❸。综合外资政策规定了允许外资在特定行业中持有印度公司的股权比例，这些行业包括国防工业、航空运输、资产重组、私人银行、广播电视、信用信息、保险、期刊出版和电信业。根据综合外资政策，外国资本对印度公司的投资可以循两个渠道之一进行，其一是“自动路径”，其二是“政府路径”，政府路径要求外商投资事先获得印度外国投资促进委员会的批准。这个委员会可能对外资提出其他的限制，比如根据其他国内法律实施许可证制度。它还将评估外资对经济潜在的贡献，例如是否能够增加出口或者提供就业❹。

有好几个服务行业可以通过自动路径获得批准，但是很多都有外国股权限制，有些时候外资控股超过一定比例还要政府批准。电信行业外资控股上限是 74%，其中低于 49%可获自动批准，超过的要上报外国投资促进委员会。互联网服务商要受电信部有关许可证制度和安全要求的规定管辖❺。在审批过程中，愿意向印度合资企业进行技术转让的外国电信公司一般会被优先考虑。而且，即便获准进入印度，外国公司也不能获得提供给国内公司的补贴。因为印度一直想要通过补贴来解决乡镇电信网络覆盖不足的问题，对内资和对外资的待遇差别之大令外界惊讶❻。

金融服务业外资控股一般限制在 49%。其中私人银行控股比例最高 74%，高于 49%的要经过审批，保险业控股比例 26%封顶，自动批准。在金融服务领域的各项活动还有登记制度。交通运输业包括民用航空也有外资比例上限，但是都超过 49%。广播事业的外资限制依各种业务不同，控股上限从当地 FM 广播的 20%，到卫星新闻的 100%，但是需要外资促进委员会审批。所有的纸质媒体出版界外资也需要经过同一委员会批准，报纸期刊的外资最高比例是

---

❶ R Sachdev. 比较印度和中国的外国直接投资法律基础：在印度的环境中分析法律和法治. 哥伦比亚商业法评论，2006：167.

❷ 印度工业政策与促进部通报 2011 年# 1（综合外国直接投资政策）.

❸ 印度：世界贸易组织贸易政策评论，WT/TRP/S/249（2011）.

❹ 注❷，4.7。

❺ 注❸。

❻ R Leal Arcas. 国际贸易和投资法律. 切尔滕纳姆：Edward Elgar 出版社，2010.

26%，学术杂志可以接受独资。建筑服务业外资比例可以达到 100%而且是自动批准[1]。

印度对外资开放的行业越来越多，尤其是媒体和保险业[2]。印度向外国律师事务所开放，被视作增加公开性的重要步骤[3]。外界评论对于印度为国家安全目的而采取的外资拣选程序并不反感，因为许多发达国家例如美国也是这样做的。而且，中央和邦两级政府根据总的国家经济发展计划，向国内外企业提供优惠措施以刺激经济发展[4]。外界敦促印度进一步放宽法律，尤其是在零售行业的法律限制，这样有利于印度免受外来经济冲击[5]。

因为印度的对外直接投资和国内市场外资竞争无关，所以它引进外资和对外投资的联动效应没有其他金砖国家那么明显。印度改善投资环境、吸引外资的努力也没有促进国内企业海外扩张。印度对外投资主要得益于 20 世纪 90 年代之后政府对海外投资管制的放松，包括取消了资本外逃限制，取消审批手续，取消了印度企业对外国企业控股的限制。印度的投资者继续把注意力集中于发达国家，以期从拥有更先进技术的外国公司那里获得知识，增强技术竞争力。印度跨国公司的成功，部分归功于那些与外国工业界保持联系的政府高官和高级管理人员的人脉。这种人脉辅助印度投资企业获得更多的金融支持，提高他们对于印度和东道国政策的影响力[6]。印度外资促进委员会现在也通过加强与各国政府和工业界代表的联系，积极促进印度对外直接投资。印度政府对帮助本国服务企业提高他们的全球竞争力表现出积极和热情。政府和印度企业的联谊组织、印度产业联合会保持密切合作，创建技术园区，增加对科研和高等教育的支持[7]。

妨碍印度企业在国际舞台上取得更高成就的障碍之一是印度企业在东道国所

---

[1] 印度：世界贸易组织贸易政策评论，WT/TRP/S/249 (2011)．附录表 A2.4。

[2] D Parravincini，M Becerra. et al. 国际投资与发展．国际律师，2010，44：283.

[3] C Vena. 比最好的朋友更好：全球律师事务所向印度法律市场扩张．西北大学国际法律与商务杂志，2011：195.

[4] 印度：世界贸易组织贸易政策评论，WT/TRP/S/249 (2011)．

[5] J O'Neil 在 S Sen 的文章《领导能力是印度最大的担忧》当中所提出的建议，经济时代 2011/12/1。

[6] H Taylor，A Nolke. 印度的全球公司.//K Sauvant，G McAllister，W Mascheck. 新兴市场国家的外国直接投资．纽约：麦克米伦出版社，2010：163.

[7] J Ruet. 新兴国家跨国公司重塑国际资本格局.//J Chaisse，P Gugler. 亚洲贸易和直接投资的扩张．纽约：Routledge 出版社，2009：83.

承担的社会公益责任不多。有人指责印度企业与当地工人的劳资关系不佳[1]。在服务行业劳工法得不到严格执行，而印度企业恰恰在信息技术和制药业取得成功最大。但是，许多成功的印度跨国公司都在提高职工技术水平方面投下大笔资金，制定出各种培训方案[2]。印度公司也愿意和劳工组织谈判[3]。拥有高水平技术的服务业雇员被公司剥削的可能性较小，因为他们离开会使公司损失大笔培训费用。同样，印度的服务行业企业跟制造业相比，其工人较少受到安全事故和环境污染伤害[4]。但是学者提醒人们，印度跨国公司肯定会抵制国际劳工组织之类全球化的工会运动，因为这对印度企业的低成本扩张战略构成威胁[5]。

很多印度企业的所有权结构高度集中，不符合全球金融市场对于保护小股东利益这一类要求。印度企业对此类问题的忽视，跟世界市场日益形成的行为标准背道而驰[6]。印度企业不愿意在这些方面自我约束，但是如果西方消费者坚持公司应该承担更多的社会责任，印度公司的态度可能会转变。当西方文化中对公司社会责任的重视和印度公司不适应这个概念的商业运作模式正面冲突的时候，印度企业依赖跨国购并在发达国家市场投资的做法可能会受到考验[7]。但是服务业的问题可能比较小。印度 Dr. Reddy 公司收购德国 Betapharm 的行动获得成功，部分原因就在于印度公司积极的社会公益责任行为，例如积极满足社区需要的举措。印度公司愿意敦促它的国外员工采取全球视野，提高软实力，促进文化多元性[8]。以上举措，不但有利于在发达国家的购并中加强高层管理人员的合作互动，也有利于防止在低劳动成本的发展中东道国出现迫害工人的行为。

保护知识产权是印度服务业对外直接投资中的另一个重要问题。印度国内宽松的知识产权保护法是印度企业成功的关键因素之一。当印度企业持续在高科技

---

❶ A Goldstein. 谁会害怕新兴市场国家的跨国公司? 发展中国家是否在全球辩论中遗忘了什么.//K Sauvant. 新兴市场国家跨国公司的兴起. Cheltenham：Edward Elgar 出版社，2008.

❷ H Taylor，A Nolke. 印度的全球公司.//K Sauvant，G McAllister，W Mascheck. 新兴市场国家的外国直接投资. 纽约：麦克米伦出版社，2010：161-162.

❸ 注❶，164 页。

❹ C Lattermann，M Fetscherin，I Alon，S Li，A Schneider. 中国和印度跨国公司关于公司社会责任的宣传. 公司治理：国际评论，2009，17（4）：426.

❺ 注❶，166 页。

❻ 注❶，165 页。

❼ 注❶，147 页。

❽ R Kant. 新兴市场国家跨国公司的崛起：印度企业所面临的挑战.//K Sauvant. 新兴市场国家跨国公司的崛起. 切尔滕纳姆：Edward Elgar 出版社，2008：30.

领域加大研发力度，特别是生物科技制药业，他们所获得的战略资产都是花了极高代价得来的，印度会愿意加大保护知识产权的力度。这样，印度对于投资的法规将会更接近于西方发达国家。

印度制定投资国际条约的主要目的是吸引外资，但是这些条约中完善的投资者保护措施也有利于印度自己的跨国公司。印度积极批准了很多投资保护协定，背后也有政治动机。印度不但想要减少自己对中国的依赖，而且想和自己的亚洲强邻竞争一下在东南亚国家的影响力[1]。很明显，尽管印度的各种协定表面上提供了强大的投资者保护，其实协定当中为本国法律留出了足够的空间[2]。因为印度想在促进海外企业持续增长的同时，为国内经济目的保持立法的自由度，所以在印度的投资保护协定中总有一定程度的模棱两可[3]。例如，印度在投资条约中从来不列入禁止绩效要求的条款，反而坚持，使用当地产品是经济发展的重要部分[4]。而且，印度的外资促进委员会在审批项目的时候，明确地考虑外资项目雇佣本国劳力和增加出口的能力[5]。如果缔约国也采取同样措施，那么这些政策会对印度海外公司不利。随着投资不断开放，印度不会再特别坚持为提供国外服务而必需的人员流动开放。印度的投资保护协定一般会包括辅助外资人员跨国流动的条款。如果服务行业的跨国公司需要拥有更高技术水平的当地工人，提高工资待遇的话，随着印度吸引更多外资，印度公民不需要去国外找工作，在国内就可以为跨国公司工作。印度外国投资开放的过程，同时受到工业利益集团和社会力量两股势力的影响，所以采取的政策兼顾两方面利益[6]。因此，印度对国际投资政策的关注焦点，预期会放在劳工权利、环境保护这些公共事务上面。

印度一般来说不愿意投入多边投资保护协定谈判，因而导致在这个领域的失败[7]。虽然印度并不愿意谈判投资方面的多边管理规则，但在印度新加坡广泛经

❶ J Wang. 中国和印度在亚洲区域化当中的角色.//M Sornarajah，J Wang. 中国、印度和国际经济秩序. 剑桥：剑桥大学出版社，2010.

❷ M Sornarajah. 印度、中国和外国投资.//M Sornarajah，J Wang. 中国、印度和国际经济秩序. 剑桥：剑桥大学出版社，2010，139.

❸ 注❷，157 ~ 158 页。

❹ 注❷，151 页。

❺ 印度工业政策与促进部通报 2011 年# 1（综合外国直接投资政策）。

❻ M Sornarajah. 印度、中国和外国投资.//M Sornarajah, J Wang. 中国、印度和国际经济秩序. 剑桥：剑桥大学出版社, 2010:163.

❼ J Chaisse, D Chakraborty, A Guha. 印度的多层级直接投资管理.//J Chaisse, P Gugler.亚洲贸易和直接投资的扩张. 纽约：Routledge 出版社，2009:240-241.

济协作协议跟印度韩国广泛经济伙伴协议，还有很多的双边投资协定中，都包括了投资的内容。这说明，在《服务贸易总协定》下商业存在和人员流动的关系这些方面，还存在一些全球性的障碍。印度积极参与世界贸易组织的谈判和争端解决机制，可以说明印度对多边主义还是能够接受的。印度有受英美法治传统影响的法律专业人员和良好的法律文化。虽然腐败现象很多，但是拥有强大的法治传统和独立的司法体系。不幸的是它的民法系统和行政系统过于庞杂，效率低下[1]，因为印度还不是《解决国家与他国国民投资争端公约》成员国，国内司法效率低下就更成问题。外国投资者对在印度投资存在担心，尤其是看到 Dahhol 案中印度对国际仲裁拼命抵制[2]。而白色工业公司案的判决有利于投资者，一方面展示了投资条约仲裁的效率，可以吸引外国公司，另一方面也暴露了印度国内司法体系的拖延。印度在世界银行营商环境报告的开展商务活动容易度指标上，在金砖国家里仅排末位，在全世界各国排名中，也令人沮丧地排名第 132[3]。印度在 2011—2012 年全球竞争力报告的所有 143 个国家里排名第 56，比前一年下降了 5 位，主要问题在于腐败、糟糕的基础设施、政府官僚主义效率低下[4]。好的一面是，印度在商务对国际投资的法规影响这个指标上的分数排名第 59，稍高于世界平均分数[5]。和许多发展中国家一样，印度在完全开放外国直接投资方面的主要阻力，是担心会出现像 20 世纪 90 年代末东南亚金融危机之后那样的大规模资本外逃。

本章小结：印度对服务业外国直接投资多边协定的接受度

尽管印度过去曾经表达过对一个全球投资条约的谨慎反对态度，但是随着印度跨国公司尤其是知识密集型服务业公司的高速增长，印度的态度可能会转变。印度在《服务贸易总协定》承担的义务方面，表现出愿意消除引进外资的壁垒，但是对于服务业的开放态度非常谨慎。印度构筑了庞大的双边投资协定体系，包

---

❶ 世界法律项目：2011 年法治指数。

❷ P Kundra. 从达赫尔辩论看开去：认识它的起因，吸取它的教训.范德比尔特国际法杂志，2008, 41:907.

❸ http://www.doingbusiness.org/rankings.

❹ 全球竞争力报告. 世界经济论坛，2011-12.

❺ 全球竞争力报告. 世界经济论坛，2011-12 (6.12).

括广泛的投资方-东道国争端解决条款。印度加入一个服务业投资多边协定的主要障碍看来有两点：一是印度想要确保与国际直接投资相联系的技术转让；二是可能出于国家安全和经济稳定性考虑，印度在电信和金融服务领域坚持外资股权上限。因此，容许国家安全审批制度和确保技术转让条款，可以有力地说服印度，将它拉进多边条约里来。

第 5 章

中 国

简介：中国的经济与法律环境

对过去十年中国经济令人惊讶的急速增长，无论怎样赞扬都不算过分，对于这么大的国家，这样的高速增长史无前例。

中国按照地理面积是世界第四大国，人口第一大国，2011 年有 13 亿人口。中国从相对孤立和经济停滞中走出来，进入全球化时代，经过十多年的高速增长成为世界第二大经济体，2011 年国内生产总值 114000 亿美元，人均 8500 美元。目前中国无论在经济还是政治上都完全融入了世界体系，是最大的出口国，拥有巨额外汇储备。中央政府在 1949 年正式建立时，仍然对很多经济部门实行广泛的控制，但是已经开始出现市场经济特征。中国现行宪法颁布于 1982 年，经过数次修改。中国实行社会主义制度，立法机构人民代表大会是一院制。2011 年中国 GDP 增长率是令人吃惊的 9.2%，这个增长速度已经维持了数年，没有受到最近全球金融危机的影响。中国 GDP 的 43%来自服务业，就业的 34%也来自服务业，比全球平均数低。2011 年年底中国吸引外资总存量 7760 亿美元，全世界排名第 9，在金砖国家里最高。同期对外直接投资的存量是全世界第 15 位，3220 亿美元，2011 年的对外直接投资流量是 650 亿美元[1]。2007 年中国服务业对外直接投资的总存量是 890 亿美元[2]。详见图 5.1。

[1] 来源：中央情报局世界概况。

[2] 世界贸易组织：中国服务业概况（2011）。

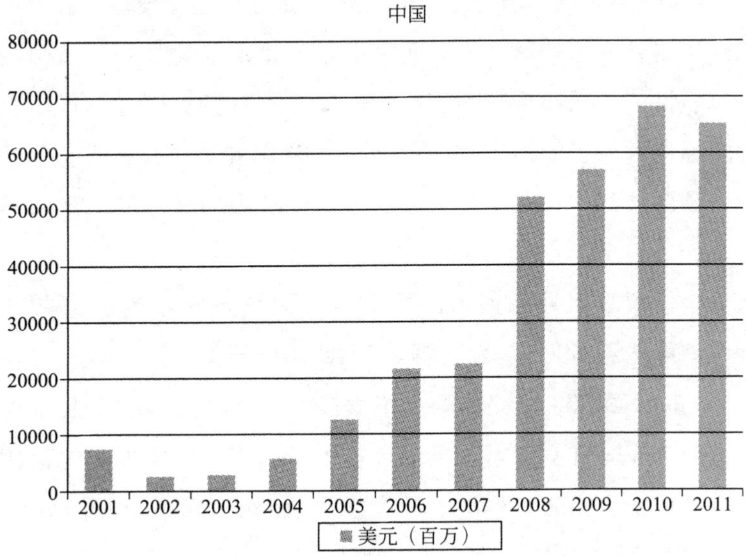

图 5.1　中国外向 FDI 流量（2001—2011 年）

来源：UNCTAD 2012.

中国对外直接投资

中国对外直接投资的总趋势

中国于 20 世纪 70 年代末期开始改革开放，融入世界经济，改变了之前数十年占据主导地位的内向型战略。关键的改革措施在于通过政府支持实行渐进的市场化，以发展工业。早期这种变化的动机是要获得外汇和国内市场难以获得的资源。这种做法制造了进一步的出口机会，帮助企业获得了先进的技术和设备[1]。20 世纪 80 年代早期，外贸部对于对外投资的审批仍然极为严格。后来逐渐下放审批权限并放宽审批标准。20 世纪 80 年代后期开始，政府转为积极推动对外投资，特别是政府豁免了所有海外子公司头五年的税收。更重要的是，为了诸如获取技术或者加强与邻国关系之类战略目标而进行的海外投资可以获得政府奖励。

[1] P Gulger, B Boie. 中国跨国公司的兴起.//J Chaisse, P Gugler. 亚洲贸易和直接投资的扩张. 纽约：劳特利奇出版社，2009.

1999年中国政府开始实施“走出去”的战略，促进中国企业国际化。从那时起，中国逐渐放弃了对外投资的审批，转而采取较宽松的监督体系，强调企业要独立适应更具有竞争性的市场环境❶。国家逐渐放松外汇管制和财政行政壁垒，也给中国企业的国际化添加了助力❷。在2001—2007年期间，中国完成了体制转变，由原来直接干预商务活动和经济产出，变为通过法规和宽松的行政政策来影响市场运行❸。

中国从一个仅仅吸引外来投资的国家转变为全球资本的重要来源国。2010年对外直接投资额达到680亿美元的峰值，比前一年的565亿美元有大幅增长，但是比2011年的总额650亿美元高得不太多。和其他金砖国家及全世界大多数国家不同，中国对外投资没有因为全球金融危机而下降。中国对外直接投资额在过去十年间翻了四番，从2003年的28亿美元到2004年的54亿美元，2005年122亿美元，2006年261亿美元，2008年521亿美元。这种速度闻所未闻❹。

自从中国1999年开始实行“走出去”的战略，提高中国企业的国际竞争力以来，中国对外投资不仅快速增长而且行业不断多元化，包括制造业、采矿业、农业和越来越多的服务行业。投资方式从单一的新建企业，发展到跨国购并、资产交换、海外上市、国际产品研发❺。中国大陆在2011年《财富》世界500强企业中有61家公司，其中6家排名前100，3家跻身前10，分别是国家电网公司排第7，中国石油天然气集团公司（中石油）排第6，中国石油化工集团公司（中石化）排第5，全都是采矿业的国有企业❻。作为全球500强的母国，中国仅次于美、日。波士顿咨询集团2011年全球挑战者榜单上有33家中国企业，比其他任何国家都多❼。

最大的对外直接投资，都来自像中石化这样由政府给予行业支持的国有企业，尤其在自然资源产业。中国的国有企业是国内工业经济的支柱，占工业产出

---

❶ F DeBeule, D Van Den Bulke. 改变对外直接投资的政策：从控制到促进.//K Sauvant, G McAllister, W Mascheck.新兴市场国家的外国直接投资. 纽约：麦克米伦出版社，2010.

❷ P Gulger, B Boie.中国跨国公司的兴起.//J Chaisse, P Gugler.亚洲贸易和直接投资的扩张.纽约：劳特利奇出版社，2009:43.

❸ Q Xue, B Han.政府政策在促进对外直接投资中的作用：从新兴市场国家的投资：中国经验.//K Sauvant, G McAllister, W Mascheck.新兴市场国家的外国直接投资.纽约：麦克米伦出版社，2010.

❹ 联合国贸发会议统计月报，1970—2010年年度流入流出的外国直接投资，美元现价和即时汇率。

❺ J Nie. 中国在世界金融中更高的地位.//J Chaisse, P Gugler.亚洲贸易和直接投资的扩张.纽约：劳特利奇出版社，2009.

❻ http://money.cnn.com/magazines/fortune/global500/2011.

❼ 波士顿咨询公司2011年全球挑战者报告，2011年1月。

的半壁江山，为经济发展提供了重要原材料和机器设备。即便在更加注重私人资本和创新的南方，国有企业也在经济中占据重要地位。与西方企业相比，大多数此类国企都受到政府保护，处于低技术、资源密集、劳动力密集型行业❶。因为中国企业现在可以直接从国际资本市场和商业银行获得融资，不一定需要政府的扶持，未来预期私人投资者在这些领域将更趋活跃❷。

中国对外直接投资的主要动机和西方企业相近：进入新市场，获得廉价资源，取得战略性资产❸。而且，很多中国最大的企业对外投资只是因为国内市场所面临的竞争过于残酷❹，这是国际化第二个最普遍的原因。而国内市场竞争激烈的原因部分来自于成功的引进外资政策，迫使中国企业和外企竞争。而中国 GDP 高速增长和壮大的中产阶级消费群体，可能意味着中国国内市场日益能够满足企业增长的需要，因此未来中国企业将需要其他的动机来刺激其进一步国际化。

中国刺激对外直接投资的努力还在继续。新的外汇管制法取消了很多对中国企业海外运营的用汇限制。例如只要风险评估过关就不必再申请用汇额度。此类改进会进一步增加中国对外投资❺。中国政府向企业提供的支持包括税收减让、融资支持、投资保险，可以降低企业海外运营的成本，企业经常因此不需要求助于世界银行多边投资担保机构或者外国商业银行。

虽然以上政策促成了中国对外直接投资的戏剧性增长，但是中国仍然需要进一步改善国内的制度环境和法律环境。最迫切的需要，是厘清对外直接投资审批过程中，各个政府部门各自的权力，因为这些职能部门的权力范围经常发生重叠❻。中国企业仍然觉得难以搞清目前的手续。

过去十年中国向全世界所有地区的直接投资都有增加，最大的份额流向其他亚洲国家和地区。中国的跨国公司偏好向发展中国家投资。采矿行业的这种现象可能是因为要获得原材料和自然资源，但这个趋势也可以解释为企业寻求市场，

---

❶ Rugman, A.新兴市场国家的跨国公司有多么全球化? .//K Sauvant.新兴市场国家跨国公司的兴起.切尔滕纳姆：爱德华 · 埃尔加出版社，2008.

❷ J Nie. 中国在世界金融中更高的地位.//J Chaisse, P Gugler.亚洲贸易和直接投资的扩张.纽约：劳特利奇出版社，2009:100.

❸ P Gulger, B Boie.中国跨国公司的兴起.//J Chaisse, P Gugler.亚洲贸易和直接投资的扩张.纽约：劳特利奇出版社，2009:25.

❹ H Rui, G Yip, S Prashantham.中国海外购并有何不同? 加入与印度的对比.//K Sauvant, G McAllister, W Mascheck.新兴市场国家的外国直接投资.纽约：麦克米伦出版社，2010.

❺ 同注❷，109 页。

❻ 同注❷，116 页。

尤其是那些中国企业对当地企业拥有竞争优势的国家的市场[1]。中国向非洲的直接投资仅次于亚洲[2]。大多数中国对非洲的直接投资包含经济发展的部分，由中国帮助建设公路铁路这些基础设施，同时也有利于公司在当地的运行。中国在拉丁美洲也有可观的直接投资，很多也包括为采矿方便而建设的基础设施。例如，中国建议由中国出资在哥伦比亚建立一条“陆地运河”，用铁路连接太平洋和大西洋，替代巴拿马运河[3]。

中国向欧洲的投资越来越多，大部分投向德国，英国作为第二位远远落后。中国也开始向波兰、罗马尼亚、匈牙利等东欧国家投资[4]。中国向发达国家的投资一般都采取跨国购并的形式。中国在美国和欧洲市场的购并对象，一般是已经有品牌知名度，但是遇到财务困难的当地企业，售价低廉，又可以为中国企业在发达国家市场提供立脚点和营销技巧[5]。美国人把中国视为主要的战略竞争者，所以对来自中国的投资抱有怀疑的态度。因为美国视中国国有企业为国家外交政策的工具，因此很难通过美国国内的审批[6]。

2003年以后，中国采取的绿地投资突然增加了。一般来说，绿地投资的项目较小，主要在发展中国家，而跨国购并项目大，主要在发达国家[7]。中国企业青睐绿地投资的原因可能是缺乏完成跨国购并项目所需要的经验[8]。而且东道国政府对购并的审批一般较为严格，令中国企业头疼[9]。但是跨国合资和购并在近年仍然呈增长势头，而且预料未来这个势头还将继续。这类投资方式被视为获取战略资产和外国市场商务知识的唯一手段。中国企业国际化的著名范例包括联想收购IBM个人计算机业务，TCL部分收购汤普森的电视机业务和阿尔卡特的手机业务。

---

[1] P Buckley, J Clegg, A Cross, et al.解释中国对外直接投资：制度观点.//K Sauvant.新兴市场国家跨国公司的上升.切尔滕纳姆：爱德华·埃尔加出版社，2008.

[2] P Gulger, B Boie.中国跨国公司的兴起.//J Chaisse, P Gugler.亚洲贸易和直接投资的扩张.纽约：劳特利奇出版社，2009:29.

[3] J Rathbone, N Mapstone.中国就巴拿马运河对峙进行谈判.伦敦金融时报，2011-2-14.

[4] 同注[2]。

[5] N Salidjanova.走出去：中国对外直接投资纵览.中美经济与安全回顾委员会研究报告，2011-03-30:8.

[6] K Sauvant.美国对来自新兴市场国家的直接投资准备好了吗？中国问题.//K Sauvant, G McAllister, W Mascheck.新兴市场国家的外国直接投资.纽约：麦克米伦出版社，2010.

[7] 同注[2]，32~33页。

[8] 同注[2]，32页。

[9] 同注[2]。

服务业对外直接投资

和其他金砖国家一样，大部分中国大型跨国企业的对外直接投资集中于非服务业，尤其是自然资源或者与矿物有关的制造业，比如炼钢。但是这些行业依赖建筑、金融、保险等服务行业的支持。服务业日益成为中国国际化的一个重要方面，这也符合整个世界的趋势，但是服务业投资是由大批较小的公司完成的，而制造业和采矿业投资多数都来自巨型企业。中国服务业投资中，为商品出口服务的投资所占比重一向很高，2009 年总服务业投资中的 35% 在商业服务和租赁行业，19% 在金融行业，这与中国作为全世界第一大商品出口国的身份相适应。随着服务业和制造业对外投资的兴起，采矿业的重要性似乎在下降。2003 年采矿业占据中国对外直接投资的将近一半，2004 年占三分之一，2009 年降到 16% 以下❶。

金融行业是中国服务业对外投资的最大来源。中国最大的金融服务企业有工商银行（全世界最大的百名企业之一）、建设银行和中国人寿保险公司。这些公司建立海外分支机构的目的是辅助制造业和矿业跨国公司的海外运营。这反映了中国企业喜欢和有正式往来或者至少是共同语言文化背景纽带的服务企业打交道。中国的金融服务企业更愿意通过购并的方式进行海外扩张，例如一些中国金融机构买进贝尔斯登、巴克莱、黑石集团等投资银行的股份。

中国企业在电信业有大量海外投资。中国最大的服务业国有跨国公司是中国移动，全世界第 77 大公司。最大的服务业非国有跨国公司可能是和黄集团，其业务涉及电信业、酒店业和港口服务❷。跟金融业一样，电信业的海外扩张也是为制造业和采矿业的利益服务的。例如，中国为了获得非洲的自然资源和廉价劳动力而在当地建立大型制造业公司（尽管有时候中国企业自己带去劳动力），其先决条件就包括非洲当地的通信基础设施的扩张❸。中国电信业在西方的扩张主要采取购并的形式。中国第二大通信服务商中国联通在 2011 年年初将持有的西班牙电话公司股权增加到 2%，获得了一个董事会席位。以前联通买进西班牙电

❶ N Salidjanova.走出去：中国对外直接投资纵览.中美经济与安全回顾委员会研究报告，2011-03-30:18.

❷ http://money.cnn.com/magazines/fortune/global500/2001/countries/China.html。

❸ T Ozawa, C Bellak.中国会像飞鹅式地把劳动密集型工厂转移到非洲吗？.哥伦比亚对外直接投资观点#28，韦根哥伦比亚可持续国际投资中心，2010-08-17.

话公司股权的时候，是第一个在欧洲通信服务行业占有一席之地的中国大陆企业。

最后，在旅游业，中国的海航集团在2011年5月购入西班牙NH集团20%的股份，目标是在欧洲市场扩张[1]。中国旅游业似乎也把加勒比地区作为重要的目标市场，投资项目包括酒店、体育场和港口道路等交通基础设施的改进项目。

预期中国对外直接投资还会继续增长，特别是如果人民币升值的话，将提高中国企业在国际购并中的购买力。国内市场的竞争压力也会迫使中国企业国际化[2]。这个现象体现了对内和对外直接投资之间的联系——随着中国放开服务业的法律限制，越来越多的外资进入中国，国内投资者会感受到更大的竞争压力，于是需要寻求海外市场机遇。

中国在服务业投资方面所承担的多边法律义务

世界贸易组织

经过15年之久的艰苦谈判，中国终于在2001年12月正式加入世界贸易组织（WTO）。在中国承担的世界贸易组织义务中，包括在银行、保险、电信业放松管制[3]。中国在金融服务行业开放方面承担的义务远远超出了一般对发展中国家的要求，尤其在银行和保险业。作为世界贸易组织成员国，除了极个别特殊领域之外，中国已经实行了市场经济，让市场力量来决定国内价格[4]。中国在外贸法规上的管制大大放松，政府对国有企业的商务决策施加的影响少了[5]。以上变化使得过去十年外资不断涌入中国。同时作为世界贸易组织成员，中国的企业更容易进入国外市场，通过直接投资绕过贸易壁垒的动机也减少了[6]。

---

[1] 2011年世界投资报告。

[2] J Nie.中国在世界金融中更高的地位.// J Chaisse, P Gugler.亚洲贸易和直接投资的扩张.纽约：劳特利奇出版社，2009, 122.

[3] 中国加入世界贸易组织2001年11月10日决定，WT/L/432。

[4] 中国加入世界贸易组织2001年11月10日决定，WT/L/432。

[5] 中国加入世界贸易组织2001年11月10日决定，WT/L/432。

[6] M Trebilcock.理解贸易法.切尔滕纳姆：爱德华·埃尔加出版社，2011.

前文指出，世界贸易组织对中国对外投资最重要的影响就是降低了贸易壁垒，为巨大的中国市场引进西方商品和服务，迫使中国企业，尤其是制造业企业向海外寻求出路。世界贸易组织同时也是跨国公司运营的重要制度环境，因此中国加入世界贸易组织会对中国企业扩大对外直接投资发挥持续的重要影响[❶]。

中国在海运和国际客货运输行业保留《服务贸易总协定》最惠国待遇例外权利，就是说中国有权为这些行业的合资企业或者独资企业制定双边投资保护协定。这些例外的有效期，视“此类双边协定签字国的贸易现状”和“协定的有效期”而定。中国对法律服务行业的最惠国待遇也保留例外，期限不定，以利于外国律师事务所在互惠的基础上在中国建立分支机构，公开的目的是确保中国法律服务机构在国外获得相应的市场准入[❷]。虽然一些西方律师事务所在中国建立了办公室，但中国法律企业目前还没有在国际市场上建立值得一提的商业存在。

中国在 93 个服务行业承担了《服务贸易总协定》下的国民待遇和市场准入义务，比任何金砖国家都多。中国在《服务贸易总协定》第三种贸易方式商业存在方面承担的义务使得外资大量涌入，但是仍然存在很多限制。所有外资企业的设立必须经过外经贸部批准。对外资不开放的行业包括新闻出版、广播电影电视、邮政通信，最严格的限制是政府认为合适的“其他行业”。拥有 200 名以上专业人员和年营业收入超过 2000 万美元的外国会计事务所，可以在指定的经济发达地区设立分支。目前最多允许 15 家外国会计事务所进入中国市场，而且外国专业人士的资质要通过中国政府的重新认证。建筑设计和工程企业必须“有竞争力”，可能是指这些企业不是国内国有企业，也不接受国家补贴，而且必须在母国注册。禁止独资的外国医院和诊所，但是可以和中国合作建立合资企业，而且合资医院中大部分医生必须是中国公民。像计算机、工程、旅游、货运、广告这些服务行业，外资只能以合资公司的形式存在，而外资比例不得低于总注册资本的 25%，以确保外资流入。在广告行业，外国合资方在有能力提供先进技术和管理经验的情况下，才能建立合资企业。外国保险公司除了有最低资本额要求以外，还必须在中国人民银行付担保金。中国人民银行审批一切外国金融机构的市

---

❶ P Buckley, J Clegg, A Cross, et al.解释中国对外直接投资：制度观点.// K Sauvant.新兴市场国家跨国公司的上升. 切尔滕纳姆：爱德华 · 埃尔加出版社，2008.

❷ 中国，第二条最惠国待遇例外最终清单，GATS/EL/19（94-1104）（1994 年 4 月 15 日），这个附件是在中国 2001 年加入世界贸易组织之前递交的。

场准入，最低资本额在 3000 万美元以上，而且还有各种其他的最低资产要求❶。中国在《服务贸易总协定》商业存在方面承担义务的限制很多，但是和其他国家一样，对这种服务贸易形式的义务比对其他服务贸易形式要多。更重要的是，中国正在进步，逐渐地降低或取消对服务业外资进入的壁垒，最重要的一步，就是在某些行业取消了合资企业的要求。

中国对世界贸易组织《与贸易有关的知识产权保护协定》损害了自己通过获取西方技术提高创新能力，表达了自己的不满。和印度一样，随着中国在未来成为知识产权大国，预期中国将会更多地依赖《与贸易有关的知识产权协定》的保护。特别是因为中国企业开始购买国际著名品牌，或者发展自有品牌，这一趋势在未来会更加显著。根据在《与贸易有关的投资措施协议》中所承担的义务，中国取消了所有当地成分要求❷。虽然这个举措对中国服务业对外投资影响不大，但对中国制造业企业在其他世界贸易组织成员国的运营有明显的益处。

最后，虽然中国还不是世界贸易组织《政府采购协议》的成员，但未来应该会加入这个协定。中国加入世界贸易组织《政府采购协议》反映了它想进军政府采购市场，尤其是高利润的发达国家建筑服务政府采购市场的意愿。如果中国接受所有世界贸易组织《政府采购协议》的义务，中国的对外直接投资预期将会增加。但不能肯定，一旦加入世界贸易组织《政府采购协议》，外国企业是不是能在中国政府建筑服务采购当中，和中国企业竞标。

截至 2012 年 6 月，在世界贸易组织共有 24 宗针对中国的贸易争端。其中一些是有关服务业的。这些争端涉及：电子给付限制❸，金融服务信息的提供❹，视听娱乐产品的分销❺和集成电路的增值税❻。其中关于金融服务的争端最后达成了和解，它跟直接投资有关，因为它指控中国的政策禁止在国内建立外资金融信息服务企业。这些争端还涉及防止披露保密信息，因此跟《与贸易有关的知识产

---

❶ GATS/SC/19，1994/4/15（94-1017）中国：特别义务清单。

❷ 附属议定书[7]。

❸ 中国：影响电子支付服务的某些措施，WT/DS413/AB/R（2011 年 7 月 4 日工作组起草）。

❹ 中国：影响金融信息服务和外国金融信息提供者的措施，WT/DS378（2008 年 6 月 20 日和解后撤销）；中国：影响金融信息服务和外国金融信息提供者的措施，WT/DS373（2008 年 12 月 4 日和解后撤销）；中国：影响金融信息服务和外国金融信息提供者的措施，WT/DS372（2008 年 12 月 4 日和解后撤销）。

❺ 中国：影响某些出版物和视听娱乐产品贸易权和分销服务的措施，WT/DS/363/R（专家组报告 2009 年 8 月 12 日传阅）。

❻ 中国：集成电路增值税，WT/DS/309（2005 年 10 月 5 日和解后撤销）。

权协定》条款也有关[1]。关于视听产品分销的争端和直接投资有关，因为中国法律禁止外国电影分销商在平等的基础上获得市场准入。在这个争端中，世界贸易组织工作小组认定，中国的法规禁止外资企业销售书籍和电影，但国内企业不受限制，这违反了中国在《服务贸易总协定》下承担的国民待遇义务[2]。工作小组同时认为，只能由合资企业进行分销的要求，违反了《服务贸易总协定》下的市场准入义务，因为中国政府的这项政策对外国资本的参与度进行了限制[3]。以上决定在世界贸易组织上诉机构裁决中维持原判，因为虽然说中国可以在"必要和没有其他替代方案"的时候，援引保护公共道德的例外，来维持违反《服务贸易总协定》和《关税及贸易总协定》的限制分销政策，但是中国政府在本案中并没有显示出"必要和没有其他替代方案"[4]。

有 4 宗根据《与贸易有关的投资措施协议》对中国提出的指控，但是都和服务业无关。其中两件针对中国的税收减让和退税政策[5]，另外两件针对政府影响汽车零部件进口的措施[6]。所有 4 宗争端都指控中国法律对国内产品给予比进口产品更优惠的待遇，或者惩罚使用进口商品的厂商。税收减让的争端和解了，而汽车部件的争端结果，工作小组和上诉机构都判决中国的举措违反了《关税与贸易总协定》中国民待遇的义务（只对进口汽车部件征收内部税费）[7]。工作小组和上诉机构都没有使用《与贸易有关的投资措施协议》，直接改用《关税与贸易总协定》，简化了司法程序[8]。中国本身作为原告的世界贸易组织争端有 8 件，但是也都和服务业无关。大多数是关于针对中国产品反倾销税措施的。

中国加入世界贸易组织，从根本上改变了中国解决国际争端的态度和方法，这可能比这些争端当中反映的具体法律问题更重要。因为加入了世界贸易组织，中国更愿意参与有关法律义务的对抗性诉讼程序，通过审判决定，这是法治精神的觉醒，而这种觉醒也反映在中国最新签署的双边投资保护协定中更多地接受国

---

[1] 《与贸易有关的知识产权协定》第 39.2 条。

[2] 《服务贸易总协定》第 7.1428 ~ 7.1434 条。

[3] 《服务贸易总协定》第 16.2.f 条。

[4] WT/DA363/AB/R（2010 年 1 月 19 日采纳）。中国还没有根据 2011 年 11 月的上诉机构报告挑战修改法规，提请延期。

[5] 中国：给予退税，减免税和其他支付的某些措施，WT/DS359（2008 年 2 月 7 日和解后撤销）；中国：给予退税，减免税和其他支付的某些措施，WT/DS358（2007 年 12 月 9 日和解后撤销）。

[6] 中国：影响汽车部件进口的措施，WO/DS342/AB/R（上诉机构报告 2008 年 12 月 15 日传阅）。

[7] 《关税与贸易总协定》第 3.2 条。

[8] 《与贸易有关的投资措施协议》第 2 条。

际仲裁[1]。

国际仲裁：国际投资争端解决中心（ICSID）公约和《纽约公约》

中国是金砖国家里唯一一个《解决国家与他国国民投资争端公约》缔约国，1993年2月加入。加入国际投资争端解决中心是经过仔细考虑，权衡利弊得失之后的决定。实际上，中国表达了对国际投资争端解决中心的保留，声明只向国际投资争端解决中心提交已经定性的征用事件当中的赔偿部分的争端。但是这个保留仅见于中国批准国际投资争端解决中心时候提出的通知，只是表达了一个国家的意愿，并不具有法律约束力。这个限制体现在下文将要讨论的中国早期的一些双边投资保护协定当中。后来中国开始签署的双边协定，提供的外资保护更广泛了，以上态度发生了变化。中国一开始不愿加入国际投资争端解决中心的犹豫，是因为在21世纪之前，中国主要是外资的目的地国家，想要在和外资的争端中保留控制权。进入新世纪之后，随着中国对外投资加速，中国开始愿意接受国际投资争端解决中心的全部条款[2]。

中国也是《纽约公约》签字国，因此中国法庭有义务承认并执行外国仲裁的判决，前提是国际仲裁没有程序错误，执行裁决不违反中国法律。中国的仲裁立法深受《国际商事仲裁示范法》的影响，但还是有一些区别，最明显的区别就是，仲裁庭对自己司法管辖权的裁定，受国家法院监督[3]。

只有一例公开的外国投资者诉中国政府的仲裁案。2011年5月，一家马来西亚建筑公司针对中国提出仲裁，但是两个月以后双方和解，案子撤销了[4]。因为后面会讨论到，中国近年的双边投资保护协定，规定了广泛的国际仲裁范围，很可能还有很多针对中国的仲裁没有公布出来。从对外投资的角度来说，更有趣的是，中国公司至少在两起国际仲裁案中成为原告。中国黑龙江国际技术合作公司、秦皇岛市秦龙国际工业公司和北京首钢矿业投资公司诉蒙古共和国案，没有

---

[1] J Stiglitz.外国直接投资需要足够的国际框架.//K Sauvant. 新兴市场国家跨国公司的兴起. 切尔滕纳姆：爱德华 · 埃尔加出版社，2008.

[2] M Heymann.和中国有关的国际法与投资争端解决问题.国际经济法杂志，2008, 11-507.

[3] 1994年《中华人民共和国仲裁法》第20条。

[4] 伊佳兰公司（Ekran Berhad）诉中华人民共和国案，国际投资争端解决中心案例号ARB/011/15（2011年5月24日提交）。

公开披露案卷资料❶。第一件中国投资者诉讼东道国，而且仲裁决定被公开的争端，是谢业深诉秘鲁共和国案。这个案件中，一家中国鱼粉公司援引1994年中国秘鲁投资保护协定，就受到东道国各种税务措施的惩罚提起仲裁，认为受到秘鲁政府的间接征用。仲裁庭判定自己拥有司法管辖权❷，因为双边协定当中对仲裁范围仅限于赔偿措施的限制，仲裁庭解释为可以延伸到征用是否发生的范畴。重要的是，这个判决并未引用最惠国待遇条款。仲裁判定，条约中的最惠国待遇并不保证中国投资者可以运用秘鲁其他投资保护协定的条款来决定征用是否发生的事实。最终的裁决是，仲裁庭认为间接征用确实发生了，因为秘鲁的税务惩罚措施是主观的，与该国自己的内部政策和规定不符❸。因此，中国投资者得以利用仲裁庭对条约的延伸解读，不让秘鲁法庭对征用争端具有管辖权。

服务业外国直接投资的区域性和双边协定

区域性投资保护协定

中国领导人愿意采纳“开放的区域主义”，就是说不限于亚洲国家，所有国家都可以获得一般只给予本区域国家的优惠待遇❹。这一点令人鼓舞。中国所签署的有关服务业对外直接投资的区域性安排，最重要的就是和东盟签署的双边协定。首先，2007年中国东盟服务业贸易协定正式生效。这个协定适用和《服务贸易总协定》相同的提供服务的模式定义，包括商业存在模式，和《服务贸易总协定》一样，也对国民待遇和市场准入规定了一般义务和特别义务。这个协定带来后续很多轮在关键性行业，诸如电信、金融服务、运输、建筑、能源业增进市场准入的谈判。许多行业开放给独资和合资企业，放松了一些对外资控股的限制❺。

---

❶ 联合国国际贸易法委员会（中蒙双边投资协定）——待定，2010。

❷ 国际投资争端解决中心案例号ARB/07/6（2009年6月19日）。

❸ 国际投资争端解决中心案例号ARB/07/6（2011年7月7日判决）。

❹ J Wang.中国和印度在亚洲区域化当中的角色.//M Sornarajah, J Wang.中国，印度和国际经济秩序.剑桥：剑桥大学出版社，2010.提到中国总理温家宝的讲话。

❺ 见http://www.aseansec.org/19336.pdf.

中国-东盟投资协议（AIN）于 2009 年签署。这个协定对投资的定义和建立后的保护都很广泛，涉及不征用承诺，货币兑换便利，还有中国最近的双边投资协定中所规定的广泛的争端解决机制。重要的是，中国东盟投资保护协定敦促各方渐进地放松投资管制，促进国家间直接投资[1]。还有一条更进一步，在一般的双边协定里没有，规定各方为外资创造必要的投资环境，简化审批手续，建立“一站式投资中心”为外资提供方便[2]。中国-东盟投资协议也包含一般例外条款，仿照《服务贸易总协定》的类似条例，还有国家安全例外[3]，在严重经济动荡情况下限制货币兑换的规定[4]。

中国还是《亚太贸易协定》（APTA）签字国，它包括一个促进、保护、开放投资的框架协定，签署于 2009 年 12 月。尽管这个协定缺乏通常的投资保护条款，也没有投资者-东道国争端解决条款，但是规定了公开性和建立联络点以便交换有关直接投资的信息[5]。和东盟投资协议一样，《亚太贸易协定》也要求各方简化外资审批程序，建立投资机会数据库，寻找国际投资合作的新领域[6]。这个协定要求各方就渐进地放松投资管制进行后续谈判[7]。还包括《服务贸易总协定》式的一般性例外条款[8]。

双边投资协定

作为走出去战略的一部分，中国签署了超过 130 个双边投资保护协定，数量上仅次于德国。一百多个协定已经生效[9]。中国还和巴基斯坦、智利、新西兰签订了包含投资条款的自由贸易协定[10]。下面综述这些协定的主要特点。中国和发达国家、发展中国家都签订双边投资保护协定，反映了中国资本输入和输出国的双重身份，对于发展中国家，中国是资本输出国，对于发达国家中国是输入国。

---

[1] 中国东盟投资协议第 2 条。
[2] 中国东盟投资保护协议第 21 条。
[3] 中国东盟投资保护协议第 16，17 条。
[4] 《亚太贸易协定》第 10.5.c 条。
[5] 《亚太贸易协定》第 5 和第 11 条。
[6] 参考《亚太贸易协定》第 1，2 条。
[7] 参考《亚太贸易协定》第 3 附录。
[8] 参考《亚太贸易协定》第 5 条。
[9] 来源：国际投资争端解决中心双边投资条约数据库。
[10] 中国巴基斯坦自由贸易协定（2007 年 7 月 1 日签署），中国智利自由贸易协定，中国新西兰自由贸易协定。

虽然这些双边投资保护协定的内容随时间推移会有变化，但是看不出典型的发展中国家或者发达国家模式，它们反映中国对待国际资本管制采取一种较为平衡的态度。尽管中国的双边投资保护协定保留了对国民待遇的限制并要求在诉诸国际仲裁之前首先穷尽国内法律程序，但总的来说中国模式，或者说第三条道路模式反映了更现代的对待投资的态度。

中国双边投资保护协定中对投资的定义广泛，是基于世界上双边投资保护协定通用的“一切资产”的模式。这包括在其他公司拥有的股份，各种形式的知识产权诸如专有技术和过程创新[1]。中国的双边投资保护协定一般会用广义的语言将投资者定义为“按照中国法律组建的经济实体”[2]。1988 年和澳大利亚的协定特别提到了非私有企业、有限责任公司和无限责任公司[3]。其他协定也提到投资不分是否以盈利为目的[4]。和澳大利亚的双边投资保护协定对“任何与投资有关的活动”提供保护，这就把范围扩展到几乎所有商业行为[5]。中国在 20 世纪 90 年代中期以前的双边投资保护协定还要求投资必须合乎东道国的法律法规。但是后来的双边投资保护协定不包括这样的提法了。例如 2003 年中德投资保护协定就简单地将投资定义为“任何直接或间接投资的资产”[6]。

1992 年与阿根廷的双边投资保护协定规定，如果投资者与第三国有联系，而第三国又不愿意或者不能对投资者进行保护，那么该投资者也可以得到本条约的保护[7]。这个限定是说只有在没有替代条约的情况下才能使用，防止滥用条约。这个规定也方便了通过香港作为中间站进行的投资。还有如果投资者长期居住在中国，已经变成了国内投资者，也限制这些人利用协定保护指控中国[8]。1993 年和爱沙尼亚的协定规定在第三国的投资者如果主要“为中国的利益服务”，也可以使用本协定[9]。一些中国双边投资保护协定规定外国投资者如果在母国没有切实的商务存在，只是把对方缔约国作为享受协定保护的借口，则不受本协定保护[10]。其他协定规定缔约国投资者拥有或者控制的第三国的投资者不可以

[1] 例如中国阿尔巴尼亚双边投资协定第 1.1 条，中日双边投资协定第 1 议定书明确排除了版权。
[2] 中国阿根廷双边投资协定第 1.2 条。
[3] 中国澳大利亚双边投资协定第 1.b 条。
[4] 中国波黑双边投资保护协定第 1.2.b.2 条。
[5] 中澳双边投资保护协定第 1.1.f 条，中日协定第 3 条。
[6] 参考中德投资保护协定第 1 条。
[7] 参考中国阿根廷双边投资保护协定 1.2 和中国澳大利亚双边投资保护协定 1.2。
[8] 参考中国阿根廷双边投资保护协定 1.3。
[9] 中国爱沙尼亚双边投资保护协定 1.2.b。
[10] 中澳双边投资保护协定 2.2。

利用本协定提供的争端解决条款[1]。

缔约国一般都承诺鼓励和允许外国投资者入境，只要合乎国内法律，以及很重要的，“合乎投资政策”或者“国家目的”[2]，这样就给政策留足了灵活性空间。1985 年和新加坡的双边投资保护协定把符合“国家总体经济政策”的投资纳入允许入境的范围[3]。这就把允许建立的外资企业限定在符合东道国经济发展目标和发展水平的那些行业。其他协定强调投资的定义要符合东道国的法律[4]。一些中国的双边投资保护协定指出东道国将为投资者创造稳定的投资环境[5]，意味着法律甚至政治经济环境的变化将不会伤害到外资。另一些协定声明如果缔约国的法律在协定签署之后发生了变化，外方将有权选用现在或者过去的法律[6]。另一些协定中，新法优先于旧法，但是受到法律变化损害的外资可以得到合理的补偿[7]。有些双边投资保护协定声明目前尚不符合新法的行为可以保留到渐渐地对新法做出适应，直到取消此种行为[8]。1998 年中日双边投资保护协定声称“尽可能”促进外国投资[9]，宣示了对进一步开放尽最大努力的同时，还为各种目的提供了不遵守协定的最大自由空间。1994 年和印尼的协定声明只有依法已经批准进入中国的外资才能获得保护[10]，同样 1985 年和泰国的协定也只保护已经事先获得书面批准的投资[11]，而且还是“在适当的条件下”[12]。

中国的投资保护协定经常但并不总是[13]承诺对外资给予不低于本国投资者的待遇[14]。中国双边投资保护协定也包括最惠国待遇[15]。在某些协定里这个义务表述为缔约国公民可以享受对方国家任何更为有利的待遇[16]，其意思是包括和其他国家的协定，再加上东道国的国内法。早期的投资保护协定完全没有提到国民待

[1] 中国加纳双边投资保护协定第 11 条。
[2] 中国新西兰双边投资保护协定第 3.1 条。
[3] 中国新加坡双边投资保护协定第 3.1 条。
[4] 中比卢双边投资保护协定第 1.5 条。
[5] 中国波黑双边投资保护协定第 2.1 条。
[6] 中国象牙海岸双边投资保护协定第 10 条。
[7] 中泰双边投资保护协定第 4.2 条。
[8] 中国波黑议定书附录第 3 条，中荷议定书附录第 6 条。
[9] 中日双边投资保护协定第 2.1 条，中英双边投资保护协定第 3.3 条。
[10] 中国印尼双边投资保护协定第 3 条。
[11] 中泰双边投资保护协定第 2.1 条。
[12] 中泰双边投资保护协定第 2.3 条。
[13] 中柬双边投资保护协定第 3（仅最惠国）。
[14] 中国博茨瓦纳协定第 3.2，中国象牙海岸协定第 3.2 条。
[15] 中国阿根廷双边投资保护协定第 3.2 条，中国博茨瓦纳双边投资保护协定第 3.3 条。
[16] 中澳双边投资保护协定第 2.4 条。

遇，这反映了自由化的进步。因为中国经济里国有企业占统治地位，很难无限制承诺国民待遇。1986年中英投资保护协定包括一个国民待遇条款，但是使用了“最大可能”的语言，双方尽可能给予国民待遇❶。接受国民待遇反映了中国经济改革，尤其是私有化和鼓励创业方面的成功。从对外投资的角度来说，更重要的是这个态度的变化说明越来越多的中国跨国公司不愿意遭受东道国的歧视性待遇。

标准的国民待遇和最惠国待遇例外包括自由贸易区、关税同盟、边境贸易和双重税收条约❷，一般限定于签订双边投资保护协定之前已经存在的以上特殊安排❸。中国双边投资保护协定也经常会明确地将最惠国待遇延伸给本条约的所有方面，这意味着也包括争议解决条款。2003年和加纳签订的双边投资保护协定有一个对国民待遇很有意思的限制条款：缔约双方可以为刺激经济或者创建本国工业而为本国公民提供特殊优惠待遇，只要这种特别优惠不危害外资的运营❹。

中国很多双边投资保护协定里面平等和公正待遇条款是用最惠国待遇义务来表述的❺。也有一些中国双边投资保护协定不提最惠国和国民待遇，而将平等与公正待遇跟最大安全保护承诺一起提出来❻。2001年中荷双边投资保护协定多次提到平等与公正待遇保护❼。2005年跟比利时的协定中，平等和公正待遇对直接间接投资都适用❽，说明间接投资也受本协定保护，而且很可能包括回流资金。同样，1996年和柬埔寨的协定对投资的定义包括股票或其他形式对公司的参与❾。跟加纳的协定省略了公平这个词，只允诺东道国给予平等待遇❿。最后，一些协定把平等和公正待遇跟适用国际法准则联系起来⓫，暗示待遇标准只能相当于按照国际习惯法给予外国人的最低待遇。平等公正待遇标准经常附加承诺，说

---

❶ 中英双边投资保护协定3.3。

❷ 中国阿尔巴尼亚双边投资保护协定3.3，中国象牙海岸双边投资保护协定3.4。

❸ 中澳双边投资保护协定3.c.1。

❹ 中国加纳协定4.6。

❺ 中国阿尔巴尼亚双边投资保护协议3.2。

❻ 中国阿根廷双边投资保护协定3.1，中国波黑双边投资保护协定2.2。

❼ 中荷双边投资保护协定，2001年11月26日签署。

❽ 中国比利时双边投资保护协定3.1。中比卢协定也提到外国投资者拥有“股份参与”而不是“股份控制”，见第4.3条。

❾ 中国柬埔寨双边投资保护协定1.1.b和中国智利双边投资保护协定1.1.b。

❿ 中国加纳双边投资保护协定3.1，中国巴基斯坦双边投资保护协定3.1。

⓫ 中国约旦双边投资保护协定3.2。

缔约国将不会对外资采取损害其运营和使用的主观措施[1]。这将令那些担心中国和其他国家司法和行政效率低下的外国投资者放心。

很多中国双边投资保护协定都有完全的安全和保护条款[2]。和埃及的双边投资保护协定中使用的语言是“最为持续的安全和保护”[3]。安全和保护的承诺通常都省略“完全”这个词[4]，可能是强调这个标准是相对的不是绝对的性质。在一些双边投资保护协定中用“充足的”这个词来形容东道国所必须提供的安全和保护[5]。中国的双边投资保护协定通常用最惠国待遇的方式提出完全的安全和保护承诺[6]，似乎显示国家在警察和其他安全手段方面的资源不足，其实中国在这方面完全不用担心。

2008 年中国柬埔寨双边投资保护协定进一步澄清，无论是平等和公正待遇还是完全的安全和保护标准，都不能超越按照国际习惯法给予投资者的标准[7]。平等公正待遇跟完全安全保护，有时候受到东道国为了维护公共秩序和维护国家法律所采取的“必要措施”[8]的限制。这种保护也不应低于国际公认的对外国人的最低待遇[9]。1992 年中菲协定包括一个一般例外条款，授权东道国为了维护公共秩序，保护重大的安全利益，或者完成国际和平与安全所承担的义务，可以撤回协定中的任何承诺[10]。重要的是，这个条款不是自我判断的，即缔约国不能把自己作为做出评判的权威，而是由仲裁庭对基于国家安全需要的必要措施做出评判。在中柬双边投资保护协定中也有对国家安全和公共秩序例外的限制，即有关措施是必需的、公开的，而且不是伪装起来的对投资的限制。重要的是，以上限制也明确要求不能是自我判断的[11]。

1998 年中国新西兰双边投资保护协定里，为了满足劳工法承担的国际义务而对国民待遇和最惠国待遇规定了例外条款[12]。这个协定也允许缔约国采取措施

---

[1] 中德双边投资保护协定 2.3。
[2] 中国圭亚那双边投资保护协定 2.2，中德双边投资保护协定 4.1。
[3] 中国埃及双边投资保护协定 2.2，中泰双边投资保护协定 3.2。
[4] 中国智利双边投资保护协定 3.1，中国爱沙尼亚双边投资保护协定 3.1。
[5] 中国印尼双边投资保护协定 2.2。
[6] 中菲双边投资保护协定 3.2。
[7] 中菲双边投资保护协定 3.2。
[8] 中比卢双边投资保护协定 3.2。
[9] 中比卢双边投资保护协定议定书第 7 条。
[10] 中菲双边投资保护协定 1.b。
[11] 中柬双边投资保护协定 12.1。
[12] 中国新西兰双边投资保护协定 5.1.b，中国新加坡双边投资保护协定 5.1.b 也提到社会领域的国际协议。

保护公共健康，防止动植物疫病和害虫[1]。1988年中日协定规定的公共秩序、国家安全、国家经济健康发展的例外非常广泛[2]，但是这些例外也不是自我判断的。2004年与瑞典的协定在规定了投资方权利之外，还附加规定本条约任何内容不能减少外资根据国家或者国际法所享有的权利[3]。以上例外在中国所签订的双边投资保护协定中并不普遍，例如在2008年中国墨西哥双边投资保护协定中就完全没有提到。

在中国的双边投资保护协定当中，征用只能在为了社会与公众利益，根据国内法律，在无差别的基础上，且有补偿的条件下才被允许[4]。2005年中国和比利时卢森堡签订的协定规定，只能为了安全和公众利益的必要性才能允许征用[5]，这就必须迈过国际习惯法当中对必要性定义的很高的门槛。其他双边投资保护协定规定只有在为了国家安全和公众利益，而且无差别，合乎国内法律，并给予投资者补偿的前提下才能允许征用[6]。1985年中丹协定规定征用必须合乎东道国的“国内需要”[7]。

少数几个协定提到了间接征用，使用的语言是“任何与征用具有相似效果的措施”[8]。一些中国双边投资保护协定中直接使用间接征用这个术语[9]。虽然使用了不同术语，但都规定补偿应该等于在征用之前的资产价值，能够兑换成投资者本国货币，而且不得拖延[10]。2001年和约旦的双边投资保护协定将拖延定义为无论任何情况下不得超过两个月[11]。这个协定还规定，由于公布了未来的征用而导致资产价值降低的部分，不得计算在估价范围之内[12]，就是说这类贬值应被视为正常商务盈亏的一部分。1998年与澳大利亚双边投资保护协定规定使用“市场”价值[13]，而1994年与智利的双边投资保护协定规定“真实的”价值[14]。和印

[1] 中国新西兰双边投资保护协定第11条和中国新加坡双边投资保护协定第11条。

[2] 中日双边投资保护协定第3议定书。

[3] 中国瑞典双边投资保护协定7。

[4] 中国阿尔巴尼亚双边投资保护协定4.1，中国格鲁吉亚双边投资保护协定4.1。

[5] 中国比利时卢森堡双边投资保护协定4.1。

[6] 中国加纳双边投资保护协定4.1。

[7] 中丹双边投资保护协定4.1，还有中国印尼双边投资保护协定6.1。

[8] 中国阿根廷双边投资保护协定4.1，中国象牙海岸双边投资保护协定4.1。

[9] 中德双边投资保护协定4.2。

[10] 中国阿尔巴尼亚双边投资保护协定4.2，中国埃及双边投资保护协定4.2。

[11] 中国约旦双边投资保护协定1.4。

[12] 中国约旦双边投资保护协定5.2。

[13] 中澳双边投资保护协定3.2。

[14] 中国智利双边投资保护协定4.2，中英双边投资保护协定5.1。

尼的双边投资保护协定很奇怪地提到补偿不但要使用可兑换货币，而且要“有效和可靠”[1]。中国阿根廷 1992 年协定规定补偿应该让投资者的财务状况回到假设征用没有发生的状况[2]。在几个中国双边投资保护协定中，征用获得补偿的权利，明确地包括股权投资，反映此类投资在像新加坡这样新兴市场小国里，在中国对外投资中所占的重要性[3]。2007 年中韩双边投资保护协定规定补偿的数额，部分评价标准要看已经汇回母国的资本数额[4]，可能暗示可以考虑合理利润水平的概念，超过这个合理利润水平，投资者就不应该获得全额补偿了。

由于战争，国内动荡或者其他敌对行动给外资造成的损失，补偿的数额通常和国内投资者获得的补偿相当[5]。这基本等同于在完全安全与保护方面，给予外资相对的国民待遇，尽管中国的条约中从来不这样说。在一些条约中，此类保护的规定是适用最惠国待遇和国民待遇标准里较高的那个标准[6]。对损害的赔偿一般不包括在战争行动中或者因“形势需要”而损失的财产[7]，这个限定对于长期陷入武装冲突的国家非常重要。外国投资者一般有权要求东道国司法或行政当局审查对赔偿的决定[8]。

有一些双边投资保护协定承诺帮助依照东道国法律法规，以投资活动为目的，进入东道国的外国劳工获得签证[9]。这反映了小投资者获得某些国家包括中国签证的困难。一些中国双边投资保护协定规定外方可以雇佣任何国籍的“关键技术和管理人员”[10]。这个条款不但能为从母国到东道国的关键性的技术转让提供方便，而且又有利于保留中国日益减少的劳动力成本的优势。为此目的，2003 年中国圭亚那双边投资保护协定中外国投资者承诺“尽最大努力促进当地人员的培训和转移技能”[11]。

中国的双边投资保护协定中承诺自由货币兑换。在何种基金可以被包括在自

---

[1] 中国印尼双边投资保护协定 6.1。
[2] 中国阿根廷双边投资保护协定 4.2，中日双边投资保护协定 5.3。
[3] 中国新加坡双边投资保护协定 6.3，中泰双边投资保护协定 5.2。
[4] 中韩双边投资保护协定 5.3，中国哥伦比亚双边投资保护协定 4.2.b。
[5] 中国阿尔巴尼亚双边投资保护协定 4.3。
[6] 中荷双边投资保护协定 6。
[7] 中国象牙海岸双边投资保护协定 5.2.b，中国约旦双边投资保护协定 6.2.b。
[8] 中国波黑双边投资保护协定 4.3。
[9] 中国阿尔巴尼亚双边投资保护协定 2.2，中国博茨瓦纳双边投资保护协定 2.4。
[10] 中澳双边投资保护协定 4.2，中国约旦双边投资保护协定 2.3（人员的直系亲属也允许入境和停留）。
[11] 中国圭亚那双边投资保护协定 2.4。

由换汇承诺的清单里，通常包括投资的利润汇回[1]。虽然自由换汇的数额上限极少在协定里具体列出，但是一般规定是数额必须合乎东道国的法律[2]或者政策[3]，应该指的是税法和破产法。2005 年和比利时的协定规定在汇回利润之前首先要付清常规的税费[4]。一般使用国际货币基金组织的归类来定义什么是自由可兑换货币[5]，但有些协定使用了缔约国中央银行的官方汇率表[6]。有些双边投资保护协定规定货币兑换的待遇至少不低于任何其他国家投资的货币兑换待遇[7]。1994 年与智利的双边投资保护协定规定自由划拨利润的承诺不应该有损于缔约国在国际货币基金组织所承担的义务[8]。这个协定进一步规定，外资在进入东道国一年之后才开始有资格汇回利润[9]，这样就能保证发展中东道国能够从外资中获益。1985 年中泰双边投资保护协定要求大额汇款应分期进行[10]。2008 年中柬双边投资保护协定允许缔约国对金融服务行业采取谨慎措施[11]。

1992 年中国阿根廷双边投资保护协定的保护伞条款不加任何限制[12]。2008 年中国新西兰自由贸易协定有类似要求，要求在内容上和程序上兑现所有一般和特殊的承诺[13]。这类条款有时候是和平等与公正待遇承诺一起列出的[14]。而 1988 年中国澳大利亚双边投资保护协定的保护伞条款更为谨慎，要求有关政府部门的书面保证[15]。2005 年与比利时的双边投资保护协定将保护伞条款适用于东道国和投资方之间的“特殊合同”，但是没有明确何谓特殊合同[16]。2002 年与波黑的双边投资保护协定，遵守所有承诺跟最惠国待遇有相同的例外，就是不包括关税同盟和税收协定[17]。2011 年与约旦的协定，保护伞条款包括所有在东道国“获得批

[1] 中国阿尔巴尼亚双边投资保护协定 5。
[2] 中国阿尔巴尼亚双边投资保护协定 5.2，中国智利双边投资保护协定 6.3。
[3] 中国阿根廷双边投资保护协定 6.2。
[4] 中国比利时双边投资保护协定 5.2。
[5] 中澳双边投资保护协定 10.2，中国约旦双边投资保护协定 1.5。
[6] 中国加纳双边投资保护协定 6.1，和中泰议定书 1b 使用中国银行的汇率。
[7] 中国波黑双边投资保护协定 6.4。
[8] 中国智利双边投资保护协定 6.4，中荷议定书附件 9.4。
[9] 中国智利双边投资保护协定 6.5。
[10] 中泰双边投资保护协定 6.2。
[11] 中柬双边投资保护协定 13。
[12] 中国阿根廷双边投资保护协定 3.1，中国象牙海岸双边投资保护协定 10.2。
[13] 中国新西兰自由贸易协定 3.3。
[14] 中国埃及双边投资保护协定 2.2。
[15] 中澳双边投资保护协定 11。
[16] 中国比利时双边投资保护协定 9。
[17] 中国波黑双边投资保护协定 3.4。

准的”投资[1]。

协定一般都规定外资与东道国的争端应该尽可能本着友好的态度解决，反映了中国和睦友好寻找解决方案的传统[2]。在中国较早期的双边投资保护协定中，例如1993年和阿尔巴尼亚的协定规定，如果协商失败，争端应该提交东道国法庭解决[3]。1990年和土耳其的协定规定在诉诸法庭之前，先要进行有法律约束力的第三方调解程序[4]。有一些协定规定东道国法庭管辖所有条约争端[5]，但是同时也提到应该合乎国际法[6]。某些协定中，争端必须先经过协商，协商不成功的话，只有关于补偿数额的争端，才能不经过国内法庭，而直接提交国际仲裁[7]。事实上，如果当地法庭管辖这起争端，那么就不可能诉诸国际仲裁了[8]。在某些较早的双边投资保护协定中，例如1989年和加纳的协定，除了补偿以外的任何争端都没有在协定里规定如何解决。在1992年中菲双边投资保护协定中规定，投资方有权单方面将赔偿数额的争端递交仲裁，但是其他争端是否提交仲裁，需要双方一致同意[9]。在1988年中日双边投资保护协定中也有类似条款，而且指定国际投资争端解决中心作为赔偿数额的仲裁机构[10]。

在后来的双边投资保护协定中，特别是和发展中国家签订的双边投资保护协定，外方有权将所有类型的争端提交国内法庭或者国际仲裁[11]。中国经常明确要求只有在争端从国内法庭撤回之后，才能递交仲裁[12]。通常要求由国际投资争端解决中心或者指定的特设仲裁庭来进行仲裁，而且必须先走完所有的行政补偿手段（但是不要求必须走国内司法程序）[13]。在某些双边投资保护协定中，赔偿以外的争端可以不用经过国内法庭，直接提交仲裁，但是只能是特定的仲裁机构，

---

[1] 中国约旦双边投资保护协定9.2。

[2] 中国阿尔巴尼亚双边投资保护协定8.1，中国玻利维亚双边投资保护协定8.1。

[3] 中国阿尔巴尼亚双边投资保护协定8.2，中国玻利维亚双边投资保护协定8.2，中国阿尔巴尼亚双边投资保护协定8.1，中国玻利维亚双边投资保护协定8.1。

[4] 中国土耳其双边投资保护协定7.a。

[5] 中比卢双边投资保护协定10.2。

[6] 中国象牙海岸双边投资保护协定9.4。

[7] 中国阿尔巴尼亚双边投资保护协定8.3，中国柬埔寨双边投资保护协定9.3。

[8] 中国阿尔巴尼亚双边投资保护协定8.3，中国柬埔寨双边投资保护协定8.3。

[9] 中菲双边投资保护协定10.2.b，中秘双边投资保护协定8.3。把仲裁范围局限于估计赔偿的数量，是Ekran Berhad一案的争议核心，这个案子根据拥有类似条款（7.4条）的中国马来西亚协定指控中国。

[10] 中日双边投资保护协定11.2。

[11] 中国波黑双边投资保护协定8.2中国际投资争端解决中心被指定为仲裁机构。

[12] 中荷双边投资保护协定10.2中荷兰允许任何时候提出针对自己的仲裁。

[13] 中国博茨瓦纳双边投资保护协定9.3，中国圭亚那双边投资保护协定9.4.a。

不能是国际投资争端解决中心[1]。2008 年《中国新西兰自由贸易协定》有一些非常新颖的争端解决条款，和最近的美国投资协定相似，比如争端解决机制启动前的预先程序，公开性，合并诉讼的条款和条约解释权。令人鼓舞的是，这个协定要求国家机构公开除了双方提交仲裁时约定的保密信息之外的所有仲裁文件[2]。中国最近和韩国日本签订的双边投资保护协定明确声明，最惠国待遇不适用于争端解决条款[3]，因为双方认识到若最惠国待遇如此延伸，很容易导致不必要的诉讼。

赔偿案仲裁庭的组成程序在所有中国双边投资保护协定中也有规定，如果无法及时任命仲裁员的话，一般请国际投资争端解决中心的秘书长指定[4]，也有些协定提到了斯德哥尔摩商会[5]。仲裁庭一般可以自行决定仲裁采用何种程序，作为一般指导原则，都可以采用国际投资争端解决中心规则[6]，有时候也可以用联合国国际贸易法委员会规则[7]。在进行仲裁之前，有些协定要求先穷尽当地的补救方式，例如国内调解[8]。仲裁结果不可上诉[9]，缔约国承诺执行判决。但是条约对于执行裁定的资产如果在第三国的情况如何执行，没有明确规定，因为大多数国家都是纽约公约的签字国。仲裁使用东道国法律和国际法的规定[10]，而且双方必须接受这些法律[11]。1992 年中国阿根廷双边投资保护协定当中，有两个不同的争议解决条款，一条是如果争端当中被告方是中国，那么只有赔偿问题可以提交国际仲裁，另一条是如果被告方是阿根廷，那么任何问题都可以提交国际仲裁[12]。当然，在谢业深案后，以上“只有赔偿可以仲裁”条款在多大程度上能够得到执行，还是一个疑问。1988 年中澳双边投资保护协定规定如果两国都成为

---

[1] 中国智利双边投资保护协定 9.3，中国玻利维亚双边投资保护协定 8.4（尽管可以咨询国际投资争端解决中心来指定仲裁员）。

[2] 中国新西兰自由贸易协定第 157 条。

[3] 4.3。

[4] 中国阿尔巴尼亚双边投资保护协定 8.4 和中国格鲁吉亚双边投资保护协定 8.4 中提出如果缔约方在四个月内没能选好所有的仲裁员，国际投资争端解决中心秘书长可以受邀进行指定。

[5] 中比卢双边投资保护协定 8.5，中国加纳双边投资保护协定 10.3。

[6] 中国阿尔巴尼亚双边投资保护协定 8.5，中国加纳双边投资保护协定 10.3。

[7] 中国阿根廷双边投资保护协定 8.5。

[8] 中国圭亚那双边投资保护协定 9.4 和中俄条约议定书第 3 条当中，中国也承诺当地手续不超过 90 天（译自俄文）。

[9] 中国阿尔巴尼亚双边投资保护协定 8.6。

[10] 中国阿尔巴尼亚双边投资保护协定 8.7，中国比利时/卢森堡双边投资保护协定 6.5。

[11] 中秘双边投资保护协定 8.4。

[12] 中国阿根廷双边投资保护协定 8.3。

《解决国家与他国国民投资争端公约》签字国以后，赔偿数量的争端可以提交国际投资争端解决中心仲裁[1]。

协定双方的争端应该尽量用友好协商的方式解决[2]。一些协定完全没有规定国家间的争端怎样解决的条款[3]。大多数协定规定如果协商失败，可以将争端诉诸未事先指定的仲裁庭，而如果双方不能就仲裁员的任命达成一致的话，国际法庭可以协助指定[4]。仲裁庭的法律依据一般是本条约或者双方承认的国际法原则[5]。有些中国的双边投资保护协定还有专门关于两国公民之间争端的条款，规定外国投资方在对东道国公民的争端中，有权获得国内司法或行政的公正判决[6]，或者外方有权选择国内司法或行政判决，或第三国的国际仲裁[7]。

有些双边投资保护协定规定缔约国应定期举行会晤以复核协定，交换有关投资机会的信息和关于未来促进投资的建议。1988 年中日双边投资保护协定要求为此目的成立联合委员会[8]。2001 年中国约旦双边投资保护协定声称双方应通知对方本国的投资机会[9]。类似地，1988 年中国新西兰双边投资保护协定声明双方应尽可能交换投资信息[10]。

中国的外国直接投资法规概览

中国一直鼓励对外直接投资，特别是在科技研发、生产和营销、能源领域的直接投资。从 2009 年 5 月 1 日起，商业部将对外直接投资项目审批权下放给各省市自治区的商业厅。依照政府规定，为了对外直接投资的需要，换汇不受限制[11]。在中国放开对外投资审批的同时，中国也希望外来投资的母国也相应提高效率。中国对外对内投资的法律都在自由化，这反映了这样一个现实，中国不仅

---

[1] 中澳双边投资保护协定 12.4。
[2] 中国阿尔巴尼亚双边投资保护协定 7.1，中国克罗地亚双边投资保护协定 7。
[3] 中国印尼双边投资保护协定 10。
[4] 中国阿尔巴尼亚双边投资保护协定 7.4。
[5] 中国埃及双边投资保护协定 8.5。
[6] 中澳双边投资保护协定 5.a。
[7] 中澳双边投资保护协定 5.b。
[8] 中日双边投资保护协定 14。
[9] 中国约旦双边投资保护协定 2.2。
[10] 中国新西兰双边投资保护协定 3.4。
[11] 中国：世界贸易组织贸易政策回顾，WT/TPR/S/230（2010）。

是外国企业用来获得低廉制造业成本的投资目的地，同时也是整个亚洲乃至全世界资本的重要来源国。

中国政府为履行《服务贸易总协定》的义务，放松了很多对服务业外来投资的管制，尤其在电信和旅游行业[1]。在一些服务行业，中央政府还把建立外资企业的审批权下放给地方政府[2]。而那些仍然保留在中央政府手中的关于投资的权力，也变得越来越公开，政府行为的可预测性大大提高，这体现了中国对于吸引外资政策的持续性[3]。中国法律明确规定了哪些行业对外资是禁止、限制、允许和鼓励的。这种分类的重要性，不仅在于它决定哪些行业允许外资进入，而且在于公告了允许外资参与的程度，和哪个部门有权审批投资项目。那些限制外资的行业仍然有很多审批程序，而且投资只能采取合资企业的形式[4]。中国某些行业长久以来的复杂性，使中国目前想先把自身服务行业的结构和管理关系理顺，然后再对外开放。对内对外投资管理方式改进，预示了中国经济迈向更为市场化的方向，在市场经济当中，投资的风险由投资者自己承担，而不是由政府承担。

国内投资管理环境的改善，很大程度上反映中国对国际投资承担了越来越多的义务。中国在 2000 年之后签订的双边投资保护协定比之前的协定对外资的保护更强。中国最近的双边投资保护协定为外资提供更强的保护，以防止政府对外企商业活动有害的干扰。这些变化反映了国家对外经济政策的根本变化[5]。中国双边投资保护协定中对投资方的保护条款，尤其是对“征用”的广泛定义，还有保证“快速、足够、有效补偿”的承诺，反映中国政府希望限制发展中国家政府利用这些政策手段来管制中国的投资，而这些政策手段，正是中国本身过去经常用来辅助建立本国工业的[6]。强硬的投资保护协定，反映了中国作为资本输出国的地位，相应地希望运用这些保护措施为本国跨国企业服务[7]。学者有时候将这个趋势称作“美国化”[8]。中国过去的协定有一个基本假设，就是在计划经济

---

❶ 中国：世界贸易组织贸易政策回顾，WT/TPR/S/230（2010）。

❷ 同注❶。

❸ M Sweeney.在印度和中国的外国直接投资：在全球化经济中创造平衡的体制.康奈尔国际法杂志，2010, 43:207.

❹ 同注❸，221～222 页。

❺ S Schill.推倒长城：中国的新一代投资条约.卡多佐国际法和比较法学杂志，2008,11:76.

❻ U Ewelukwa.非洲-南方贸易与投资合作：责任与合法性的考虑. 非洲国际经济法联络会议，2015-5-16.

❼ M Sornarajah.印度、中国和外国投资.//M Sornarajah, J Wang.中国、印度和国际经济秩序.剑桥：剑桥大学出版社，2010.

❽ C Congyan.中美双边投资协定谈判和投资条约体系的未来：影响多边谈判的双边谈判.国际经济法杂志，2009,12:457.

下，中国的企业需要承担比市场经济下的外企承担更多的责任，因此为外企提供国民待遇是不公平的。而国企也无法与外企竞争。既然 20 世纪 90 年代中期之前，中国对外直接投资规模极小，中国也没有必要签署开放的投资协定来保护本国对外投资❶。

因为现在越来越多的争端将被提交国际仲裁，也越来越需要对诸如国民待遇、最惠国待遇、平等和公正待遇等条款进行解释。这个过程可能会很复杂并充满争议❷。中国除了本身可能成为外资诉讼的对象以外，中国跨国公司现在可以而且可能更加愿意对其他国家的违约行为发起诉讼，就像谢业深案那样。以前发达国家作为投资者的母国，寻求中国投资违约行为的赔偿，而现在发达国家越来越可能成为诉讼的对象。因为以上这些趋势，中国改变了 21 世纪签署双边投资保护协定行为的模式，与其说出于吸引外资的需要，不如说更多考虑的是保护本国跨国企业的需要。可以进一步猜测，中国正利用外国投资者对中国司法系统对外资保护不足的担心，在新时代的投资保护协定谈判中，为最大限度地保护本国对外投资，寻求最佳的条件。

有人认为中国的双边投资保护协定没有影响中国对外投资的方向和数量。这可能是因为双边投资保护协定主要用来吸引来自西方国家的投资，而不是促进中国企业的对外投资❸。也有可能，中国企业根本就没有意识到这些国际协定存在的和潜在的好处❹。中国投资管理，尤其是以前对广泛国际仲裁的抗拒态度，还受另外一个因素的影响：中国缺乏成熟的法治文化，更青睐建立在互相信任基础上的关系，用协商的方式解决冲突，而不是敌对的程序❺。

按照世界银行的报告，中国在金砖国家当中的营商环境最好，而在 183 个国家中排名 91 说明还有很多改进余地❻。中国在全球竞争力报告指数里居于 143 个国家的第 26 位，在金砖国家中最高。中国在法律对投资的商务影响指数上排

---

❶ M Sornarajah.印度、中国和外国投资.//M Sornarajah, J Wang.中国、印度和国际经济秩序.剑桥：剑桥大学出版社，2010:461.

❷ J Xiao.二十一世纪的中国双边投资协定.//J Chaisse, P Gugler.亚洲贸易和直接投资的扩张.纽约：劳特利奇出版社，2009.

❸ P Buckley，J Clegg, A Cross, et al.解释中国对外直接投资：制度观点.//K Sauvant.新兴市场国家跨国公司的上升.切尔滕纳姆：爱德华 · 埃尔加出版社，2008:133.

❹ 同注❸，138 页。

❺ 中国东盟争端解决机制协议包括广泛的争端解决机制，模仿世界贸易组织，显示中国愿意向有明确规则的系统提交争议。见 L Hsu《中国、印度和世界贸易组织与区域自由贸易的争端解决》（节选自剑桥大学出版社 2010 年出版的由 M Sornarajah 和 J Wang 编著的《中国、印度和国际经济秩序》一书）。

❻ http://www.doingbusiness.org/rankings.

全球第22位，远高于世界平均值，在金砖国家中遥遥领先❶。

中国跨国企业对可持续发展原则的接受程度，也会影响中国作为资本输出国的成功度，尤其是对发达国家的资本输出。有一些中国跨国公司，尤其是一些国有企业，为了改善国际形象，已经开始表现出愿意接受国际公认的公司社会公益责任原则❷。为了控制与中国的迅速发展伴生的污染问题，中国政府把国内贷款和环境的可持续性挂钩。

中国政府还与国际金融机构密切合作，特别是与世界银行的国际金融公司（IFC）合作，增强中国金融机构管理环境风险和社会风险的能力。虽然这些政策才刚刚开始，但已经获得了可观的效果❸。和国际金融公司一样，中国发展银行（CDB）也秉持了对社会发展负责的贷款政策❹。中国发展银行在鼓励中国企业进行对社会和环境有益的投资中起到了关键作用❺。中国政府要求所有外资项目不得违反中国法律，不得损害公众利益，关键是也不得违反国际法❻。同样，中国政府敦促对外投资项目遵守所在国的法律和国际法，而且不得损害东道国的国家主权、安全和公众利益❼。很明显，中国政府支持符合公司社会公益责任的行为，并且寻求海外投资的可持续发展❽。中国在国际条约中支持以上原则的立场，受到国际社会广泛赞扬❾。中国企业经常被指责在公司管理方面有问题，而且不顾小股东的利益❿。像其他金砖国家的跨国公司一样，中国海外企业也需要认真努力改善国际形象。

---

❶ 2011—2012年全球竞争力报告6.12。

❷ W Wolfe, A Evans.中国的能源投资与公司社会公益责任义务.国际法和国际关系杂志，2011,6:83.

❸ K Herbertson.一边赶上一边引领？中国海外投资的标准逐渐浮现.可持续发展法律和政策，2011,11:22.

❹ http://www.cdb.com.cn/english.

❺ S Wang.中国新的五年计划要解决什么问题？. BBC新闻，2011-3-3.

❻ J Nie在《中国在世界金融中更高的地位》（节选自纽约劳特利奇出版社2009年出版的由J Chaisse和P Gugler编著的《亚洲贸易和直接投资的扩张》第104页提到2004年SDRC措施第18条）。

❼ 同注❻第109页，提到EFTC第6条。

❽ 参见《经济合作与发展组织投资政策评论——中国：鼓励负责任的商业行为》（巴黎，2008）第9页。

❾ C Congyon.中美双边投资协定谈判和投资条约体系的未来：影响多边谈判的双边谈判.国际经济法杂志，2009,12:485.

❿ A Goldstein在《谁会害怕新兴市场国家的跨国公司？发展中国家是否在全球辩论中遗忘了什么？》（节选自K Sauvant编著的《新兴市场国家跨国公司的兴起》，切尔滕纳姆：爱德华·埃尔加出版社2008年出版）中明显提到中海油试图购并美国Chevron公司一案。

本章小结：中国对服务业外国直接投资多边协定的接受度

如果中国继续向更开放的市场经济迈进，想在关键的服务行业继续开放政策的话，应该能够接受服务业的多边投资保护协定。中国对《服务贸易总协定》所承担的义务对中国加入这个协定大有帮助。中国最近的双边投资保护协定体系大有进步，强有力地保护了投资者的利益而且允许进行投资者-东道国争端仲裁的范围非常广泛。未来对于中国来说，还不能很快保证为外资提供建立前的国民待遇。要想保证中国加入全球服务业投资保护协定，关键的两个条件是保留国家安全例外条款和中国对投资者与东道国间纠纷仲裁的接受态度。

第6章

《服务业多边投资协定》：管辖范围与法定义务

简介：国际直接投资管理的多边机制

本书第一部分描述了金砖国家服务业对外直接投资和吸引外资的基本趋势。一般来说这些新兴市场国家服务业无论是对发展中国家还是发达国家的投资都增长很快，而且有持续增长的势头。这种全球经济权利的转移，很大程度上得益于金砖国家的国际化战略——国内支持本国企业外国投资的法律变化，还有签署一系列双边和多边投资条约。正如第 1 章里指出的，这个过程使得全球服务业直接投资流向更趋均衡，导致国际投资法律的目标也更为一致。当金砖四国等新兴市场国家开放外资政策的时候，国内企业面临外资的竞争，需要向海外市场扩张。这些公司将寻求双边投资协定的保护，而这些协定原本是为了吸引外资而制定的。

金砖国家还保留了很多对服务业跨国投资的限制，其实那些服务业占经济更大比重的发达国家也是一样。因此，如果有一个全球条约建立起投资保护方面的惯例，再加上全球开放，将会导致更多的国际直接投资。这就是本书第二部分的主要目的，勾勒出一个服务业直接投资多边条约的主要内容。我们将在这一部分中描述这个条约的主要特点。本书不会把条约内容全文拟定出来。本章概述条约的主要义务。第 7 章叙述例外条款，以满足可持续性和公众利益方面的需要。第 8 章将探索这个条约的争端解决机制。在开始勾画拟议中的服务业全球投资协定主要义务之前，先简要总结一下多边主义的好处。以下讨论并不想做得非常广泛，只是从本书第一部分观察到的趋势和不足出发，作为后面仔细分析条约内容的一个背景。

尽管多边投资保护条约并不在国际法律界的议事日程上，但以金砖四国为首的新兴市场国家的兴起，会在这些国家之内引起对全球投资协定的兴趣。这样一个条约可以补充现存的各种世界经济制度安排，包括贸易方面世界贸易组织的《关税与贸易总协定》和《服务贸易总协定》、货币方面的国际货币基金组织和投资者东道国争端解决程序方面的国际投资争端解决中心规则❶。以上规则互相关联，可是投资方面规则的缺失却非常显眼。旨在推动开放，加强投资者保护的这样一个条约，随着很多发展中国家，尤其是金砖四国和其他新兴市场国家的经济增长，可行性会越来越高。当国家经济增长之后，他们会更加愿意对服务行业以商业存在提供服务的方式，也就是直接投资进行自由化改革❷。其实发达国家对《服务贸易总协定》下第 3 种贸易方式的开放度大于其他方式，体现了发达国家愿意为自己的跨国公司提供机会❸。同样，投资者保护传统上是资本输出国的利益所在，而越来越多的发展中国家也成了资本输出国。同时，世界上大多数国家都寻求吸引外资促进经济稳定迅速发展。

很多学者倡导制定一个多边投资条约来促进市场开放和经济一体化❹。这有几个原因。

第一，多边主义国际关系的根源是互惠，不像双边主义来源于互相讨价还价的对抗，容易导致权利和义务不对称。双边主义强调国家主权和国家利益至上，而多边主义扩大国际社会的范围，强调各国平等和无差别的基本原则❺。因为可持续发展等原则的普适性深入人心，而且人们意识到商业行为的单边主义经常导致负面的全球经济效应（例如经济衰退）和其他效应（例如军事冲突），因此国际社会大家庭这个概念越来越深入人心。

第二，多边主义经济效益更高。双边投资保护协定被谑称为一碗面条，经常导致投资者遵守法律的成本增高，和不同条约相互冲突导致福利减少❻。而多边条约的清晰规定可以消除或者减少市场和政策扭曲，提高世界 GDP 产出❼。当各国争相吸引投资的时候，一个投资决策地做出，就意味着另一个国家机会的丧失。经典经济学原理告诉我们，通过法规的协调一致可以取消规则竞争，那么竞争就不会基于政策扭曲，而单纯基于自然的竞争优势。这将导致各国在原材料和

---

❶ K Sauvant.新兴市场跨国公司的兴起：问题.//K Sauvant.新兴市场国家跨国公司的兴起.切尔滕纳姆：Edward Elgar 出版社，2008.

❷ P Egger, R Lanz.《服务贸易总协定》义务范围的决定因素.世界经济，2008,31:12.

❸ B Hoeckman, A Mattoo.法规合作，贸易援助和《服务贸易总协定》.世界银行研究报告系列 4451，2007.

❹ D Collins.世界贸易组织在国际投资法中的新角色：后新自由主义时代的公众利益.康涅狄格国际法杂志，2010,25:1.

❺ S Schill.国际投资法中的多边主义.剑桥：剑桥大学出版社，2009.

❻ J Menon.解决亚洲的面条碗效应：合并、多边化、和谐，还是稀释.//J Chaisse, P Gugler.亚洲贸易和直接投资的扩张.纽约：Routledge 出版社，2009.

❼ C Lo.重新将投资提上世界贸易组织日程的条件和方法.//J Chaisse, P Gugler.亚洲贸易和直接投资的扩张.纽约：Routledge 出版社，2009.

劳动力方面的竞争，正如厂商利用价格来争取消费者一样，于是各国专业化程度提高。而区域性的法规呢，和双边主义类似，也有投资者遵守法规成本提高的问题，因为每个区域内的国家和区域外的国家都有复杂的双边条约体系，经常这些双边条约还是重复的。亚洲这个问题更突出，因为亚洲有太多的区域性贸易和投资协定❶。这些低效率的协定最终使消费者利益受到损害。一个多边的投资协定可以降低守法所需的行政成本，它的优点和经济开放跟全球化一样，即投资者利润更高和消费者价格更低。有时候低效率的服务厂商进入市场，仅仅是因为它们能够享受优惠的双边或者多边条约，这种降低效率的投资转移效应将消失，在任何国家都被最有效率的厂商所取代❷。

尽管区域主义看起来更加切实可行，但并非多边条约的合适替代品。金砖国家作为强大的新兴经济体，有实力将自己置于由较弱的发展中国家组成的双边条约网络的中心地位。当边缘国家之间的经济关系没有开放的时候，将对外国投资者形成多重歧视，情况会更糟糕❸。结果就是直接投资的效率低下。渐进的区域主义还有一个问题就是如果小规模谈判当中有个别国家外交关系紧张，比如印度和巴基斯坦，就更难达成协议。而多边谈判可以缓解个别国家之间实力不均衡的问题。各国发展水平渐趋均衡意味着各国平等协商。当然，不能夸大发达国家和金砖国家之间经济实力差距缩小的趋势，同时也不应忽视新兴市场国家和大多数发展中国家之间的巨大差距。

第三，联合的投资开放运动还可以缓解对寻求从衰退中恢复的那些国家保护主义的担心。因为包括美国、日本、加拿大在内的一些发达国家在全球金融危机之后都加强了对境内外国投资的监管。

第四，全球性的条约对投资法律会有更为前后一致的解读。仲裁过程对各种国际条约的语言进行准司法解释，就创造了国际投资法律。因此，由仲裁员遵循相同的程序规则，对使用相同的用语的统一条约做出解释，这样特定行业全球统一的法规能够获得更高的一致性和可执行性，效果优于由不同的评判员对一堆不同条约做出司法解释。

最后，因为有证据表明，双边投资保护协议并没有实际上增加国际直接投资

❶ J Wang.中国和印度在亚洲区域化当中的角色.//M Sornarajah, J Wang.中国、印度和国际经济秩序.剑桥：剑桥大学出版社，2010.

❷ S Rose-Ackerman.全球双边投资条约体系和投资国内环境.//K Sauvant, L Sachs.条约对外国直接投资的影响.牛津：牛津大学出版社，2009.

❸ 同注❷，360页。

的流量，而双边条约网络却能增加政府谈判和企业遵从法律的交易成本，这是令人忧虑的[1]。双边条约经常被认为具有“示信”功能，而单一的多边法规照样可以达到这个效果。这样一个法规可以显示缔约各方会遵守一样的规则，追求同样的促进直接投资和可持续发展的目标，是国际社会的一个负责任的成员。

经济合作与发展组织的多边投资保护协定（MAI）失败了，但这个失败不应视为对全球服务业投资协定缺乏共识的证据。有很多文章分析过经济合作与发展组织的多边投资保护协定失败的原因，主要是缺乏发展中国家的参与，而且非政府组织施加压力，要求写入环境和劳动保护条款[2]。更为根本的原因是，20 世纪末意识形态的冲突，对国家在经济发展中的角色有分歧，因此投资方面的多边主义并不成功。传统上的资本输出国遵循市场至上的原则，寻求限制国家的权力，而资本输入国则强调应该由国家主权来规划经济发展。新独立的国家更感兴趣的，不是促进私人资本积累，而是维护国家经济独立[3]。阿拉伯世界的政治发展可能会延长这种国家认同的时间，但是这些阿拉伯国家也可能会将外国资本视为获得经济稳定的手段。很多新兴经济体到现在已经获得独立很多年了，尤其是独联体国家，他们急于通过国际直接投资和私有化运动来发展经济。在经济合作与发展组织的多边投资保护协定谈判过程中，大多数富有的经济合作与发展组织国家的立场反映了他们资本输出国的地位，而新兴市场国家当时仍将自己视为资本输入的东道国。

现存的双边投资保护协定体系已经为资本提供了很强的保护，那么新的多边条约应该为外国投资者提供的保护，至少应该强于现存双边投资保护协议体系所能提供的水平。目前各种双边投资保护协议主要管理从资本输出国到输入国的单向流动，而有些资本输出国并不愿意向外资开放自己的敏感行业，比如金融服务和电信业。双边协定允许这些国家只选择保护几个特定的行业，换取对方缔约国对本国投资的全面保障。在多边协议环境下，这种做法是不可能的[4]。金砖国家跨国公司的兴起表明了，全球条约打开国外市场的好处，超过了外国企业所带来

[1] M Hallward-Driemeier.双边投资条约吸引外国直接投资吗？…只有 BIT 而且会有副作用//K Sauvant，L Sachs. 条约对外国直接投资的影响. 牛津：牛津大学出版社，2009. E Aisbett.双边投资条约与国外直接投资：相关抑或因果//K Sauvant, L Sachs.条约对外国直接投资的影响.牛津：牛津大学出版社，2009.

[2] M Sornarajah.外国投资的国际法.第 3 版.剑桥：剑桥大学出版社，2010.A Amarasinha, J Kokott.多边投资规则.//P Muchlinski, F Ortino, C Schreuer.牛津国际投资法手册.牛津：牛津大学出版社，2008.

[3] S Schill.国际投资法中的多边主义.剑桥：剑桥大学出版社，2009:370.

[4] S Rose-Ackerman.全球双边投资条约体系和投资国内环境.//K Sauvant, L Sachs. 条约对外国直接投资的影响.牛津：牛津大学出版社，2009.

的竞争压力。21世纪的现实是，金砖国家和发达国家投资者之间权力更为平衡。除非条约允许小国拥有更多的例外，降低参与的风险，否则小国可能会选择暂时不加入多边框架。在拟议中的统一协定里，规定比较有灵活性的争端解决机制，有助于降低这些国家所面临的风险。

尽管金砖国家在对待直接投资的态度上有很多共性，但是到目前为止，他们对多边法律框架一直是持怀疑态度的。印度和巴西在20世纪80年代早期反对在《关税与贸易总协定》中引入投资规定[❶]，部分原因是担心资本外逃，而东道国过于依赖外国资本，出现资本外逃的时候，国内经济无法应对。20世纪90年代失败的经济合作与发展组织的多边投资保护协定谈判将发展中国家排除在外，本书所提议的多边投资协定则不同，将充分考虑这些国家的担心，这些担心包括公共政策例外的需要、技术转让条款和发展中国家特别待遇。因为过去投资多边主义不成功，主要源于谈判的失败而并非是对统一规则所带来的经济利益无动于衷[❷]，今后如果能在谈判过程当中，考虑更多弱势国家的利益，将能够解决以上问题。本书不讨论谈判方式问题，而集中讨论条约内容。和经济合作与发展组织的多边投资保护协定不同，一部成功的投资多边条约，应该充分考虑新兴经济体国家的需要。

本书并不讨论多边投资条约谈判中所需的制度环境。有些学者认为，目前缺乏一个拥有资源、知识和管理结构的全球性的投资组织，这个缺失不利于未来国际投资法律的发展。为了应对世界投资环境的挑战，例如2008—2009年金融危机之后直接投资额的下降，国际投资法律体系需要一个稳定、灵活的多边国际组织[❸]。一个多边投资组织的建立，有助于各国接受统一条约，并对条约执行进行有效的管理和监督，并随时根据需要修改条约。世界贸易组织是承担这些责任的一个理想的候选人，因为几乎所有国家都是世界贸易组织成员国[❹]，而且投资者往往也同时是贸易者。服务业也是一样，服务行业投资厂商经常是通过在东道国建立商业存在而提供服务的。

我们应该注意到，国际投资法律的多边化趋势已经开始显露苗头了。世界范

---

❶ J Xiao.二十一世纪的中国双边投资条约.//J Chaisse, P Gugler. 亚洲贸易和直接投资的扩张.纽约：Routledge出版社，2009.

❷ S Schill.国际投资法中的多边主义.剑桥：剑桥大学出版社，2009.

❸ J Salacuse.投资条约法律.牛津：牛津大学出版社，2010.

❹ D Collins.世界贸易组织在国际投资法中的新角色：后新自由主义时代的公众利益.康涅狄格国际法杂志，2010,25:1.

围内各种双边协定所提供的投资保护越来越有共性。重要原因是 20 世纪中期主要资本输出国家制定了不少示范协定，后来又被其他国家大量采用。也有可能，条款的趋同反映了各国建立统一的规则管理国际直接投资的意愿。高度兼容的法规可以促进全球竞争，使各国从各自的竞争优势中获益，而市场竞争被各国公认为经济增长和经济发展的强大动力❶，因此各国有理由对统一的法规感到真正的兴趣。而且，在各种协定当中的最惠国待遇本身就是事实上的多边主义❷。因此，世界上已经出现了用多边主义代替双边主义的趋势。

《服务业多边投资协定》(MAIS)

本章和后面的两章将重点讨论服务业多边投资协定。这个拟议中的国际法规从金砖国家处理国家投资的共性出发，试图在吸引和促进国际投资的需要跟保护公众利益的例外需要之间寻求平衡。这个条约将给东道国留出政策空间，兼顾经济的脆弱性和国家安全需要，对发达国家和发展中国家都有吸引力。《服务业多边投资协定》将兼顾各种经济发展水平的所有国家的需要，致力于容纳尽量多的缔约国，同时达成高度的投资开放。

本书第一部分说明了，新兴市场国家的政策考量和发达国家日益趋同，因此全球化的投资保护条约有了可行性。虽然大多数双边协定主要是规定东道国的义务，但是本书的《服务业多边投资协定》却寻求在保护投资者权益和规定他们的义务方面，尽可能保持平衡。这种做法也符合目前很多双边协定“重新定位”，平衡投资者和东道国各自承担的义务的趋势❸。

本书的《服务业多边投资协定》仅涵盖服务业，不包括制造业和采矿业。本书第一部分提到，服务业在经济总量中所占的比重上升，新兴经济国家的这一趋势尤其明显。但是如果各国不进行进一步的经济开放，效率低下的服务企业获得政治影响并加强他们在国家经济政策中的发言权，那么发展的趋势会停滞。因此国际社会应该将对服务业直接投资的管理看作一项急迫的任务。而且，其他产业

❶ S Schill.国际投资法中的多边主义.剑桥：剑桥大学出版社，2009:365.
J Alvarez.治理国际投资的国际公法.海牙：海牙国际法学院出版社，2011.

❷ 同注❶，95~121 页。

❸ S Spears.新一代国际投资条约中对政策空间的需求.国际经济法杂志，2010,13(4):1075.

的发展也有赖于服务业的发展，正如很多金砖国家服务业企业进行国际化，其实就是为本国的制造业和采矿企业服务的。一个只关注服务业投资的多国协定，比20 世纪 90 年代失败的经济合作与发展组织的多边投资保护协定条约那样广泛涵盖各行业的条约，有更高的成功概率，原因如下。

首先，制造业和采矿业集中了国际直接投资当中大多数最具争议性的话题。这些争议包括矿业和石油业的环境污染，还有制造业工厂和矿山的劳工待遇，这都是在外资和东道国之间最敏感的话题。虽然服务业也不是没有冲突的，但紧张程度没有那么急迫和不可逆转，资本输出国和输入国之间应该更容易就管理原则达成一致，尤其在有关公共政策的例外条款方面。

其次，虽然世界贸易组织成员国在《服务贸易总协定》第三种贸易方式下所承担的国民待遇和市场准入义务各不相同，但是各国都认识到，商业存在和国际直接投资，给各国带来的经济利益，表现在外国资本和就业上，高于其他形式的服务贸易。在采矿和制造业的外资开放政策，在全球所达成的共识，只限于《与贸易有关的投资措施协议》中有限地禁止绩效要求的条款。金砖国家大大放松了外资控股限制和商业实体所能够采取的形式的限制。目前对《服务贸易总协定》第三种服务方式投资的限制，只限于国家安全、文化保护和技术转让方面的考虑。东道国对这些问题的担心，可以通过以下方式来解决。鼓励外资用发展的眼光从长远看待他们的商务活动，将市场准入作为可选择的而不是强制性的义务。将商业存在方面的义务和其他更有争议性的义务（例如人员自由流动）分开，有助于各国集中精力于所获得的经济利益，而不是将对投资所承担的义务，作为谈判其他义务的筹码。很多学者建议广泛多边主义应该从行业的多边主义做起❶。能源宪章条约，是被各国广泛接受的行业内多边投资保护协定，它的成功预示各国际机构可能更容易就分行业的减让义务达成一致。

虽然服务业受到的管制通常比商品贸易更严格，而且多哈回合谈判在服务业开放方面没有进展，但是一些发达国家仍然表达了愿意通过《服务贸易总协定》更多开放服务业直接投资的意愿。《服务业多边投资协定》比《服务贸易总协定》的范围更狭窄，不涉及其他服务贸易的提供方式。同时它也比《服务贸易总协定》更广泛，因为它可以像双边投资保护协议一样，规定禁止征用和具体的积极

❶ L Huffman.美国、印度、澳大利亚对电信服务业外国直接投资的政策比较. Emory 国际法评论，2008, 22: 283.

促进投资的活动，这些条款在世界贸易组织这样主要关注贸易问题的论坛是不可能做到的。而且与《服务贸易总协定》不同，服务业多边投资协定除了金钱赔偿以外，还允许其他类型的私人争端提交仲裁解决。这样，大型跨国公司不需要像在世界贸易组织那样每次都需要由国家代表他们出面，对这些公司也是有吸引力的。

最后，因为很多发展中国家和发达国家的经济目标趋同化，双方的投资条约管辖范围上面的立场也日趋一致。《服务业多边投资协定》致力于世界范围直接投资的谨慎渐进的开放，它认为单纯将国家分类成资本“母国”或者“东道国”的两分法开始失去了意义。发达国家除了输出资本，同样也会成为发展中国家直接投资的目的地[1]。缔约国所承担的条约义务鼓励国内法律更好的监管和更高的公开性，也更加公平，不会偏向于资本输入国或者输出国任何一方。《服务业多边投资协定》的平衡性同时鼓励资本输入和输出，反映了本书第一部分的观点：成功的吸引外资政策，同时也能促进本国资本输出。通过为外资提供和本地企业平等竞争的机会，国内企业必须和外企竞争，在竞争中锻炼了国际化所需要的能力。

为了和各种双边投资保护协议保持一致，《服务业多边投资协定》将包括以下条款：定义和适用范围，对外资建立之前和之后所提供的一般待遇，由于战争或国内动荡导致的征用和损失赔偿问题，公共政策例外和争端解决机制。和双边投资保护协议不同的内容在于，服务业多边投资协定包括签约国的正向义务条款，包括鼓励改善公司治理结构和以合作的态度促进未来投资。服务业多边投资协定不涉及双重税收问题。

《服务业多边投资协定》的管辖范围和定义

多边条约的第一个主要目标是建立起“投资”的明确定义，以确定条约的适用范围。尽管经济理论认为所有形式的资本流动都应该开放，但是如此广泛的定义会使 MAIS 变得不现实，也不容易被全世界轻易接受。《服务业多边投资协定》和双边协定保持一致，只涵盖外国直接投资，也就是说，投资者对资本的商务运

[1] 有人进一步指出因为商品和服务跨国生产日渐一体化，区分母国和东道国已经失去了意义：H Broadman.新兴市场国家的跨国公司：南方与北方的启示.//K Sauvant, G McAllister, W Maschek.新兴市场国家的外国直接投资.纽约：麦克米伦出版社，2010.

用方式有一定的控制。而间接投资和直接投资相比，一般认为较难预测和控制，对东道国的金融稳定性可能构成威胁。而且，间接投资被认为对东道国的益处比直接投资少，不值得使用双边协定进行保护。

和大多数双边协定保持一致，《服务业多边投资协定》也应该使用广泛，开放式的定义，这样可以让大多数的投资项目得到保护，而且随着未来服务的方式更新，投资企业组织形式的更新，《服务业多边投资协定》也可以覆盖这些目前不可预见的形式。如果投资使用的方式是跨国购并，传统上投资的定义总是有一个所有权的下限。《服务业多边投资协定》可以仿照其他国际投资协定，设定一个最低限度股权比例，来确定自己的管辖范围。当然，不明确规定股权下限的做法更有灵活性，特别是因为在不同行业，要对一个项目控制到何种程度才能适用投资协定，这个最低要求是不一样的。所以，《服务业多边投资协定》也可以将涵盖范围定义成从一国流动到另一国的任何以盈利为目的的长期的资产流动。这个概念如果不进行明确定义的话，反而可以在仲裁阶段获得更大的灵活性[1]。

有人建议“投资者”的定义应该更狭窄，以避免诉讼[2]。例如不应该包括那些“回转投资”项目，就是向国外投资取得外资身份然后投回国的项目。如果不想收紧投资的一般定义，《服务业多边投资协定》可以用排除条款来把那些并非真正国外的资本排除在受益范围之外。这可以排除那些在母国没有真实存在的公司，还有那些实际上由非缔约国公民控制的缔约国公司[3]。

鉴于金砖国家跨国公司日益活跃，投资者的定义必须明确保护国有企业。金砖国家的实践证明，各国的政策制定者开始认识到国有企业和国家基金在国际投资管理中日益上升的重要性[4]。虽然国有企业经常把公司之间的合同纠纷提交仲裁，但有关企业和国家之间的纠纷，金砖国家的国有企业也越来越多地寻求仲裁作为解决之道。金砖国家的双边投资保护协议条款倾向于将国有企业包括其中。《服务业多边投资协定》也应该包括国有企业，虽然在公司管理的形式上，私人企业和国有企业有很大不同，但是西方传统的企业概念，应该进行扩展，以容纳那

---

[1] 这些要求一般来说体现了 Salini 诉摩洛哥案，国际投资争端解决中心案例号 ARB/00/4（2001/7/23）当中被广泛引用的定义。

[2] J Karl.国际投资仲裁：对国家主权的威胁.//W Shan, P Sinons, D Singh.在国际经济法中重新定义国家主权.牛津：哈特出版社，2008.

[3] 同注[2]，240 页。

[4] P Gulger, J Chaisse.亚洲在国际直接投资中份额上升的变化和模式.//J Chaisse, P Gugler.亚洲贸易和直接投资的扩张.纽约：Routledge 出版社，2009.

些政府在经济生活中扮演更重要角色的国家的实践。但是我们应该意识到，国有企业不是全球化并寻求《服务业多边投资协定》保护的最积极的企业，实际上国有企业在未来的重要性正在降低，这是因为国有企业惯于享受政府的资助而缺乏全球市场的竞争力[1]。

《服务业多边投资协定》对投资的定义应该包括任何形式的知识产权。知识产权是很多服务行业的重要部分，尤其是信息技术和电信行业这样竞争激烈的技术密集型行业。尽管现在很多双边投资保护协议考虑到要将投资的定义扩展到知识产权，知识产权保护仍然不是金砖国家企业对外投资活动的重点，因为传统上金砖国家并非是专利发明的创始国。随着金砖国家还有以色列和土耳其的公司持续进行技术升级，以上情况会有所变化[2]。最重要的是，预期中国很快会开始发展自己的著名品牌[3]，因此将寻求东道国各种形式的法律保护。而中国的担心主要不在知识产品保护意识已经很完善的欧美发达国家，而在于其他发展中国家，尤其是东南亚和非洲国家。

因为《服务业多边投资协定》只涵盖服务业，那么还必须对什么是服务业做出定义。服务业应该是一个开放式的定义，包括无形资产，而且服务的消费和生产无法分割。服务业多边投资协定将列举服务业的清单，其中一定要包括金融服务、电信、旅游、教育、媒体、交通运输和公用事业。服务业多边投资协定将规定在这些投资方面，如何适用条约由仲裁庭决定。这样，当有些投资者在提供服务的时候，同时也会涉及采矿行为（例如能源行业）或者制造行为（例如制药业），这种情况是否适用本条约，可以由仲裁庭斟酌决定。有时候仲裁庭可能判决涉及非服务领域的投资也受本条约管辖。例如，能源领域投资可能既包括发电也包括输电服务，还有零售业包括广告，也包括和消费者的法律和金融关系。《服务业多边投资协定》仅适用于此类商务的服务部分，而其他部分由其他双边投资协定或者国际习惯法管辖。最后，与《服务贸易总协定》不同，《服务业多边投资协定》也包括通过政府公权力进行的服务，例如国防或者关键的基础设施（例如港口）。因为政府服务在很多国家经济当中占非常重要的地位，而世界贸易组织的多边政府采购协议（GPA，商品和服务两方面都包括）

[1] A Rugman.新兴市场国家的跨国公司有多么全球化？.//K Sauvant.新兴市场国家跨国公司的兴起.切尔滕纳姆：Edward Elgar 出版社，2008.

[2] C Cookson.新兴世界的科学快车道.伦敦金融时报，2011.

[3] A Moody.品牌建设.国际先驱论坛报，2011.

签字国却很少[1]，以上《服务业多边投资协定》定义范围的扩大具有重要意义。世界贸易组织《政府采购协议》第 3 条规定缔约国不得依据服务提供者外国所有权的程度进行差别待遇。

外资建立前的事前承诺

在《服务业多边投资协定》确立了非常广泛的投资和服务定义，明确了条约保护的范围以后，就应该给出促进直接投资自由化的关键办法：在任何外国企业建立之前的阶段即享有国民待遇。这就意味着禁止一切对外资股权比例或者投票权的限制。东道国的任何措施，例如许可证要求、政府审批、资本额要求，必须对外资和内资一视同仁。不允许任何基于国籍归属的歧视待遇。这包括法律上的歧视和事实上的歧视。国民待遇承诺普遍适用于任何范围，就是说缔约国不能把特定的行业排除在外，而且对包括绿地投资和购并等所有投资形式都适用。下一章将会探讨《服务业多边投资协定》一般例外条款中，对于国民待遇的国家安全例外和经济紧急状况例外。

承诺外企建立前即享受国民待遇，可能对中国这样的国家来说很困难，中国在双边协定中一直拒绝提供类似承诺。但是在《服务业多边投资协定》中没有约束性的关于市场准入的义务，这可以减轻建立前国民待遇承诺的严重性。缔约国可以对选定的服务行业实施控制，只要这些控制措施对内对外一视同仁就行。例如，国家可以限制发给银行或者电信企业的许可证总数，旅馆酒店的大小，或者公路铁路建设的地理范围等。保持法律在这方面的灵活性可以给予各国政府根据经济需要制定投资政策的灵活性。重要的是，通过这个规定，《服务业多边投资协定》促使缔约各方尽可能地逐渐取消市场准入限制，更多地对投资开放市场。这样，《服务业多边投资协定》鼓励各国向新的绿地投资尽可能开放各个服务行业，促进竞争和经济增长。这个“尽可能”承诺将和下文提到的投资促进承诺相联系。至于市场准入义务，《服务贸易总协定》第 16 条仍然是目前唯一的多边法规。

---

[1] 世界贸易组织《政府采购协议》目前只有 15 个缔约国，包括美国、所有欧洲国家和日本等最大的经济体，还有香港、新加坡等新兴市场国家。金砖四国没有一个签约，但是中国和俄罗斯表达了将来加入的意愿。

外企建立之后的承诺

比给予建立权容易一些，但对外资同样重要的是《服务业多边投资协定》条约中东道国在外企建立之后所做的承诺。与前文综述过的各项双边条约的内容相适应，这些承诺将包括：最惠国待遇和国民待遇，平等与公正待遇，公开性要求，完全的安全与保护，货币兑换自由和禁止征用。外国投资者在建立企业以后受到以上几种保护。在这个阶段，大量资本已经进入东道国，无法挽回，外国投资者无法抵抗东道国法律行为造成的伤害。

最惠国待遇和国民待遇

最惠国待遇和国民待遇是双边协定里最普遍的条款，也是世界贸易组织的基本原则[❶]。简单地说，国民待遇就是外国投资者所受到的待遇不会低于本国投资者。而最惠国待遇外国投资者的待遇不低于任何其他国家的投资者。总起来就是，东道国给予外企的投资保护不会低于本国或者任何第三国公民。无论国民待遇还是最惠国待遇，都应该加上“类似的条件下”这个限定语，对投资大小、企业类型、行业做出规定。因为需要在何时适用最惠国待遇和国民待遇的问题上保持灵活性，《服务业多边投资协定》不应对“类似的条件”做出明确定义。这个概念可以通过争端判例来渐进地加以界定。例如，Pope & Talbot 公司诉加拿大政府一案，投资仲裁庭认为相关投资者为了达到享受国民待遇的目的而采取某些行为，这些固有行为具有不确定性[❷]。这个估价和所处的环境相关。

《服务业多边投资协定》的最惠国待遇应该保留缔约国之间签订其他协定比如双边投资保护协议或者区域贸易协定特殊优惠的例外。为了不限制未来区域经济一体化的进步，《服务业多边投资协定》应该和多数双边协定一样规定，如果以后的国际投资法规创造出更为优惠的条件，这些优惠条件可以代替服务业多边投

❶ 见《关税与贸易总协定》第 1 条最惠国待遇和第 3 条国民待遇，还有《服务贸易总协定》第 2 条最惠国待遇和第 17 条国民待遇。

❷ Pope Talbot 诉加拿大案，第二阶段赔偿，联合国国际贸易法委员会（2001/4/10）这个争端引用了《北美自由贸易协定》第 1102.1 条。

资协定规定[1]。为清晰起见，《服务业多边投资协定》的最惠国待遇仅限于内容上的承诺，不包括争端解决程序。投资者不可以借用其他投资协定的争端解决机制，这个做法曾经给俄罗斯和印度政府带来了意外的麻烦。因此，第 8 章讨论的《服务业多边投资协定》仲裁程序，只能适用于《服务业多边投资协定》条款的争端。

无论建立后还是建立前的国民待遇都应该禁止东道国基于企业的国籍而歧视外资。所以，东道国不能对外企征收特别税，也不能要求超过国内企业的监督和汇报制度。外企也不能仅仅因为外国身份而被国有化。

为了条约保护的目的，企业应进行国籍识别，这种国籍识别应该在条约批准阶段就进行，而且由企业自己汇报自认为属于哪一个母国。国籍归属基于企业主要商务活动地，或者实际控制来源地。由企业自报国籍归属，可以在未来的争端解决阶段，避免司法管辖权的麻烦。单纯为了获得《服务业多边投资协定》的保护而进行的伪外资或者海外空壳公司，不应该获得承认，因为这种行为没有给东道国带来任何经济上的好处。

平等和公正待遇（EFT）和公开性原则

《服务业多边投资协定》规定东道国应该向外资提供平等和公正待遇（EFT）。EFT 条款来源于国际习惯法，在很多双边投资保护协议中都有规定，是国家投资争端中最常被援引的保护。但是明确 EFT 的具体标准，却是非常晚近的事情，而且各个条约的差别很大，因此很多最新的投资协议都完全省略了这个条款[2]。在解释公平与平等待遇含义的时候，非常依赖当事方的诚意，因此经常被称为是一个万金油条款。公平与平等待遇义务不同于国民待遇，就是说即便外资企业和东道国企业的待遇相同，东道国也有可能违反了公平与平等待遇[3]。学者和各种仲裁庭对公平与平等待遇有各种不同的解释，有几个国际组织对公平与平等待遇的标准给予过指导性意见[4]。为了对公平与平等待遇建立一个高门槛，防止东道国政府总被指责，国际法庭对 Electtronica Sicula SpA 公司案的定

---

[1] 例如印度丹麦协定第 13 条，中国阿尔巴尼亚协定第 9 条。

[2] 例如印度新加坡广泛经济合作条约。

[3] N Blackaby, C Parasides.红蘼和国际仲裁的猎人.第 5 版.牛津：牛津大学出版社，2009:488.
A Lowenfeld.投资协定和国际法.哥伦比亚跨国法律杂志，2003,42:123.
R Dolzer, C Schreuer.国际投资法原理.牛津：牛津大学出版社，2008:122.

[4] 例如《国际投资法中的公平与平等待遇标准》经济合作与发展组织国际投资工作文件，2004 年 9 月。

义是“故意无视法律原则，或者令司法界感到震惊的行为”[1]。类似地，Saluka投资公司案的仲裁庭认为公平与平等待遇原则意味着东道国不会“做出故意自相矛盾、不公开、无理或歧视性的行为”[2]。很多投资仲裁庭对公平与平等待遇承诺的解释，共性就是强调公开和一致性。公平与平等待遇标准强调程序公平，在司法和行政上如何适用法律。因此，正如垃圾处理案仲裁庭判词中声明的，一种行为如果“故意违反程序，导致有违司法正义，或者完全缺乏公开性”，那就违反了公平与平等待遇[3]。因此，投资者有权获得申诉的机会，如果他们的权利受到影响，则有权得到解释，而且当局的决策必须合理，没有偏见。公平与平等待遇义务缺乏精准定义，这是个好现象，对两方面都提供了灵活性：一方面投资者可以把公平标准适用于自己的具体形势，另一方面国家也可以建立自己的法律程序，只要国家本身执法前后一致就行[4]。

为了进一步澄清公平与平等待遇的标准，服务业多边投资协定应该特别强调，公平与平等待遇指程序正义，获得行政司法公正的权利。因为这个概念高度模糊性，条约应该用非常强烈的词语来描述公平与平等待遇规则所禁止的不公正行为。政府服务的公平性特别重要，因为管理服务行业的国内法规实在太多，滥用这些法规的可能性也很高[5]。基于公平与平等待遇的服务行业投资争端很多，例如电信公司股权转手过程中的沟通不畅[6]，和保险公司的银行账户突然被冻结[7]。只有东道国的法律得到清晰界定并且准确执行，跨国公司才能以最低的交易成本运作，改善服务质量，长期保持盈利。

《服务业多边投资协定》中的公平与平等待遇条款的另一个好处是，它可以帮助所有缔约国建立良好的执法行为准则，尤其是那些还没有完全建立起公开负责的执政传统的发展中国家和新兴经济国家。这就是某些学者倡导的“合理的政府”概念[8]。但是《服务业多边投资协定》的公平与平等待遇条款不应该仅仅是

---

❶ 美利坚合众国诉意大利案（Elettronica Sicula 公司），1989 年国际法庭报告第 15 号。

❷ Saluka 投资公司诉捷克共和国案，部分判决（2006/3/17）。

❸ 垃圾管理公司诉墨西哥案。终审判决 1994/4/30，43ILM（2004）967。

❹ N Blackaby, C Parasides.红蕨和国际仲裁的猎人.第 5 版.牛津：牛津大学出版社，2009:488.
A Lowenfeld.投资协定和国际法.哥伦比亚跨国法律杂志，2003,42:123.
R Dolzer, C Schreuer.国际投资法原理.牛津：牛津大学出版社，2008:148.

❺ S Lester, B Mercurio.世界贸易法：条文，材料和评论.牛津：哈特出版社，2008.

❻ Fakes 诉土耳其共和国案，国际投资争端解决中心案例号 ARB/07/20（2010/7/14）。

❼ 大陆意外险公司诉阿根廷共和国案，国际投资争端解决中心案例号 ARB/03/9（2008/9/5）。

❽ S Montt.投资仲裁中的国家责任：双边投资协定谈判中的全球宪法和行政法律.牛津：哈特出版社，2009.

重复国际习惯法已有的那些待遇，因为这无助于加强投资保护和改进执法水平，只能给这个概念增加更多的模糊性而已。

公平与平等待遇义务和《服务贸易总协定》第3条的公开性原则类似。《服务业多边投资协定》应该更多运用《服务贸易总协定》的语言，例如：如果某些行业有特殊规定，那么世界贸易组织成员国必须确保一切影响服务贸易的措施必须以合理、客观、公正的方式执行[1]。类似地，服务业多边投资协定应该要求缔约国完全公开所有的法规，包括影响直接投资的行业规定。《服务贸易总协定》的一般公开性义务是和投资法领域的标准相适应的“程序公平”义务[2]。这应该是全世界大多数司法系统都接受的标准[3]。和国际投资法一样，《服务贸易总协定》认为规则执行当中的程序正确和规则内容正确同样重要。但是《服务业多边投资协定》不应该向《服务贸易总协定》那样制定一个条款，要求世界贸易组织成员国建立司法和行政机制来审查那些影响服务业贸易的行政决定[4]。《服务业多边投资协定》应该促进投资者和东道国的纠纷更容易获得争端解决机制的裁定。这样规定，允许缔约国在提供司法行政程序解决纠纷方面保持灵活性，这样《服务业多边投资协定》不会被理解成要求成员国改组政府结构[5]。当然，条约如果不要求成员国改善自身的内部行政司法程序，《服务业多边投资协定》就不可能成为迫使东道国改革国内治理系统的有力工具。

完全的安全与保护（FPS）

《服务业多边投资协定》必须包括一条要求东道国保护外企免遭暴力、战争、国内动荡的损害。这类条款在双边协定里很普遍，被称为完全的安全与保护（FPS）条款。完全的安全和保护要求东道国有义务采取积极措施保护外资免受

---

❶ 《服务贸易总协定》6.1。

❷ N Blackaby, C Parasides.红蕨和国际仲裁的猎人.第5版.牛津：牛津大学出版社，2008:488.
A Lowenfeld.投资协定和国际法.哥伦比亚跨国法律杂志，2003,42:123.
R Dolzer, C Schreuer.国际投资法原理.牛津：牛津大学出版社，2008:125.

❸ P Delimatsis.服务业国际贸易和国内法规.牛津：牛津大学出版社，2007.

❹ 《服务贸易总协定》6.2。

❺ M Sornarajah.外国投资的国际法.第3版.剑桥：剑桥大学出版社，2010.
Amarasinha, J Kokott.多边投资规则.//P Muchlinski, F Ortion, C Schreuer.牛津国际投资法手册.牛津：牛津大学出版社，2008.
S Subedi.国际投资法：兼顾政策与原则.牛津：哈特出版社，2008.

东道国或者第三国行为引起的负面影响[1]。这意味着投资者的财产免受东道国军队和警察行动的损害（即不伤害义务），投资者财产免受暴乱群众行为的损害（即保护义务）[2]。完全的安全和保护标准是指，如果一个国家的警察或其他强力机构失职，国家对造成的后果负有责任。《服务业多边投资协定》缔约国有责任防止私人的行为对外资造成损害[3]。

完全的安全和保护免受人身财产损害的标准，源于国家有保护人身和财产安全的责任[4]。尽管有些人把完全的安全和保护当作一种绝对标准[5]，但"尽职"就意味着东道国只要尽最大努力保护投资者不受伤害就行了，是否违背了完全的安全和保护义务，要看国家是否尽到了最大努力为外资提供保护。如果国家有能力采取措施控制局势但是没有采取措施，国家才有赔偿的责任[6]。因此，完全的安全和保护的义务就是说，东道国要证明自己已经采取了一切可行的措施防止伤害的发生，国家没有绝对责任[7]。如果投资者为降低成本而在基础设施条件有限的国家投资，那他就不能要求获得在发达国家享受的保护。《服务业多边投资协定》中完全的安全和保护有限性的原则，应该会受到新兴经济体国家和其他发展中国家的拥护，这些国家可能无法承担为保护外企和本国公民而派驻警力的负担。但是，估量一个国家是否有资源提供足够的完全的安全和保护，并不是一件容易的工作。尤其是，一个国家拥有丰富的资源，但是管理得很糟糕，怎样判定他是否尽到了完全的安全和保护的义务呢?

完全的安全和保护条款与物质资产的损害相关，例如车辆或建筑物[8]。但是服务业企业最重要的资产常常是无形资产，比如数据和计算机网络。所以服务业

---

[1] N Blackaby, C Parasides.红蕨和国际仲裁的猎人.第 5 版.牛津：牛津大学出版社，2008:488.
A Lowenfeld.投资协定和国际法.哥伦比亚跨国法律杂志，2003,42:123.
R Dolzer, C Schreuer.国际投资法原理.牛津：牛津大学出版社，2008:149.

[2] M Sornarajah.外国投资的国际法.第 3 版.剑桥：剑桥大学出版社，2010.
Amarasinha, J Kokott.多边投资规则.//P Muchlinski, F Ortion, C Schreuer.牛津国际投资法手册.牛津：牛津大学出版社，2008.
S Subedi.国际投资法：兼顾政策与原则.牛津：哈特出版社，2008:134.

[3] T Weiler.国际投资仲裁.伦敦：Cameron and May 出版社，2005.

[4] C McLachlan, L Shore, M Weiniger. 国际投资仲裁：内容原则. 牛津：牛津大学出版社，2007:247.

[5] T Grierson-Weiler, I Laird.待遇的标准.//P Muchlinski, F Ortino, C Schreuer.牛津国际投资法手册.牛津：牛津大学出版社，2008.

[6] Wena 酒店诉埃及案，国际投资争端解决中心案例号 ARB/98/4（2000/12/8）。

[7] 诺贝尔风险投资基金诉罗马尼亚案，国际投资争端解决中心案例号 ARB/01/11（2005/10/12）。

[8] 例如亚洲农业产品公司（AAPL）诉斯里兰卡 17 YCA106（渔船）（1992），Wena 酒店诉埃及案，国际投资争端解决中心案例号 ARB/98/4（2000/12/8）。

多边投资协定的完全的安全和保护条款应该明确提出，东道国有保护外资的数字资产的义务。在一个服务行为日益依赖于外国投资者的网上存在的时代，这样的进一步说明非常有必要❶。投资仲裁庭过往的判例表明完全的安全和保护标准应该包括无形资产❷。

最后，完全的安全和保护条款担保不应该保护那些故意惹事引发国内动荡的投资者，比如外资积极参与政治活动，参与革命。完全的安全和保护条款做这样的限定，可以消除对于跨国公司参与国内政治纷争❸的担心。在双边协定的完全的安全和保护条款中就有这样的限制❹。

不征用的承诺

对不夺取投资者财产的担保，是双边协定中最重要和最有争议的条款。如果没有一旦资产被夺取，可以获得赔偿的承诺，跨国公司不会愿意投资于那些政治不稳定，或者政府干扰商业事务的国家。但是不征用外国投资者的财产，在广义上，东道国就无法为公众利益采取某些必要措施，因此这个承诺是有争议的。这一限制根植于个人财产不受侵犯的哲学信条，在发达国家是广为人们所接受的政治传统，但是在发展中国家，包括金砖四国就不那么受欢迎，很多发展中国家保留着政府高度控制经济的传统。但是随着新兴市场国家跨国公司的兴起，他们的资产价值越来越高，以上的争论会不那么激烈。

虽然发达国家的法律系统对私人财产的保护比亚洲国家要强，但是全世界各国对公民的财产权都有限制，最明显的例子就是美国宪法，虽然它规定了私人财产不可侵犯，但是同时也规定了国家征用的权利❺。在世界贸易组织体系中的《与贸易有关的知识产权协定》里，规定紧急状态下知识产权可以被征用，对此条款的广泛接受显示，资本输出国愿意在危机时刻让渡自己得之不易的资产❻。既然所有的国家都会在私人财产权和国家为公众利益采取措施之间保持平衡，国

---

❶ D Collins.将国际投资法中的完全安全保护标准应用于数字资产.世界投资与贸易杂志，2011,12(2):225.

❷ 西门子诉阿根廷案，国际投资争端解决中心案例号 ARB/02/8（2007/2/6）。

❸ M Sornarajah.外国投资的国际法.第 3 版.剑桥：剑桥大学出版社，2010.
Amarasinha, J Kokott.多边投资规则.//P Muchlinski, F Ortino, C Schreuer.牛津国际投资法手册.牛津：牛津大学出版社，2008.

❹ AMT 公司诉扎伊尔案，国际投资争端解决中心案例号 ARB/93/1（1997/2/21）。

❺ 1789 年宪法第五修正案。

❻ 《与贸易有关的知识产权协定》第 31 条。

家就应该保有征用的权利，只要为所有者提供补偿就行。这是所有双边投资保护协议共同的特点。

《服务业多边投资协定》也应该相应地规定缔约国有权征用外国资产，前提条件是必须要有足够的补偿，补偿金额与征用的行为、目的、方式和东道国的资源相联系。为保留最大的灵活性,《服务业多边投资协定》不应该区分合法或非法征用。这个区分会影响仲裁庭判断补偿的金额。条约也不应该使用“没收”和“国有化”这样有政治含义，解释起来又复杂的词语。《服务业多边投资协定》应该要求直接或者间接征用都必须给予补偿，否则不征用的担保就仅仅限于直接的夺取行为了。服务行业的管制多于制造业和采矿业，所以更担心间接征用行为，包括攫取无形资产。在投资仲裁案中，多数关于征用的诉讼都和服务业投资有关，例如政府攫取水电公司的股份[1]，或者广播电台所在的地皮被政府没收[2]。在此，决定能否适用《服务业多边投资协定》的关键因素，不是资产是有形还是无形，而是服务的性质。

因为在现代很少见到直接掠夺财产的赤裸裸的国有化行为了，大多数关于征用的指控，都是关于间接征用，或者和征用等效的措施。间接征用就是经过一段时间以后，某项措施的效果就是剥夺了资产所有者从资产上获取任何价值或利益的权利。《服务业多边投资协定》应该明确列出一个清单，列举出一系列措施，这些措施虽然没有把财产的所有权转移给东道国政府，但是却仍旧构成征用。《服务业多边投资协定》应该规定这些措施是应该付出赔偿的。这种方式有别于最近一些国家投资仲裁案例拒绝“等同于征用”的指控[3]，也有别于美国和加拿大之间双边投资保护协定中对间接征用理解的局限性[4]。在出现一些依据《北美自由贸易协定》投资条款对美国提出的指控以后，美国修改了一些双边投资保护协定的语言，以清晰地界定它的征用权利，减少就东道国法律行为提出的赔偿要求[5]。

如果条约能清楚地强调政府征用投资者财产的权利，再赋予仲裁庭广泛的权

---

[1] Libananco 控股公司诉土耳其共和国案，国际投资争端解决中心案例号 ARB/06/8（2011/9/2）。

[2] Joseph Charles Lemire 诉乌克兰案，国际投资争端解决中心案例号 ARB/06/18（2011/3/28）。

[3] M Sornarajah.投资仲裁中的新自由主义运动.//W Shan，P Simons, D Singh.在国际经济法中重新定义国家主权.牛津：哈特出版社，2008.

[4] W Shan.加尔沃主义、国家主权和正在变化的国际投资法.//W Shan, P Sinons, D Singh.在国际经济法中重新定义国家主权.牛津：哈特出版社，2008.

[5] 例如美国和智利自由贸易协定第 10.9.1 条。

力来评估补偿数额，那么就可以减少认定间接征用行为中的模糊性。认定征用补偿额度，必须根据东道国政府和投资者的具体情况而定。无论直接或是间接征用的补偿数额，必须实事求是地考虑以下因素：东道国行为的影响，对投资者合理盈利预期的影响，政府行为的特征，是否有可能采取损害较小却能够同样照顾到公众利益的措施。更重要的，以上对赔偿的分析，还应考虑到合理的公众利益和可持续性目标，这些目标将在第 7 章中讨论。因为政府可以采取很多措施导致资产贬值，很难清晰地界定征用，《服务业多边投资协定》不应该试图去做这种界定。这个任务应该留给仲裁庭，让他们去评估所发生的事实，判断投资的贬值是否是东道国政府行为所引起的，政府的行为是否适当，然后再决定合理的补偿手段。第 8 章将论述这个过程。

资本自由流动担保

放松货币兑换管制是吸引外资的重要方面，因为外资需要将利润汇回母国或者其他国家。如果资本和产品不能有效地跨国流动，那么直接投资不仅不可能发生，也失去了意义。因此《服务业多边投资协定》必须规定保证服务业直接投资资本和收益的自由流动。东道国的这一义务也有例外，就是要符合东道国的法律，例如破产法和税法，还有与国际货币基金组织义务相应的经济稳定性。缔约国应该对资本流动保留某种控制手段，以避免资本外逃引起的经济危机。下一章将探讨这个问题。《服务贸易总协定》也规定了允许货币流动的类似义务，而且也重申了世界贸易组织成员国对国际货币基金组织所承担的义务和保持国际收支均衡的例外[1]。

《服务业多边投资协定》应该进一步澄清，不能对外国投资者规定为了进入和留在东道国，必须保持的资本额上限或者下限。而且，外国投资者不需要保留一定数量的本币，如果投资者要把资本转入或者转出缔约国也不用承担相应的行政负担，当然，这种自由是在上面强调的符合破产法及其他国内责任的前提下产生的，而且不会引起经济危机。这些限制大致相当于国际货币基金组织成员国的义务范围[2]。

---

[1] 《服务贸易总协定》第 11、12 条。

[2] 《国际货币基金组织协议》第 8 条。

专业人才流动和资质采认

《服务业多边投资协定》不应该承诺与直接投资有关的工人入境，只能承诺按照本国法律帮助投资者获得人员入境所需的必要文件。这样的条款在很多金砖国家的双边投资保护协议中都有，前文讲过了。为了满足发展中国家进入知识密集型产业的要求，这种帮助应该仅限于“有高度技能的职业人士”。以上限定有助于鼓励外国专业人才向本国技能落后的工人进行技术转移。这个条款也可以避免没有技术或者训练的外国工人替代本国工人，抵消了发展中东道国廉价劳动力的优势。

而且《服务业多边投资协定》应该包括一个类似于《服务贸易总协定》第 7 条的条款，呼吁世界贸易组织成员国尽可能承认外国服务提供者的专业资质，前提是两国的标准之间要有兼容性[1]。对于直接投资来说，这就意味着东道国政府应该承认外国训练的外企雇员的职业资质，除非有充分理由相信这种认证不妥，例如外国人不熟悉本国国情（律师资格可能是一个例子）。这类条款无论在金砖国家还是发达国家的双边投资保护协议中都不常见。可能对于直接投资来说，承认外国职业资格认证的需要，跟其他提供服务的方式比起来，并不很急迫，因为多数情况下，外国公司可以雇用本地的专业人才来提供服务。这也确实是直接投资对东道国的好处之一。但是，为在外国受训的人员提供进入本国的方便，有助于本国雇员学习外国专有技术和技能。

《服务业多边投资协定》应该澄清，东道国没有任何义务为外国投资者进入陌生的市场所固有的不利因素提供任何补偿，这些固有的不利因素包括对东道国法规不熟悉，不了解消费者的偏好和习惯等。但是以下内容将要谈到投资促进义务，它向外国投资者提供东道国各行业市场信息，应该能在一定程度上让国内和外资在公平的条件下竞争。对东道国市场的不熟悉，应该被视为外国直接投资与生俱来的特性，它也是外资进入市场喜欢采取购并或者合资方式的原因之一。

---

[1] 《服务贸易总协定》第 7.1 条。

积极义务

除了公平与平等待遇和帮助投资者实现劳动力跨国流动这两项以外，上面讨论的《服务业多边投资协定》所规定的主要义务，都叫做负向义务：缔约国承诺不以有害投资者经济利益的方式对待他们。此外，《服务业多边投资协定》还应该要求缔约国采取积极行动支持服务业直接投资的增长，无论资本是流入还是流出本国。这里面包括的义务有：第一，维护一个支持公司社会公益责任行为的法律环境；第二，促进未来的直接投资；第三，为发展中东道国的经济发展做出贡献。虽然在主权国家之间签订的国家条约，不能直接约束私人企业，但是可以通过不提供好处的手段，强迫私人企业承担以上义务。

尽到公认的公司社会公益责任的义务

《服务业多边投资协定》应该要求缔约国确保本国企业和在本国的外企做出符合公司社会责任的行为，虽然这个公司社会责任可以不必具体规定。直接投资的母国通过国内法律，要求投资者应该承认并限制自己商务活动中可能有的负面效果。因为尽管有些金砖国家一直致力于改善国际形象，但是其跨国公司一直都有公司社会责任方面的坏名声，所以在全球条约中规定“尽可能”条款迫使缔约国确保他们的公司遵守企业社会责任，就变得很重要了。本书第一部分指出，金砖国家对公共政策和他们对外直接投资的持续发展非常关心。有可能在服务行业遵守公司社会责任原则不会像在采矿业中那么困难，因为服务业投资不需要涉及那么多环境问题，也不需要太依赖劳动力。

促进投资的义务

大多数双边投资保护协议只是把促进投资作为一般性原则，而《服务业多边投资协定》要为此规定明确的义务。这个义务要求建立有利于直接投资的政策，它可以用“尽可能”原则来表述，与国家的经济发展水平挂钩。这个义务的另一部分是要建立专门机构促进对内对外服务业直接投资。这是《服务业多边投资协定》当中唯一一条要求东道国积极推动对外投资的条款，是对外开放进程的一个重要方面。和传统的双边投资保护协议注重鼓励吸引外资不同，《服务业多边投资协定》呼吁各国放宽对于对外投资的法律限制，帮助跨国公司实现全球化。条约认识到世界上大多数国家都设立了某种形式的投资促进专门机构，既鼓励外资进入，也鼓励本国企业国际化。虽然金砖国家在这方面还不如发达国家[1]，但是已经显露出积极的态度。因此，以上建议的政策应该是对各国的一个榜样示范。

《服务业多边投资协定》缔约国成立促进投资的机构，可能和某些新兴市场国家跨国公司的强烈反政府态度不相合，这些公司并不期待国家的支持，只要政府别来管他们就行了[2]。其实，很多新兴市场国家的投资者对本国和东道国政府为他们提供信息和建议的行为，会抱有怀疑态度。随着新兴市场国家国内环境开放，这些企业会欢迎东道国政府提供的帮助，特别是在那些投资环境不佳的发展中东道国。中小企业特别需要国外市场的信息，因为他们缺乏获得这些国外信息的资源[3]。联合国贸发会议建议新兴市场国家应该将他们的投资促进活动主要用于帮助这些中小企业[4]。

鉴于这种需要，《服务业多边投资协定》应该要求所有缔约国建立专门的政府办公室，向外资和希望国际化的本国厂商提供信息和实际的帮助。这些信息主要告诉投资者外国市场的政治风险和怎样化解这些风险的战略。这就是世界银行的多边投资担保机构、各国政府的政治风险保险机构，还有亚洲开发银行、非洲开放银行之类区域性保险机构所承担的功能。

这个《服务业多边投资协定》项目的一个重要功能就是鼓励各国建立商务交流中心，业务互补的企业可以建立了解，讨论合作意向。可以在政府建立的网站上进行此种交流，有意向的企业可以在这里搜集关于潜在海外市场的信息。对外投资的机会应该和新兴市场国家的长处相适应，以利于企业在某个特定的行业发展竞争优势[5]。应该重视对内投资和对外投资的联系，还有国家对于教育与培训

---

[1] S Thomsen.新兴市场的投资：延续还是变化.//K Sauvant, G McAllister, W Mascheck.新兴市场国家的外国直接投资.纽约：麦克米伦出版社，2010.

[2] J Alvarez.新兴市场国家跨国公司的兴起：未来的法律挑战.//K Sauvant，G McAllister, W Mascheck.新兴市场国家的外国直接投资.纽约：麦克米伦出版社，2010.

[3] F DeBeule.改变对外直接投资的政策：从控制到促进.//K Sauvant, G McAllister. W Mascheck.新兴市场国家的外国直接投资.纽约：麦克米伦出版社，2010.

[4] 同注[3]，300页。

[5] C Ryan.满足期望：评估国际投资法的长期合法性和稳定性.宾夕法尼亚大学国际法杂志，2009,29:725.

的战略需求[1]。所以缔约国可以鼓励外国企业向本国工人提供职业培训和实习的机会。《服务业多边投资协定》也应该鼓励风险投资基金和中小企业的跨国联系。虽然现在对外直接投资集中于大型跨国企业，但是不应忽视中小企业在未来将成为对外投资的一个重要组成部分。

在发达国家，传统上投资促进活动都集中于鼓励绿地投资，因为它能够在当地创造就业机会提高产值，而且大型跨国购并有一定的政治敏感性。但是《服务业多边投资协定》的投资促进活动应该也包括购并，这种投资方式对 2008—2009 年的金融危机抵抗力很弱。其中一种投资促进方式，就是由政府出面，为陷入困境的本地企业寻找外国投资者。可以将投资促进和贸易促进活动合并举行，因为企业的出口行为经常最终导致海外投资[2]。如果能够把服务行业的直接投资促进活动协调统一起来，可以减少很多各种投资促进机构的重复劳动，尤其是在发达国家[3]。金砖国家已经开始建立一些促进对外投资的支援型基础设施。

促进发展中东道国经济发展的义务

《服务业多边投资协定》要求外国投资者尽可能帮助世界银行所认定的发展中国家加速经济发展，尤其是要求外资企业积极进行技术转让，提高东道国的就业和生活水平。因为条约不能直接约束私人企业，这个义务应该伴随一个条款，规定没有诚意努力促进以上目标的企业，不能享有某些条约的益处。当然，被迫和当地企业分享宝贵的商业知识，对外企来说是很难接受的，但是还有其他更好的技术转移的方式。例如，如果外国律师愿意帮助当地建立法律教育机制，训练和培养东道国的律师，会使得新兴市场国家更愿意向外国律师事务所开放本国市场[4]。另外一个模式是在采矿业，外国企业提供训练设施，解决本地劳动力知识和技能不足的问题，尤其是工程方面的知识技能[5]。只能由仲裁来评估是否发生了有效的技术转让，或者东道国的经济是否受益于外资。仲裁庭将评估投资方的

---

[1] T Moran.发展中国家政府应该对对外直接投资采取何种政策？发达国家的教训.//K Sauvant.新兴市场国家跨国公司的兴起.切尔滕纳姆：Edward Elgar 出版社，2008.

[2] H Loewendahl.新兴市场国家跨国公司的兴起：未来投资促进的挑战.//K Sauvant, G McAllister, W Mascheck. 新兴市场国家的外国直接投资. 纽约：麦克米伦出版社，2010.

[3] P Buckley, J Clegg, A Cross, et al.新兴市场国家能从发达国家的对外直接投资政策中学到什么?.// K Sauvant, G McAllister, W Mascheck.新兴市场国家的外国直接投资.纽约：麦克米伦出版社，2010.

[4] 国际律师协会委员会关于法律服务业能力转移和贸易自由化的决议（2008/8/16 通过）。

[5] S Pearson.缺乏技能使巴西能源行业面临压力.伦敦金融时报，2012.

努力和实际的效果。这个过程将在第 8 章作进一步讨论。

一般性义务总结

本章开头简述了服务业直接投资多边条约比现存的双边和区域性安排优越的地方。而且《服务业多边投资协定》作为只关注服务行业的条约，可以避免很多制造业采矿业的困难的国际法问题。这样一个多边条约可以将《服务贸易总协定》和其他制度安排下已经取得的投资自由化的好处发扬光大，也将汇总各种双边条约当中关于投资保护的共同点。而在服务业投资中产生的争端，问题也更集中，仲裁方可以评估那些和服务业相关联的法律措施的影响，例如许可证和质量控制问题。

《服务业多边投资协定》应该包括对外企的非常广泛的保护，包括建立之前和之后的国民待遇和最惠国待遇，还将按照平等公正待遇和完全的安全与保证义务，保证外企获得合理的程序公平和安全保障，尽管后者要根据东道国能动用的资源而定。同时，《服务业多边投资协定》会保留东道国征用的权利，征用要有补偿，而补偿的金额根据情况而定。货币的自由兑换也是一项重要义务。《服务业多边投资协定》要求缔约国遵守国际公认的关于公司社会责任的原则，并对发展中东道国的经济进步做出贡献。最后，条约应该要求各方积极促进投资，进行国际协作帮助外国企业和对外投资的本国企业。

《服务业多边投资协定》中给予投资者的保护，和跨国公司必须直接承担的义务缺失（例如促进当地经济发展，技术转让和提供就业）之间非常不对称。以上对于东道国的好处，是国际直接投资的重要目的，也是运用《服务业多边投资协定》之类法律工具促进直接投资的主要目的。但是政府无法迫使企业承担这些社会责任，正如政府无法迫使企业盈利，企业不会总是盈利，同样地，企业也不是总能给当地经济带来好处。技术转让是一个渐进的过程，需要当地企业作为消费者和竞争者与外资接触，渐渐地积累专有技术，人工的催化也不总能加速这个过程。《服务业多边投资协定》的目的只能是开放国际直接投资，让溢出效应自然发生。同样，外国投资者不应该被迫对东道国的投资环境做出积极贡献，也不应被迫来保护本土文化。只要外资不对东道国造成损害，那么国际直接投资对东道国的利益，会在互惠互利的基础上慢慢发挥出来。

《服务业多边投资协定》所提供的保护，必须和条约的例外条款一起研究。下一章将论述，这些例外条款会为缔约国提供相当大的政策余地，来制定适合自己国情的经济政策，并面对国际条约义务对国家经济主权带来的挑战。

第 7 章

服务业多边投资国际协定的例外条款

简介：在投资者保护和公众利益国家管理权之间寻求平衡

上一章介绍了《服务业多边投资协定》的主要条款。这些外资保护条款包含建立之前的保护、更传统的建立之后的禁止征用、执法公平、免受本国公民的袭击、自由汇回利润等承诺。东道国还有正向义务鼓励直接投资，敦促企业遵守公司社会义务准则。让缔约国承担最后这项责任是为了保护弱势群体的权益，但这只是《服务业多边投资协定》在投资者和国家权利之间进行平衡的方法之一，国家和相关利益群体的权益可能受到直接投资的负面影响。《服务业多边投资协定》应该利用广泛定义和灵活构建的例外条款，进一步支持重要的政府非经济政策目标。在一些至关重要的国内管理政策方面，例外条款允许东道国政府通过管理和限制外国直接投资，保卫国家经济主权，当然也在一定程度上削弱了第 6 章中提出的投资者保护承诺。

《服务业多边投资协定》例外条款意在解决以前建立多边投资保护协定当中的一些主要问题。发展中国家和非政府组织担心，外国投资者寻求不受政府限制的自由，而《服务业多边投资协定》对外资的保护会导致削弱保护公众利益的法律[1]。但令人惊讶的是，发展中国家包括金砖国家迄今所制定的双边投资协定中，极少正面肯定国家有为了环境和人权等社会问题对资本进行管理的权利，最多只是一般性地提到为公共利益而进行征用的国家权利。事实上，发达国家更重视“可持续发展”这个概念，当然最近发展中国家尤其是金砖国家有改进的迹象。在发达国家，经济“可持续发展”的概念催生了很多院外游说集团，例如工会和环境保护组织，其中有些集团拥有极大政治影响力。

由于以上趋势，多边协定才有可能为缔约国保留政策空间和支持公共利益保

---

[1] M Sornarajah.外国投资的国际法.剑桥：剑桥出版社，2010.
D Collins.世界贸易组织在国际投资法中的新角色：后新自由主义时代的公众利益.康涅狄格国际法杂志，2010,25:1.
S Amarasinha, J Kokott.多边投资规则.//P Muchlinski, F Ortino, C Schreuer.牛津国际投资法手册.牛津：牛津大学出版社，2008.

护。这也是金砖四国等新兴市场国家财富增加、对发达国家投资增长的结果。和发达国家一样，这些发展中国家也开始关心非经济的发展目标。更重要的是，发达国家作为资本东道国，第一次感觉到有必要为公共政策目标而限制外国直接投资，因为他们感觉到自己控制经济活动的主权受到了跨国公司的威胁。因此，当发达国家从发展中国家接受的投资额上升的时候，用公共政策为限制投资者权利的行为辩护，就越来越常见了[1]。今年东道国管制的权利空间有所增加，有时被视为保护主义。最近发达国家的双边投资保护协定，例如美国加拿大投资协定，规定东道国可以用公共政策目标来为限制外国投资的行为辩护。金砖四国和其他新兴市场国家一直致力于和发达国家投资伙伴保持权利平衡，很快也会进行效仿。

虽然这个趋势被指为保护主义，却也因为承认了全球化运动在经济之外的后果而受到欢迎。全球对可持续性发展问题的关注，强调环境和劳工问题，显示有必要在多边框架中包括相关的例外条款，而双边的协定在比较小的规模上已经这样做了[2]。政府为达到社会政策目标而干预经济的权利越来越得到认同，这被称为后华盛顿共识[3]。而在新兴市场国家中，对社会财富公平分配，通过政府危机处理政策获得经济稳定的追求，这种管理方式被称为“北京共识”[4]，中国是主要的样板。也许这些国家还没有准备好将以上共识反映到双边投资保护协定的社会政策例外条款中来，因为这样的条款会危害本国的国际企业。

尽管还有待改进，但全球化的意识已经越来越关注环境保护、劳工和人权、文化保护、经济和安全危机应对这些政策目标。这些目标反映在媒体、国内政策和国际法，比如一些条约和类似的法律文件。虽然联合国、世界银行、经济合作与发展组织等国际机构颁布的国际法文件对私人企业并无约束力，但已经受到了政府、跨国公司和公民组织的广泛关注[5]。这些原则可以更准确地被称为规范，虽无法律约束力，各国政府和非政府组织都应该予以遵守。

以上接近于法律的规范，反映了公众对于跨国公司作为全球化主要载体的态度变化。跨国公司创造财富已经不够了，他们应该用不危害社会的方式来创造财

---

❶ M Sornarajah.外国投资的国际法.剑桥：剑桥出版社，2010.

❷ M Sornarajah.印度、中国和外国投资.//M Sornarajah, J Wang.中国、印度和国际经济秩序.剑桥：剑桥大学出版社，2010.

❸ 引自 N Birdsall, F Fukuyama,2011 年 3～4 月在全球发展中心工作文件 244 发表的《后华盛顿共识：危机之后的发展》。

❹ J Ramo《北京共识》英国外交政策中心 2004/11/5。

❺ L Backer.跨国公司，跨国法律：联合国跨国公司责任指南发公司社会责任之先声.哥伦比亚人权评论，2006,37:287.

富。由于互联网和拥有充足财源的非政府组织对全球社会的渗透，消费者能获得更多信息，对厂商施加更大的压力，迫使厂商更关注东道国公民的利益。政府应该调整国内立法，来适应这个趋势。

跨国公司，包括新兴市场国家的跨国公司所挑选的东道国，应该签署了包含公众利益保护条款的投资协定。企业遵守这些行为准则能提高母国的国际形象，从而提高他们国外投资的成功概率[1]。正如很多发达国家企业已经意识到的，对社会公益负责的态度，是一种有效的商业战略。

我们所提议的《服务业多边投资协定》里所规定的缔约国公众利益正向义务，只有积极促进跨国公司遵守公认的公司社会公益责任这一项，不包括对公共政策的其他义务。因为本协定只承担保护对外直接投资并促进开放这一项功能，如果要对广泛的政策领域规定最低标准，那是更加广泛的社会改革条约的责任。如果《服务业多边投资协定》包含环境和劳工问题条款，很难在全球达成一致。这些问题上所承担的义务会侵犯国家主权，在气候变化和人权这类问题上争论不休。

《服务业多边投资协定》只是对可持续发展问题持支持态度，让各国政府来决定他们如何管理这些问题。社会政策目标主要作为协定当中投资保护义务的例外出现，本身不作为协定义务。《服务业多边投资协定》允许各国用自己的方式，按照自己的步调，来解决环境、劳工、人权、文化、国家安全、经济危机等问题，有时候国家所选择的方式会侵犯到外国投资者保护的义务，那么就需要付出赔偿。

本章列举各种正当的公共政策理由，东道国能够用来为违反《服务业多边投资协定》投资者保护义务的行为进行辩解。我们会考虑目前的双边投资保护协议和投资仲裁实践，在多大程度上能够接受这些例外。第一类例外条款是公众利益问题，包括环境保护、劳工和人权、文化、国家安全和防止经济危机。第二类例外条款与国内市场的服务质量有关，为了保护消费者，国家需要保证外企达到足够的专业标准。然后，将讨论以上例外条款如何执行，以降低或者避免违规的赔偿。

一般例外条款：公众利益考量

《服务业多边投资协定》应该包括全部总共五类公众利益例外，国家可以援

---

[1] J Alvarez.新兴市场国家跨国公司的兴起：未来的法律挑战.//K Sauvant, G McAllister, W Mascheck.新兴市场国家的外国直接投资.纽约：麦克米伦出版社，2010.

引这些例外条款为违反条约义务做出辩解。

环境保护

《服务业多边投资协定》规定缔约国有权要求未来或者现在的投资者遵守环境保护的法律。这些法律可以规定排放水平，或者项目审批要求，例如在立项之前进行环境影响评估。环境保护的概念将会非常广泛，包括增加碳排放量或者其他已经证明对生命和健康有害的物质。这个定义与现代科学的理念相符。有些问题没有争议，比如企业对当地生态环境的损害；当有争议的时候，比如说要证明投资项目对全球环境变化有影响，政府应该出具科学证据来证明自己处罚的必要性。这个要求对本国企业和外企一视同仁。基于国籍在环境法律问题上的差别待遇，违反了条约中的国民待遇承诺。

《服务业多边投资协定》应该特别允许那些鼓励可持续发展的法律规定。可持续发展的定义是“满足目前的需要，而不会危害后代满足他们需要的发展”[1]，这个原则在 50 个以上的国家条约中被作为明确目标[2]。可持续性也包括完全就业和经济稳定性等其他内容，本文以后再分析。尽管大多数服务行业不会像采矿业那样威胁自然环境，但是有些行业，比如运输业和建筑业还是应该注意经济活动的环境影响。

很多双边投资协定的谈判、架构、内容和执行都已经包含了环境保护的内容[3]。国际可持续发展研究所（IISD）制定了一个示范双边投资保护协定，里面就环境保护问题对投资者和东道国规定了广泛的义务，包括投资之前外资要进行环境影响评估，东道国要建立最低环境保护标准[4]。可惜这个示范双边投资保护协定没有被任何国家完全采纳。美国示范双边投资保护协定经过修改，承认国家环境立法的权利，即便这项立法可能会损害投资者的私人合同权利[5]。挪威示范双边投资保护协定特别规定国家有为了环境保护而进行立法的权利，东道国不得为了吸引外资而削弱环境保护[6]。虽然《服务贸易总协定》一般性例外条款没有

---

[1] G Brundland.我们共同的未来：世界环境与发展委员会报告.牛津：牛津大学出版社，1987.

[2] M Cordonier Segger, A Khalfan.可持续发展法律：原则，实践和展望.牛津：牛津大学出版社，2004.

[3] A Newcombe.可持续发展与投资条约法.世界投资与贸易杂志，2007,8:357.

[4] 《IISD 可持续发展国际示范协定》第 12 和 21 条。

[5] 第 8.3.c 条。

[6] 第 11 和 12 条。

明确提到环境保护，但是规定了为保护人类、动物、植物和健康的一般性例外[1]。加拿大示范双边投资保护协定和东盟广泛投资协定都反复强调为保护生命和自然资源采取的必要措施属于一般性例外[2]。《北美自由贸易协定》有一条，如果国家认为有必要为环境目的而立法，而这个法律可能会违反条约义务，例如征用外资，此时国家可以进行这项立法[3]。有时候世界银行多边投资保险机构（MIGA）要求在提供投资保险之前，要进行项目的环境影响评估[4]。还有几个投资条约要求外资进入之前做环境评估，最有名的包括《能源宪章条约》[5]和《北美自由贸易协定》[6]。

这类例外也不仅是发达国家的条约里有。哥伦比亚示范双边投资保护协定规定为了环境保护目的采取的措施不能算作间接征用[7]。在金砖国家里，俄罗斯和瑞典的双边投资保护协定规定为了环境保护目的可以违反国民待遇承诺[8]。印度和韩国的广泛经济伙伴协定里承认东道国为保护环境而管制的需要[9]。中国发展银行愿意减轻所资助项目的环境影响[10]。

《北美自由贸易协定》（NAFTA）的几次仲裁为投资承诺的环境问题提供了最著名的司法案例。仲裁没有像外界预料的那样削弱国内环境立法的效力，这一点令人鼓舞。一个《北美自由贸易协定》仲裁庭认定美国一个州政府禁止某种汽油添加剂的生产和销售，不构成征用，也不需付出任何补偿。这个裁决基于仲裁庭发现的事实：该禁令是为了公共利益，即保护环境不受有害化学物质的危害而采取的[11]。其他几个《北美自由贸易协定》关于环境的诉讼没有能让该州征用某投资资产的决定合理化，但并不是因为内容方面的问题，而是所采取措施的程序不正确[12]。

---

[1] 14b。

[2] 加拿大示范双边投资协定 10.1.a 和 c，东盟官方投资协定 17.1。

[3] 1114.1 条，在 2012 年美国示范双边投资协定的 8.3.c 中也使用了相同的语言。

[4] 世界银行多边投资担保机构《社会和环境可持续性的行为标准》2007/10/1。

[5] 19.1.i。

[6] 1106.2。

[7] 6.2.c。

[8] 3.3。

[9] 印韩广泛经济伙伴协定第十章 10.16.2。

[10] 2011 年中国发展银行董事长陈元的讲话。

[11] Methanex 诉美利坚合众国案，44ILM1345（2005）。加拿大政府承认没有科学的依据禁止一家美国投资者的化学产品销售之后，另一个在北美自由贸易协定的环境争端和解了：Ethyl 公司诉加拿大案，38ILM708（1998）。

[12] Metalclad 诉墨西哥案，国际投资争端解决中心案例号 ARB（AF）/97/1（2000/8/30）。

有人指责跨国公司海外运营对东道国造成了环境损害，而东道国没有足够的监督机制进行制止。的确，有些国家，尤其是发展中国家，环境保护立法松懈，反而会被认为是投资环境的优点。这种“污染天堂”理论特别适合采矿业，因为采矿业会对矿址和油井周围造成污染。而服务业企业一般是追逐市场的，较弱的环境立法对他们的选址影响不大。污染天堂模式一般都是美国或其他发达国家石油或矿业公司污染发展中国家的环境。而如今，中国跨国公司或者加拿大石油公司经营跨越美国乡村的输油管道，同样会遭受类似指控。实际上没有证据表明造成污染的行业搬迁到环境标准较低的国家以降低守法成本[1]。涌入发展中国家的外资，并不是以高污染行业为主，而是以劳动密集型行业为主，这些劳动密集型企业一般来说污染更少。在环境立法松懈的国家投资，这个战略的缺点在于，这样做会妨碍企业的技术进步。保护环境做得好的东道国，也拥有更高的劳动生产率[2]。而且，服务行业的直接投资对全球和当地环境的损害比采矿业小，因为知识密集型的活动对环境影响小。在这个意义上，东道主运用环境立法，其实是找借口变相征用外国服务业投资者的财产。比如 Metalclad 公司案，当地政府以环境为借口否决了一个垃圾处理项目，结果仲裁判政府要付出赔偿[3]。

因此，环境保护例外需要仔细考虑所采取措施的目的和前因后果。尤其是关于环境变化的概念过于模糊，依据这种模糊的概念对企业做出指控是站不住脚的，政府如果要监管投资，必须要有扎实的证据支持。当仲裁庭解释环境保护例外条款的时候，要记住强大的环境保护组织经常为了达到自己的目的，故意将外资项目描绘成负面形象，而这种行为违背了他们所服务的社区的经济利益。下文将进一步探讨环境例外和它所服务的国内法规之间的关系。

劳工与人权

《服务业多边投资协定》应该规定缔约国有权制定法律保证跨国公司雇员和当地社区以及其他企业利益相关群体得到公平待遇。这一例外应该包括东道国能

---

[1] A Harrison《污染企业转向国外了吗？验证污染天堂理论》论述了“污染天堂”的理论。ARE 更新（加州大学 Giannini 农业经济学基金会）2001/12/1.J Grether《全球化和肮脏工业：污染天堂举足轻重吗？》CEPR 讨论文件第 932 号 2003 年 6 月。

[2] C Hufbauer, M Adler.新兴市场国家跨国公司的兴起：经济和商务的未来挑战.//K Sauvant, G McAllister, W Mascheck.新兴市场国家的外国直接投资.纽约：麦克米伦出版社，2010.

[3] Metalclad 诉墨西哥案，国际投资争端解决中心案例号 ARB（AF）/97/1（2000/8/30）。

够制定和执行最低工资、最高工作小时数和工人组建工会的权利。国家还有权要求最低限度的工作环境安全保障和最低工人年龄。这都是人权的重要组成部分。虽然人权包括哪些内容还有争议，一般公认应该至少包括联合国世界人权宣言中的原则，例如平等、安全、免受监禁、拥有财产和自由表达意见的权利❶。为了保留灵活性，以上原则不应该全都出现在《服务业多边投资协定》内。不尊重公民人权的外国投资者将受到东道国的制裁。以劳工权利和人权为理由，对条约的正当违反，可以减少给予受损失投资者的补偿。第 8 章将讨论违反《服务业多边投资协定》条约义务的补偿。

在此应该强调，如果有了环境保护条款，服务业投资中的劳工状况不会太成问题。因为知识密集型的服务业直接投资项目，与采矿业和制造业相比，雇员具有高水平的教育、技能和训练，报酬不错，而且工作环境相对安全。建筑业工人和家庭服务从业人员可能是两个例外。服务行业相比工厂或者矿山，劳动强度较低，减少了受伤的可能性。但是有些侵犯人权现象不那么明显，比如剥夺员工自由表达意愿的权利，在教育、媒体、娱乐业较为普遍，其实东道国政府法律剥夺公民言论自由的可能性，大大超过企业剥夺工人言论自由的可能性，因此这类对企业的指控不太可能发生。

因为很多现存的双边投资保护协定都是在各国政府开始关注直接投资的社会效应之前制定的，所以人权和劳工问题很少在这些协定中出现。为了解决这些重要的问题，需要对已有的国家安全和维持公共秩序的传统条款做广义的解读❷。正因如此，两件仲裁案中，阿根廷政府处理经济危机的措施虽然损害了外国投资，却是正当的，因为经济危机导致失业和贫困，甚至营养不良直至死亡❸。双边投资保护协定中很少见明确的劳动保护和人权保障条款，但是情况正在发生变化。国际可持续发展研究所（IISD）制定的可持续发展国际示范公约明确宣示保护劳工权利和人权，但是没有国家完全采用这个公约❹。挪威示范双边投资保护协定禁止国家降低劳动标准吸引投资，允许国家为了保护健康及安全的目的而执

❶ http://www.un.org/en/documents/udhr.

❷ B Choudhury.例外条款是把人权问题纳入国际投资协定的渠道.哥伦比亚国际法学杂志，2011,49:670.

❸ 大陆意外险公司诉阿根廷共和国案，国际投资争端解决中心案例号 ARB/03/9（2008/9/5），LGE 能源公司诉阿根廷案，国际投资争端解决中心案例号 ARB/02/1（2006/10/3）。阿根廷应对经济危机的主要手段之一，是将政府拖欠水电公司（很多是外企）的费用从美元转换成贬值的比索。

❹ 21。

法[1]。美国秘鲁贸易促进协定虽然不是投资保护协定，但是规定了保护基本的劳工权利，例如安全的工作环境和组织工会的权利[2]。美国的一些双边投资保护协定提到尊重工人劳动的权利，但是缺乏真正的义务规定[3]。美国示范双边投资保护协定敦促各方在进行直接投资的时候应该尽量避免损害劳工的基本权利[4]。《服务贸易总协定》虽然没有明确提到人权和劳工权利，但是制定了一条关于“安全”[5]的一般例外条款，认识到制定工作环境最低标准的需要。金砖国家在双边投资保护协定中很少表现出承认劳工权利的意愿。俄罗斯瑞典双边投资保护协定允许健康例外，可以作为劳工权利的一个表达[6]。可能最令人鼓舞的是，中国因为糟糕的人权纪录，被迫签署了一份劳工合作理解备忘录，作为和新西兰自由贸易协定的一部分，在备忘录中，中国承认为雇员提供安全的工作环境的必要性[7]。因为双边投资保护协定中几乎没有人权和劳工待遇标准的规定，自然也就没有关于这些问题的投资仲裁记录。

和环境恶化的担忧一样，对跨国公司虐待劳工的担心，也来源于相信企业国外投资的目的就是为了降低工资成本，降低工作环境的质量。工人受到跨国公司虐待的最为臭名昭著的例子，可能是印度博帕尔美国联合碳化物公司化工厂工人的死亡事件。很多人相信一些西方企业在发展中国家开设血汗工厂，大规模生产产品然后运回美国和欧洲低价销售。这种血汗工厂模式并不是跨国投资战略的准确描述。很多跨国公司给工人提供的工作条件和工资远好于当地企业，因为这也符合公司的经济利益[8]。有证据显示，和一般的印象相反，跨国公司的劳工关系比国内企业的劳工关系更好，外企的工资更高，工作稳定性更好。如果将企业大小的因素考虑进去的话，就更是如此[9]。追逐廉价劳动力对于跨国公司是短视的战略，最终会妨碍跨国公司达到更重要的长远目标，例如提高服务质量、基础建

---

[1] 第 11 和 12 条。

[2] 17。

[3] 美国玻利维亚协定引言和美国阿根廷协定。

[4] 13，

[5] 14.c.3。

[6] 3.3。

[7] 新西兰中国自由贸易区协定：效果综述。

[8] 引自 H Gorg, E Strobl 和 F Walsh 2002/10/22 在 IZA 讨论文章 590 号发表的《为什么外企工资更高？在职培训的角色》。

引自 A Harrison 和 J Scorse 2005 年在国际劳工组织工作论文第 98 号发表的《外企工资更高吗？印尼制造业的证据》。

[9] T Moran.发展中国家政府应该对对外直接投资采取何种政策？发达国家的教训.//K Sauvant.新兴市场国家跨国公司的兴起.切尔滕纳姆：Edward Elgar 出版社，2008.

设投资和技术革新。在服务业领域这些长远目标更为重要，因为服务业依赖高质量、动态的产出，而不是重复劳动。虽然发展中国家的商务环境无疑仍然具有工作条件艰苦和低工资的特点，但情况在很多亚洲国家有极大的改善，尤其是中国。这说明发展中国家的廉价劳动力本身也成了一种假象。东道国开始相信支持人权会促进人力资本的形成，为外国投资者提供高素质的劳动力，在服务业这是特别重要的生产要素。

学者呼吁跨国公司在道义上有义务支持公平对待工人❶。在很多类似法律的行为规范中，例如经济合作与发展组织雇佣和行业关系指导❷，国际劳工组织跨国公司和社会政策原则三方宣言❸，能够看到国际社会对劳动标准重要性有所认识。一般来说，这些文件鼓励跨国公司和政府促进自由选择而有效率的雇佣关系、机会和待遇的平等、安全的工作环境、合理的工资❹。为了达成以上目的，这些文件要求公正待遇要合乎所在国的法律❺。这经常被称为国民待遇标准：跨国公司的工作环境不应该低于类似的本地公司的水平❻，但是如果国内企业很贫穷的话，这个要求也有问题。联合国颁布了跨国公司和其他商务企业关于人权责任的行为准则，准则涵盖的范围包括机会平等和非歧视待遇、人身安全的权利、劳动权利、尊重国家主权和人权❼。

虽然从易受损害的工人角度看，保留国家为保护劳工权利而执法的权力是值得赞扬的，但是这种对国家权力的保留可能导致非法限制国际直接投资。东道国可能利用矫枉过正地坚持良好工作环境或者言论自由作为借口，故意损害外国投资，偏向本地竞争企业。所以，《服务业多边投资协定》必须在保护工人不受剥削，和不去过度干扰合法商业活动之间取得平衡。这类判断要具体情况具体分析，需要有完善的争端解决机制。

---

❶ S Subedi.国际投资法：兼顾政策与原则.牛津：哈特出版社，2008.
Muchlinski，P.跨国公司和法律.牛津：牛津大学出版社，2007.

❷ 经济合作与发展组织跨国公司守则的一部分（OECE2011）。

❸ 17 ILM422（1978）。

❹ S Subedi.国际投资法：兼顾政策与原则.牛津：哈特出版社，2008.
P Muchlinski，跨国公司和法律.牛津：牛津大学出版社，2007.

❺ 例如国际劳工组织声明，经济合作与发展组织守则。

❻ 国际劳工组织声明[33]。

❼ 联合国贸发会议人权促进与保护分会《跨国公司和其他商务企业关于人权的责任守则》，联合国文件 E/CN.4/Sub.2/2003/L.8（2003/8/7）。

文化

政府应该有权管理外国投资以保护本国文化，这个权利应该成为《服务业多边投资协定》的例外条款之一。因为“文化”这个概念很复杂而且难以界定，《服务业多边投资协定》不会给出文化的定义。这样通过以后的仲裁实践，究竟应该保护文化的哪些方面，可以慢慢地归纳出来。一般地说，文化可以定义为一个群体用来自我认知的目的、知识和技能。它包括文学、音乐、电影、食物，甚至某种政府体系。国际法当中早有保护文化的概念。联合国教科文组织为此制定了一系列文件，例如世界遗产大会对文化遗产进行官方认证[1]。民事和政治权利国际公约保护个人欣赏本国文化的权利[2]。一些国家包括金砖国家的《服务贸易总协定》对外资的特别义务条款包括了文化例外。

保护文化的权利是《服务业多边投资协定》最重要的例外条款之一，因为知识密集型的直接投资对当地的语言、艺术和其他形式的群体自我认知表达有重要影响。如果报纸杂志等媒体由外国企业用外语制作，很可能破坏东道国的自我认知完整性。旅游和食品服务业也对文化有类似的影响。学者注意到外国投资很容易破坏考古遗迹[3]。开罗附近的古萨金字塔曾经受到外资酒店工程的威胁[4]。因为原住民的传统对社区文化的重要性和在社会经济上的脆弱性，会很容易受到外资的伤害[5]。

值得注意的是，虽然《关税与贸易总协定》对具有考古和艺术价值的商品提供了例外条款，可以被视为文化保护[6]，但是《服务贸易总协定》并无此类规定，这可以视为服务的提供不像商品贸易那样对文化造成威胁。当然，成员国可以决定在哪一个行业或者哪种服务的提供方式上给予外资市场准入或者国民待遇，把有可能对文化造成威胁的服务排除在外。《服务贸易总协定》没有明确的文

---

❶ 保护世界文化和自然遗产公约，1037 UNTS151（1975/12/15 生效）。

❷ 人权与政治权利国际公约第 1 条，1966/12/16 可以签署，S. Exec. Doc. E，95-2，31 页（1978），999UNTS171，179 页（1976/3/23 生效）第 27 条。

❸ V Vadi.投资文化：濒危文化遗产与国际投资法.范德比尔特国际法杂志，2009,42:853.

❹ SPP 诉埃及案，国际投资争端解决中心案例号 ARB/84/3（1992/5/20）。

❺ V Vadi.当文化发生冲突：国际投资法中的外国直接投资、自然资源和本地传统问题.哥伦比亚人权法评论，2011,42:797.

❻ 《关税与贸易总协定》第 20.f 条。
T Voon.文化产品与世界贸易组织.剑桥：剑桥大学出版社，2007.

化保护例外，这一点很奇怪，因为外来意识形态的表达可以和海外的反对势力一样造成损害，可以利用《服务贸易总协定》当中，保卫公共道德和公共秩序的例外条款[1]来保护当地文化。俄罗斯和瑞典双边投资保护协定规定了公共道德和公共秩序例外[2]。东南亚广泛投资保护协定包括保护有艺术、历史、考古价值的国家宝藏[3]。

以上概念非常主观，应该采用当地标准来进行评判。因此一个对不同道德观容忍度较小的社会和欧洲那样完全的世俗国家相比，可以在用道德理由为干预外资的行为辩解的时候，有更大的余地。可以援引一个国家对于新闻检查或者其他现行国内立法，来评判外资有违公共道德的指控的合理性。这样可以剥夺很多开化的西方国家援引道德例外条款的能力。在《服务贸易总协定》中，关于文化的争端越来越多[4]，但是目前为止还没有一件牵涉到商业存在这种提供服务的方式。

过去，讨论最多的外国直接投资对文化的破坏，可能就是美国“文化帝国主义”，尤其是美式快餐连锁店挤垮当地餐馆，侵蚀那些对游客特别有吸引力的传统社区。最近，外国文化最具有侵略性的形式是音乐、电视节目、电影、网站，但是这些形式很少是由外国直接投资带来的。在那些由于宗教原因具有很高道德标准，或者对不适当行为标准非常严格的东道国，人们有可能厌恶不同的衣着、行为方式和语言。当地语言最容易受到影响，因为英语是商界的世界语言，也是很多娱乐媒体的通用语言。因此，由外资制作发行的广播、电影、电视产品可能被要求通过审查，或者有当地成分，例如最低的本地语言广播小时数。发达国家也有不少文化审查，说明对这个问题全世界还是有共性的。例如加拿大历来强烈反对外国的艺术形式，把整个文化产业排除在示范双边投资保护协议的条约义务之外[5]。法国也是一样[6]。教育可能是另一个当地文化受到外来影响的领域，外来文化在教育界的影响包括对东道国历史的描述，还有本国文学在世界舞台上的地位。外国大学在建立本地校区的时候，东道国也许有必要确保课程反映当地的问题。

[1] 14.a。

[2] 3.3。

[3] 17.1.c。

[4] 中国：影响某些出版物和视听娱乐产品贸易权和分销服务的措施，WT/DS/363/R（专家组报告 2010/1/19 通过），WO/DS363/AB/R（上诉机构报告 2010/1/19 通过）。

[5] 第 10.6 条。

[6] 法国示范双边投资协定 1.6。

也许永远不会出现太多具有强烈文化因素的外国直接投资，因为其政治和商业上的风险太高了。很多研究表明在文化相似的国家比在文化差异很大的国家投资风险小得多❶。《服务业多边投资协定》里面加入文化例外条款，自然不可能降低企业所面临的文化障碍，但是这样做会对东道国有抚慰作用，对于企业在东道国的长期存在很重要。尊重当地文化的跨国公司会更加成功。但是，如果企业不尊重当地文化，东道国有权进行相应的干预，当然，这种干预必须有正当的文化理由，而不是被滥用来保护效率低下的本国企业。

经济危机管理

《服务业多边投资协定》允许国内法律致力于预防或者缓解经济危机，允许国家履行国际收支义务，就是偿付由外资所带来的国际债务。这是《服务业多边投资协定》所规定的对很强的外资保护条款最重要的平衡措施之一，允许国家在危机状态下，采取各种措施保卫国家经济主权。正是因为这一条，政府才能采取刺激经济和救市措施，就像他们在2008—2009年曾经做的那样❷。严格地说，这个例外和环境与文化保护不同，它和经济直接相关，这种性质的国家控制措施对社会的整个福利有根本影响，例如可以防止出现大规模失业和无家可归者，甚至更糟糕的情况。东道国为应对金融危机而采取的措施可能会对金融服务行业的外资造成特别的伤害，例如外资银行或者金融投资公司资产贬值，或者无法汇回利润。

多年负债的发展中国家需要积攒外汇，购买最重要的商品和服务。墨西哥和委内瑞拉等国不愿意给予外资自由跨国划拨资金的权力，害怕引发东亚金融危机那样的大规模资本外逃。很多发展中国家都有外汇管制法，限制货币自由兑换和跨国流动。金砖四国和其他一些国家还对本国企业国际化进程中，能从国内抽调多少资本有所限制。

尽管以上政策可能会违反国际货币基金组织关于货币自由流动的规则，但《服务业多边投资协定》必须允许缔约国在经济危机期间使用这些措施。《服务业多边投资协定》可以借用东盟广泛投资保护协定的语言，规定这些措施必须公平

❶ 世界银行多边投资担保机构.南南直接投资和政治风险保险：挑战与机遇.//K Sauvant, G McAllister, W Mascheck.新兴市场国家的外国直接投资.纽约：麦克米伦出版社，2010.

❷ 这些政策反映了世界直接投资增长的速度。K Sauvant.国际投资法律与政策年报.牛津：牛津大学出版社，2009.

和限时[1]。《服务业多边投资协定》还应该允许成员国为执行国际货币基金组织经济结构调整计划而进行货币汇兑限制，虽然这些限制会影响外企的盈利能力。双边投资保护协定中常见此类例外条款。有些俄罗斯的双边投资保护协定为多边经济互助协定规定了例外条款，这可以包括国际货币基金组织的援助项目[2]。印度和墨西哥的双边投资保护协定允许两国在不违反国际货币基金组织义务的前提下限制货币汇兑[3]。国际货币基金组织最近建议新兴经济体国家应该紧缩财政政策，允许本币汇率升值，而不是用直接限制外资流入的办法，来帮助美国等一些发达国家控制巨额贸易逆差。新兴市场国家可能比发达国家更需要在执行控制外资的法律方面有较多的自由度，这样才能控制本国难以预测的经济形势。国际上广泛认为中国和印度之所以能不受亚洲经济危机的影响，正是因为这两个国家没有像其他亚洲国家一样开放本国的金融市场[4]。正如第 6 章所说，当外企没有给付国内诉讼的罚款或者破产费用的情况下，服务业多边投资协定必须允许限制货币汇兑。

很多双边投资保护协定都有经济危机管理的例外条款。很多美国的双边投资保护协定允许国家为了“谨慎理由”对金融服务业采取措施[5]。加拿大示范双边投资保护协定里面有一个例外条款，允许为保护金融系统的完整而采取必要措施[6]。《服务贸易总协定》规定世界贸易组织成员国在严重国际收支困难或者金融危机情况下，可以限制服务贸易[7]。《服务贸易总协定》关于金融服务业的附件规定世界贸易组织成员国有权采取谨慎措施以保证金融系统的完整。这个条款包括了保护投资者、银行储户和投保人的各种措施，对金融服务企业有巨大影响。重要的一点是，不允许利用这个条例来规避服务贸易总协定下的义务[8]。而《服务贸易总协定》和一些双边投资保护协定还规定了经济危机威胁公共利益的时候，

---

[1] 第 16 条。

[2] 例如加拿大俄罗斯协定 4.b，泰俄协定 5（它很奇怪地提到了《服务贸易总协定》的义务，但是俄罗斯当时尚未加入世界贸易组织）。

[3] 4.a。

[4] W Jiangyu.东亚的金融自由化和管制：金融危机的教训和中国有控制的自由化经验.世界贸易杂志，2007,4(1):211.

[5] 美国乌拉圭协定 20.1 和美国示范双边协定 20。

[6] 10.2。

[7] 第 12 条。《服务贸易总协定》并未允许紧急情况的预防措施，但是第 10 条规定可以就此谈判。

[8] 《服务贸易总协定》金融服务附件 2.a，2012 年美国示范双边协定第 20 条允许缔约国在金融服务行业执行谨慎措施。

可以为保护公共利益而采取措施的例外条款❶。

有几件投资仲裁案，是有关双边投资保护协议处理经济危机的例外条款的。在有关2000年阿根廷金融危机的LG&E公司案中，国际投资争端解决中心仲裁庭认为，根据阿根廷和美国签订的双边投资保护协定还有国际习惯法，都允许阿根廷为保护公众利益而违反条约义务，包括不得征用和平等与公正待遇的义务❷。从法律解释的角度来看，因为某些双边投资保护协定要求的必要性条件和国际习惯法所要求的不一样，决定国家在何种程度上可以执行违反双边投资保护协定义务的政策措施，一直是一个难点。在CMS天然气传输公司诉阿根廷一案中，国际投资争端解决中心上诉委员会维持了仲裁庭的决定，认为阿根廷政府的经济政策必要性辩护无效，无论是根据双边投资保护协定还是国际习惯法，必要性辩护没有满足暂时性的要求❸。在另一件关于阿根廷危机的仲裁案——Sempra国际能源公司诉阿根廷案中，另一个仲裁庭重申了政府有权在经济危机的情况下援引双边投资保护协定的特别例外条款，或者国际习惯法当中的必要性条款，废止双边投资保护协定中所规定的义务。在那个争端里，上诉委员会认为，国家没有满足国际习惯法中必要性条件的要求，但是满足了有关的双边投资协定中的必要性要求❹。因为有关阿根廷危机的争端里，国家是否可以用经济危机来作为违反协定义务的理由，各个仲裁结果不一致，学者试图用不同的环境形势来解释这些不一致，例如处于经济危机的不同阶段❺。出现这类仲裁结果不一致，是因为争端解决机制有灵活性而且依赖不同的事实，也是因为在这个问题上缺乏先例。

虽然《服务业多边投资协定》不应该专门引用国际习惯法当中的必要性辩护，但是《服务业多边投资协定》至少应该清楚地规定，只有严重的经济困难才能使违反条约义务成为正当行为。视情况的严重程度，国家可能仍旧必须为违约行为付出部分补偿。为了防止滥用这个例外条款，应该使用反映不同程度必要性的语言，比如“危机”或者“紧急情况”，还有“暂时的”这些语汇。在2008—2009年全球金融危机中，发达国家执行了很多经济援助计划，说明发达国家拥

❶ 《服务贸易总协定》第14.a条和俄罗斯瑞典协定3.3。

❷ LGE能源公司诉阿根廷案，国际投资争端解决中心案例号ARB/02/1（2006/10/3）。

❸ CMS天然气运输公司诉阿根廷案，取消的案件卷宗号ARB/01/8（2005/5/12）。在国际法委员会关于国家责任的第25条款里有必要性辩护。

❹ Sempra能源国际公司诉阿根廷案，国际投资争端解决中心案例号撤销卷宗ABR/02/16（2010/6/29）。

❺ A Reinisch.国际投资仲裁中的必要性：最近国际投资争端解决中心案件中不必要的意见分歧？世界投资与贸易杂志，2007,8:191.

有大量资金来应对危机。但是发展中国家和发达国家不同，没有应对危机所需的大量政府基金，所以在《服务业多边投资协定》里面为条约义务规定例外条款，对发展中国家意义重大。而且，对投资者的大笔补偿，会进一步破坏已经处于瘫痪状态的国家经济，结果连仲裁赔偿也付不起，就像阿根廷的情况。仲裁赔偿的计算要考虑到这种情况。

《服务业多边投资协定》应该制定一个附加条款作为对经济危机管理例外的说明，以便缔约国能够列出优先产业，比如可再生能源、基础建设，或者公共卫生事业，在这些优先产业中，为了国家经济需要，可以限制或者取消条约的义务[1]。这些产业应该是敏感行业，短时间之内外国直接投资会引起负面效果。在双边投资保护协定的附件里列举出特定行业的保留或者例外，是一个普遍的做法。这类行业保留条款还可以附加条件，要求缔约国定期审查这些保留，致力于这些领域的渐进式开放。此类条款不但为国家保留了处理经济危机的政策空间，而且渐进的方式在条约谈判的时候更容易被接受，不会像一股脑取消所有国籍歧视那么令各国政府难以接受。

国家安全

国家安全可能是对外资开放最重要的限制，实际上很多世界贸易组织成员国在《服务贸易总协定》中所承担的义务里，国家安全构成了对跨国购并类直接投资最重要的障碍。研究发现对引进外资限制最严重的行业，都是那些国家安全高度敏感的行业，例如电信业、交通运输、金融和电力[2]。如果这种保护和重要的国家安全及国际安全需要相冲突，服务业多边投资协定缔约国可以取消外资在协定中享受的保护。和目前多数双边协定一样，服务业多边投资协定也不明确定义“安全”，允许以后各国政府和仲裁庭在执行和解释方面有最大的自由度。除了那些明显威胁安全的事物以外，对于什么构成对国家安全的威胁，投资仲裁法庭一直都愿意采取开放的态度来解释[3]。海牙国际法庭认为，安全利益比武装进攻要广泛，可以包括国际商业活动的中断，所以经济紧急状况和国家安全之间有直接的联系[4]。

---

❶ K von Moltke.促进可持续发展的模范国际投资协定.可持续发展国际研究所，2004.

❷ S Golub.对服务业外国直接投资的开放度：国际比较分析.世界经济，2009,1245.

❸ CMS 天然气运输公司诉阿根廷案，取消的案件卷宗号 ARB/01/8（2005/5/12）。

❹ 伊朗诉美国案，2003 年国际法庭报告第 161 号（2003/11/6）。

外国直接投资经常被视为国家安全的威胁，因为外资在关键基础设施行业的控制，有可能泄露国家机密，使国家无法获得关键的技术和设备，或者严重损害重要设备的国内生产商。这会使得国家无力抵抗外来侵略，或者严重依赖外国供应❶。在服务行业中，电信业可能是对国家安全形成最大威胁的行业，因为外企有可能控制一国大部分最重要的通信网络。

《服务业多边投资协定》条款对投资的定义中，没有排除服务业的国有企业，这也需要《服务业多边投资协定》有一个国家安全例外条款❷。如果没有国家安全的理由，外企可以经营港口和其他关键的基础设施。而国家可以援引国家安全理由，自由采取措施来限制外资在这些敏感部门投资，反映了这些领域的高度敏感性质。尽管《服务业多边投资协定》应该为保护国家安全提供最大的灵活性，但是在条约里给出一个威胁清单，明确列出恐怖主义、战争、军事入侵、网络攻击，还是有利于清晰地定义什么是国家安全。

上文指出，国家安全是很多国家对外资进行限制的主要理由，因为这类事件经常受到媒体高度关注，所以就此获得全球共识非常重要。可能用国家安全来反对外国直接投资的最著名例子，就是阿联酋的迪拜世界港口公司试图获得六个美国海港管理权的尝试，而且这个例子是交通运输行业的，属于服务业范畴。这个争议没有激化到要提交仲裁的地步，至今尚未有任何公开能够看到的成功运用国家安全利益为违反条约义务进行辩护的仲裁记录，尽管双边投资保护协定里面普遍都有国家安全例外条款。

《北美自由贸易协定》❸、《能源宪章条约》❹和《服务贸易总协定》❺，印度❻、加拿大❼和美国❽的示范双边投资保护协定里，都有重大安全利益例外条款。有一些金砖国家的双边投资保护协定规定国家安全的需要高于条约义务❾。在国际习惯法中也规定，国家有能力在必要的形势下行使自卫权，这也构成用国

❶ J Alvarez.政治保护主义和美国，冲突中的国际投资仲裁：埃克森-Florio 的危害.弗吉尼亚国际法杂志，1989,30:1.

❷ 这一点与《服务贸易总协定》不同，《服务贸易总协定》1.3.b 和 c 两条把政府采购服务排除在服务定义之外。

❸ 2102。

❹ 24。

❺ 14。

❻ 12。

❼ 10。

❽ 18。

❾ 例如印度瑞士协定 11.2，中国新西兰协定 11，俄泰协定 3。

家安全为违反条约进行辩护的基础[1]。构成必要性的门槛是高的，这个门槛有可能包括经济危机，例如阿根廷危机的案子。所以，明文规定包括一个为了重要安全利益可以例外的条款，应该能保证国家有很大的自由度采取措施，而“重要”这个形容词用来强调这个例外规则不能经常使用。

《服务业多边投资协定》的重要安全问题例外应该是“自我判断”的，这一点和《服务贸易总协定》第 14 条[2]，美国[3]、日本[4]的双边投资保护协定相适应，意思是，国家可以自己决定对国家安全威胁的程度，还有是否这个威胁严重到允许国家放弃条约义务。因此缔约国不需要国际仲裁庭的允许就可以执行这个权利。它和其他例外规则不一样，其他例外规则的有效性由仲裁员根据事实决定。这个特别的地位，反映了国家安全问题的严重性，还有决定威胁程度所需信息的敏感性。仲裁员无法获得国家政府拥有的保密信息，因为这将危害国家主权。因此，国际仲裁庭能够决定的只有东道国政府是否按照本国所规定的正当程序对外国投资进行了国家安全审查。如果政府自己没有执行自己所制定的程序，才会导致向外资赔偿。

有些学者将自我判定的国家安全条款看作是对投资保护的威胁[5]。这种自我判断性质被认为是对投资开放的威胁，因为不需要证据就可以引用，很容易被滥用。中国对美国针对跨国购并的国家安全审查制度就颇有微词，将其视为伪装的对外来竞争的限制[6]。但是其他人理智地认识到，只要服务业多边投资协定里存在这样公开的自我判断条款，投资者对这种条款的执法公开性本就不应该存有很高的期望值，但这个条款又是必须存在的。这个条款将损害的风险，从国家和公民身上转嫁到投资者身上，如果没有这个条款的话，东道国本来要为违约行为付出赔偿的。外企的服务项目如果有涉及国家安全的内容，只能投保政治风险，相应地提高服务成本[7]，就像在世界的危险地区经商一样。鉴于全球政治高度不稳定和恐怖主义威胁，我们应该把自我判断的重大安全需要例外看作是对外国直接

---

[1] ILC 国家责任条款，见 P173 注[3]，第 21 和 25 条。

[2] 14 条“本协定任何内容不得妨碍成员国为了保护重要的安全利益而采取的必要行动”。

[3] 例如美国巴林协定 14。

[4] 例如日韩协定 16。

[5] J Alvarez.新兴市场国家跨国公司的兴起：未来的法律挑战.//K Sauvant, G McAllister, W Mascheck.新兴市场国家的外国直接投资.纽约：麦克米伦出版社，2010,430.

[6] C Congyan.中美双边投资协定谈判和投资条约体系的未来：影响多边谈判的双边谈判.国际经济法杂志，2009,12:457.

[7] W Burke-White, A Von Staden.非常时期的投资保护：在双边投资协定中对非排除条款的解释和运用.弗吉尼亚国际法杂志，2008,48:225.

投资完全合理的限制。因为东道国政府有在战时和国内动荡的时期保护外资安全的责任，那么，允许政府自己决定如何运用国家安全例外，可以视为是补偿这种责任的相应权利[1]。既然政府有责任为外企提供最低标准的完全的安全和保护，那么国家应该有权为了履行这个责任，而对交通、能源、通信这些重要的系统保持一定程度的控制。

我们应该认识到，如果一国政府对外资在敏感行业收购国内企业存在国家安全方面的疑虑，那么这个问题和公司治理及公司运作的公开性是紧密联系的[2]。如果外国投资者能够有良好的公司治理，披露所有的股权结构信息，那么对恐怖主义或者间谍活动的担心就会降低。外国投资审批过程中如果包括公司治理结构公开性的要求，那么基于国家安全利益上，对外国投资者的歧视可能性就会降低[3]。

最后，国家安全有一个重要方面，我们应该在《服务业多边投资协定》中明文涉及，那就是预防或者控制瘟疫的措施。《服务贸易总协定》的重要安全利益例外允许在“其他危机”[4]的时候取消条约义务。这个“其他危机”可以包括重大的瘟疫，它会让一个国家在国内国外的攻击面前毫无抵抗能力。《与贸易有关的知识产权协定》里有强制许可条款，允许东道国为了应对危机情况从跨国公司手中强行征用技术知识。由于为了医疗需要复制药品使跨国公司受到损害，这个例外条款会降低损害赔偿。有一些双边投资保护协定，例如印度的双边投资保护协定，将根据《与贸易有关的知识产权协定》例外条款而进行的强制许可，明确排除在不进行征用的保证之外，就是说东道国紧急征用专利而引起的对投资者的损害赔偿，由《与贸易有关的知识产权协定》协议管理，而不适用双边协议中的禁止征用条款[5]。因此，赔偿数额比运用双边投资保护协议的时候要低。

例外条款的实施

目前为止我们还没有探讨这些例外条款如何跟《服务业多边投资协定》的主

---

[1] D Collins.将国际投资法中的完全安全保护标准应用于数字资产.世界投资与贸易杂志，2011,12(2):225.

[2] R Geiger.新兴市场国家跨国公司的治理：为什么重要？.//K Sauvant.新兴市场国家跨国公司的兴起.切尔滕纳姆：Edward Elgar 出版社，2008.

[3] 同注[2]，211 页。

[4] 第 14 条。

[5] 印度哥伦比亚协定 6.7。

要义务结合起来执行。当投资者就东道国违反条约的行为，援引《服务业多边投资协定》提起仲裁的时候，相应的仲裁庭要决定如何执行例外条款。上文提到，除了几件有关阿根廷危机的诉讼之外，很少有公开记录记载投资仲裁庭如何判决双边投资保护协定中公共政策例外的案子。所以，现存双边投资保护协定的这方面规定用语，没有对仲裁庭在这方面造成太大的困难。但是对如何评估例外条款的过程有明确规定，可以提高《服务业多边投资协定》在东道国和投资者面前的可预测性，而且例外条款的运用方式，应该保持高度的灵活性。这就可以结合具体情况，来合理评判东道国为追求政策目标而采取的措施。而评估国家行为例外规则的使用，跟评估补偿是紧密联系在一起的。本书第 8 章将在论述《服务业多边投资协定》争端解决机制的同时，对赔偿评估做进一步探讨。《服务业多边投资协定》满足国际社会需要的主要特征之一，就是它提供了自由度，根据违反条约的情况和相关的例外条款，来调整损害赔偿。

执行例外条款的出发点，应该是转变观念：例外条款的提出，不应被视作对逃避赔偿损失义务的辩护，而是一个缓解因素，为减少全额补偿进行辩解。而且，除了国家安全之外的各项例外条款，应该适用于《服务业多边投资协定》除了争端解决机制之外的所有条约义务。就是说仲裁庭有权评估所有的例外，除国家安全以外。它同时也意味着，东道国利用一项例外条款，可以否决投资者按照条约可以享受的任何保护。所以，《服务业多边投资协定》应该申明，例外条款不是简单的国家是否要遵守条约义务的“是与否”的判断，而是随着例外情况可信度和重要性的提高，国家由于没有提供相关的保护，所担负的责任也越来越小，这样一个渐进的过程。如果投资者侵犯人权，或者破坏了环境，可能完全取消他应该受到的保护。但是另一方面，国家也不能仅仅因为一项有效的例外，而完全剥夺投资者的财产并丝毫不给赔偿。实际上，投资者所能获得的赔偿，视他给东道国带来的损害严重性而下降，直至为零。

投资者应该受到本书第 6 章所讨论的保护，比如建立前和建立后的国民待遇，平等和公正待遇等。国家有义务证明，某一项损害了条约合法利益的法律措施，与某一项《服务业多边投资协定》例外条款的规定相符合。将举证的负担放在东道国一方，有利于迫使东道国提出科学的或者社会经济方面的证据，证明确实需要这项法律措施来达到公共政策目的。例外应该使用限定词“必要的”。如果某一项法律措施对于某个例外的目的，确实是“必要的”话，缔约国有权执行这项措施。很多现存国际条约中的公共政策例外，都要求证明这个必要性，例如，俄罗斯瑞典双边投资保护协定❶，美国示范双边投资保护协定❷，《服务贸易总协定》第 14 条❸。美国示范双边投资保护协定和 1994 年《关税与贸易总协定》第 20 条第 7 款对于适用不可再生资源保护例外的法规，使用了“证明有关联”的要求。为了清晰和一致起见，《服务业多边投资协定》应该对所有的例外都适用同一个关联性标准，避免为不同的公共政策规定不同的测试标准，就像《北美自由贸易协定》对环境例外所使用的用语“合适的”，和《关税与贸易总协定》第 20 条第 7 款使用的“有关于”的用语那样。根据世界贸易组织上诉机构的仲裁实践，“有关于”所表述的关联性比较弱，如果措施和目的之间的关联性要求较弱，那就会削弱服务业多边投资协定的保护义务。《关税与贸易总协定》第 20 条第 7 款中的“有关于”，意思是“主要目标是”❹，或者在目标与手段之间存在“紧密和真实的”❺联系。世界贸易组织上诉庭就贸易问题所提供的必要性关系的指导意见，可以帮助理解《服务业多边投资协定》下的例外与其目的之间的关系。在巴西政府诉翻新轮胎公司争端中，世界贸易组织上诉庭解释道，使用 1994 年《关税与贸易总协定》第 20 条第 7 款（人类，动植物的生命或健康）评估“必要性”的时候，所要考虑的因素包括：所涉及的利益或价值的重要性，措施手段对达到目标的贡献程度，还有措施对贸易的限制程度，是否存在其他办法，能对目标做出同样贡献但是对贸易限制较小❻。

所以，如果国家能够证明法规确实是达到特别的政策目的所必需的，而且没有其他对直接投资限制较小的措施，那么就会加强自己的论点，有可能把赔偿降低到零。如果措施明显和例外条款有合理的联系，但是可以采取其他的损害较小的手段，就是说不满足“必要性”测试，那么还不能完全排除使用例外条款，只是说国家的论点比较弱，补偿的数额相应较高。对补偿的调整，要同时兼顾投资者获得保护的权利和东道国管理国家的权利。

和《服务贸易总协定》一样，《服务业多边投资协定》的例外条款应该戴一个限定的“帽子”，即东道国所推行的公共政策法规不应该成为伪装的投资限制措

---

❶ 3.3。

❷ 8.3.c. 美国示范协定本身借用了关税与贸易总协定第 20 条的提法，包括提到“人类，动植物生命或健康”和“保护不可再生的生命或非生命自然资源”，美国示范协定 8.3.c.2 和 3，和《关税与贸易总协定》20.b 和 g。

❸ 1114.1。

❹ 美国：改良配方和传统的汽油标准，WT/DS2/AB/R（上诉机构报告 1996/5/20 通过）。

❺ 美国：某些虾和虾制品的进口限制，WT/DS58/AB/R（上诉机构报告 1998/12/6 通过）。

❻ 巴西：影响翻新轮胎进口的措施，WO/DS332/AB/R（上诉机构报告 2007/12/17 通过）。

施，也不应变成在缔约国之间或者本国与外国企业之间进行歧视的工具。美国示范双边投资保护协定在论述各种公共政策例外的时候使用了类似的语言[1]。《服务业多边投资协定》所规定的广泛的公众利益例外不能被滥用，导致损害条约促进国际直接投资开放的目的。“不必要的限制”，这个概念体现了手段必须适应目的，一些双边投资保护协定采纳了相同的概念[2]。“适应”这个概念运用在很多国内宪法解释当中，有些学者提倡在决定赔偿数额的时候，使用这个概念来平衡公共利益和私人利益[3]。而提出例外来限制投资者的这个过程，也不应该烦琐。对于自我判断的重大安全利益例外来说，手段和目的的联系就超出本书讨论的范围了。

东道国政府需要提出证据，来证明除了国家安全之外其他例外的法律措施的有效性。国家还必须向仲裁庭提交证据证明公共利益例外的适用是正当的。如果缔约国所执行的必要政策符合国际标准的话，就会更好地证明手段符合目的。将国内的法规与联合国、经合组织、国际劳工组织等国际公认的标准联系起来，会增加东道国管理外国投资的合法性。根据世界贸易组织卫生与健康措施协定，如果东道国法律不是建立在国际公认的标准基础上，超出了国际社会一般要求的保护程度，那么国家必须提供科学或者其他证据证明，为了特殊的公共利益，该法规是必要的[4]。为此，东道国需要进行环境影响评估，来证明某一个外资项目正在或将会对环境有何不利影响。当然，投资者也可以提交自己的环境影响评估来反驳这个指控。经济报告可以用来证明经济政策对于保护金融系统完整的必要性。用来证明文化政策必要性的证据就多种多样了，也许可以使用社会团体所进行的民意调查结果[5]。在评估某一项东道国法规是否适用《服务业多边投资协定》文化例外条款的时候，不能依据这项措施是否是歧视性的而定。因为一个本国的文化产业，仅仅因为当地文化固有的当地身份，就肯定具有外企所不具备的文化价值，所以文化例外可以进行国籍歧视。如果一个文化遗产得到了国际承认，比如一个地方被列入联合国世界遗产名录，肯定应该允许东道国采取措施，

[1] 8.3.c 又见巴西荷兰协定 5.2 对违反货币自由兑换义务的措施的检验。

[2] 例如哥伦比亚示范双边投资协定第 8 条提到环境措施。

[3] S Schill.国际投资法中的多边主义.剑桥：剑桥大学出版社，2009.

[4] SPS 协定 3.3 条。

[5] 学者注意到需要公众参与，以使与健康相关的法规合法化。
C Foster.公众意见和世界贸易组织卫生与防疫措施协定的解释.国际经济法组织，2008,11:427.
T Epps.在公众意见和世界贸易组织的 SPS 协定规则之间进行折中.世界贸易评论，2008,2:359.

保护该地区文化不受外国影响[1]。

对例外条款的总结

双边投资保护协定的复杂性在于，近年来人们越来越认识到，条约不仅是用来确立几个投资保护的条款通过直接投资促进经济增长的，而且还要保护更广大社会的公众利益。或者说，人们认识到，20 世纪人类财富的积累，多多少少付出了牺牲环境和剥削劳工的代价。而 21 世纪的共识是，经济进步必须和更重要的原则相平衡。在国际投资保护协定当中承认公共利益，这个进步主要是由发达国家取得的。对环境、人权、劳工待遇和文化问题的担忧，是经济富有的结果，这一点不足为奇。只有在达到了一定的生活标准之后，这些问题才会成为政策的目标。而且，过去许多发展中国家甚至把违反这些领域一般准则的行为视为自己的竞争优势。本书通篇所揭示的金砖国家和他们跨国公司的兴起及全球经济权力的变化这些大趋势，就是致力于欠发达国家在不对本国公民造成伤害的前提下获得经济增长。

因为发达国家和发展中国家都要支持公众利益行为规范，全世界的东道国都应该承认以上原则的普世性，不应为了经济发展而违背这些原则。《服务业多边投资协定》不但能帮助达成这个目标，而且可以解决其他一些担忧，例如美国等发达国家表面上为了可持续发展的目的，而越来越多地运用筛选政策，对外来投资进行限制。

在《服务业多边投资协定》中规定公共政策基础上的例外条款，可以让跨国公司的商务行为赢得利益相关集团、顾客和社会的善意。与利益相关集团的良好关系，尽管会提高劳动力成本和守法的成本，但是也会提升公司品牌形象，最终导致更高的利润。那些忽视公司社会公益责任的企业，最终会败给拥有更高道德水准的竞争者。新兴市场国家的企业越来越愿意为公共政策的目的服务，这是令

---

[1] 例如一个投资仲裁庭的判决：立陶宛政府禁止一个外国投资者在维尔纽斯旧城中心（是联合国人类文化遗产）附近建造停车场，但是允许一个国内投资者建造类似项目，这不构成歧视。

Parkerings Compagnier 诉立陶宛案，国际投资争端解决中心案例号 ARB/05/8（2007/9/11 判决）。

人鼓舞的现象。当然这种行为不一定总能改善公司的公众形象❶。总的来说，服务业多边投资协定里面的公共政策例外条款，其必要性比以前下降了。本书的观点之一是，服务业的直接投资对于公众利益的侵犯，不像制造业和采矿业那么严重，至少在资本全球化运动中最为广受诟病的环境和劳工方面是这样。在这个意义上，也许《服务业多边投资协定》例外条款当中小心翼翼地保持平衡是不必要的。而且，国际直接投资还可以促进某些重要的社会目标的实现，比如民主参与和文化保护。服务业投资尤其如此，因为知识经济重视教育、政治参与，提高了对所有社会问题的认知。吸引服务业直接投资需要政策公开性，而公开透明的法律体系，本身就有利于社会目标❷。

学者敦促为了达成环境、劳工和其他可持续发展的目标，应该对投资者规定有约束力的义务，再加上有效的惩罚措施，而不是无关痛痒的敦促❸。虽然以上说法有些道理，但是我们必须强调，《服务业多边投资协定》本身不能在这些方面制定任何最低标准。这不是一个国家环境公约，或者人权及劳动权利公约。这是一个投资条约，允许缔约国用自己的方式来追求非投资目标而不会被外国投资者或者母国所迫害。服务业多边投资协定的这个特征支持缔约国保留重要的国家主权，建立适合本国经济和社会发展水平的国内法律，同时获得竞争优势。有人认为，发展中国家经常怀疑全球劳工标准是取消低廉生产成本的隐性保护主义工具❹。现在包括发达国家和新兴经济体国家在内，越来越多的国家接受了公众利益的国际规范，《服务业多边投资协定》致力于把这些问题包括在内，鼓励各国进行竞相向上的竞赛，而不是竞相向下触碰底线的角逐。所以，《服务业多边投资协定》必须包括可持续发展的原则，指导国际仲裁庭就《服务业多边投资协定》的义务和例外条款做出仲裁。

还是会有一些最不发达的东道国可能寻求通过松懈的法律体系来吸引外资。所以作为《服务业多边投资协定》例外条款的最后一个组成部分，条约将要求缔约国在以上五个方面不得减弱现有的国内法律。双边投资保护协定中一般都有类

---

❶ C Hall.新兴市场国家的跨国公司对公司社会责任问题敏感吗？.//K Sauvant.新兴市场国家跨国公司的兴起.切尔滕纳姆：Edward Elgar 出版社，2008.

❷ R Kariyawasam.国际经济法与数字分隔：新丝绸之路.切尔滕纳姆：Edward Elgar 出版社，2007.

❸ K Miles.国际投资法：起源、帝国主义和将环境概念化.科罗拉多国际环境法与政策杂志，2010,21:1.

❹ 这是世界贸易组织一直坚持不在贸易自由化体系当中采纳劳动保护标准的原因之一：K Raju.世界贸易组织的社会条款和 ILO 的核心标准.//D Sengupta, D Chakraborty, P Banerjee.世界贸易组织调整阶段之后：印度对新问题的观点.新德里：学术基金出版社，2006.

似条款。例如，《北美自由贸易协定》禁止国家降低国内健康和安全立法以吸引外资❶。加拿大秘鲁《自由贸易协定》也有类似条款❷。很多学者倡议在多边投资保护协定中，一定要把这类被称为“加强底线”的条款作为重要部分❸。和第 6 章探讨的公司社会责任指导原则一样，执行公共政策方面的例外条款，很可能会对投资者和东道国带来福利损失。如果厂商遵守这类有社会目的的法规，会提高服务成本，对工人和消费者都不利。这种结果，必须和所追求的社会目标综合平衡，而由缔约国根据国情，自主决定如何权衡利弊得失。

为了本章所讨论的《服务业多边投资协定》例外条款，切实起到为公共目标留出立法空间的作用，各国必须切实理解这些政策所服务的社区的需要，并将这些需求传达给东道国政府、跨国公司和争议仲裁机构。只有在评估例外条款的争端解决过程中，利益相关团体广泛地参与进来，才能做到这一点。第 8 章将探讨这个重要问题，并讨论在违反条约义务同时又使用例外条款的情况下，如何确定补偿金额。

---

❶ 1114.2 条。

❷ 第十章第 809 条。

❸ J Kurtz.世界贸易组织中的一个投资总协定：从《北美自由贸易协定》第 11 章和经济合作与发展组织多边投资协定中汲取的教训.宾夕法尼亚大学国际经济法杂志，2002,23:713.

第 8 章

服务业直接投资多边保护条约：争端解决和补偿机制

简介：投资协议仲裁机制的合法化

第6和第7章论述了《服务业多边投资协定》的主要投资保护和例外条款。这个协定的主要目的是促进全球服务业直接投资，包括吸引外资和对外直接投资，而对外直接投资则是本书第一部分的重点考察对象。为了在投资者和国家政府的权利之间保持平衡，必须做到两件事：一是投资者应该能够就东道国违反《服务业多边投资协定》条约义务的行为提出申诉；二是政府能够援引例外条款对这些行为作出辩护。这就需要建立有灵活性的争端解决司法系统，在这个系统中有被各方广泛接受的第三方中立仲裁，还应该有上诉机制。本章将讨论仲裁和上诉的问题。

中立保密的投资者-东道国争端仲裁，是国际投资法的基石之一。几乎所有双边投资保护协定都有类似条款，全世界所有主要的资本输出国和输入国都接受，可能唯一的例外是澳大利亚[1]。因为金砖国家的企业开始国际扩张，它们也越来越愿意接受国际仲裁作为解决企业与东道国之间纠纷的主要手段。现代的双边投资保护协议允许外国投资者把纠纷诉诸中立的仲裁机构，从而很大程度将东道国有可能偏颇的法庭系统排除在外。企业和东道国之间的投资仲裁，效仿商业仲裁而来，也是保密的，企业不会像在司法诉讼程序中那样受到公开性的伤害。仲裁的速度快，所以成本低，几个月甚至几周的时间就能得到结果，民事法庭有时候可能需要几年的时间。而且因为几乎世界各国都接受《解决国家与他国国民投资争端公约》[2]，国际投资争端解决中心所作出的仲裁在各国都自动承认而且执行，这样就不需要为了执行判决再走第二道法律程序来强制执行（比如采取没收当地资产的手段）。虽然金砖四国接受国际投资争端解决中心的程度较低，但

[1] 美国-澳大利亚自由贸易协定没有提到解决争端的国际仲裁，而且澳大利亚劳动生产率委员会最近提议澳大利亚在双边投资协定中不再规定仲裁条款。

L Nottage.亚太条约中投资者-国家仲裁条款的未来如何.东亚论坛 26，2011,4.

[2] 缔约国和非缔约国公民之间的争端解决公约，1965/3/18，575UNTS159。

《纽约公约》也可以为执行仲裁判决提供方便[1]，《纽约公约》要求签字国承认并执行其他签字国作出的仲裁决定。国际投资争端解决中心普遍使用，不但建立了一套国际公认的投资协定仲裁实践体系，而且提高了争端解决过程的一致性和可预测性[2]。除了以前提到的全世界 BIT 都秉承类似的原则，因此方便了国际投资争端解决中心仲裁之外，国际投资争端解决中心在程序上的统一性，还提高了国际投资法作为跨越国际公法和私法领域的一个完整法律门类的合理性。国际法和仲裁制度的完善，促进了过去几十年对外直接投资的增长。

但是仍然有对国际投资仲裁的疑虑，最主要的担心就是仲裁侵犯了国家主权[3]。这个担心的来源是现实中外企对东道国多种多样的指控、高额的损害补偿罚款、判决缺乏一致性和仲裁过程的不公开。因为国际投资争端解决中心和其他运用联合国国际贸易法委员会规则的仲裁机构，在仲裁过程中排除了国内法庭，所以才会有侵犯国家主权的指责。国际仲裁机构有权审查国家政府的决策，就像全球行政法庭一样[4]，但是在国际投资争端解决中心之外，为了兼顾公共政策目标，国家政府还是可以有另一层国内审查来抑制仲裁机构权力的。《纽约公约》就允许缔约国国内法庭审查外国仲裁的补偿金额，看在程序上有没有错误，当事双方是不是一致同意仲裁，有没有违反执行国的公共政策[5]。还有一个原因，就是国际仲裁机构要决定的案件，经常涉及对公众利益的判断，比如自然环境、国家安全。对国民经济的控制，不是单纯的企业和东道国之间的商务纠纷。这被认为是有问题的，因为投资仲裁本质上是模仿私人商业仲裁，私人商业仲裁在没有公众参与情况下是秘密发生的。 投资仲裁是由私人企业人士做出判决，而不是由那些具有自我裁决意识的任命或选举产生的法官做出判决。[6]。

但是服务业多边投资协定所建议的争端解决方式不应该对国家主权形成挑战，因为：第一，这个协定已经明确将政府为公众利益而进行管制的需要考虑进

---

[1] 承认与执行外国仲裁判决公约（《纽约公约》330UNTS38）。

[2] G Van Harten.投资协定仲裁与国际公法.牛津：牛津大学出版社，2007.

[3] J. Karl.国际投资仲裁：对国家主权的威胁.//W Shan, P Sinons, D Singh.在国际经济法中重新定义国家主权.牛津：哈特出版社，2008.

[4] D Schneiderman.将经济全球化宪法化.剑桥：剑桥大学出版社，2008.
S Montt.投资仲裁中的国家责任：双边投资协定谈判中的全球宪法和行政法律.牛津：哈特出版社，2009.
M Sornarajah.外国投资的国际法.第 3 版.剑桥：剑桥大学出版社，2010.

[5] 同注[3]。

[6] G Van Harten.投资协定仲裁与国际公法.牛津：牛津大学出版社，2007:152.
M Sornarajah. 外国投资的国际法.第 3 版.剑桥：剑桥大学出版社，2010.

了例外规则，正如第 7 章所述；第二，《服务业多边投资协定》致力于提高企业-政府争端解决程序的合法性，因此它可以保护政府的主权。提高合法性的手段包括：纠正目前国际投资争端解决中心仲裁过程存在的问题，特别是要创造一个上诉机制；提高决策过程的公开性；允许社会团体和利益相关集团参与仲裁过程。发达国家作为投资母国和东道国的案件，也应该通过同样的仲裁机构审理。发达国家的司法系统也有运行不善的地方，比如美国和意大利法庭的拖延作风[1]。而且，通过国内法庭审理投资纠纷，错失了国际仲裁的主要有利之处，那就是建立一套使用同一个条约的、决策公开前后一致的单一国际执法机构。

即便国际投资争端解决中心仲裁过程没有作出如上这些改进，也很难说国际投资协定和投资仲裁就真的对国家主权构成什么实质性的威胁，因为投资仲裁机构的角色，大多数情况下都只限于决定补偿投资者的金额。世界贸易组织的条约可以被称为“全球贸易宪法”[2]，但是投资仲裁机构和世界贸易组织不同，不会要求国家修改国内法律以适应一个全球性的管制体系。国家可以坚持执行本国的管制措施，就是说，只要国家按照仲裁，付给投资者应得的侵权补偿，仍然可以选择继续本国的经济管制方式。各种国际投资协定组成了国际投资法，执法机构是国际投资争端解决中心和其他国际仲裁机构，这个国际投资法体系，跟合同法类似，都是关注实际破坏条约义务行为所造成的损害及其金钱补偿，而不关注对公共法律的破坏及其行为校正方面的补偿。可能是这个原因，曾有人预测国际仲裁体系（由于侵犯了国家主权而）遭到弃用，这种系统会失败，但这一直都没有发生[3]。后文将具体论述《服务业多边投资协定》体系下，系统本身的灵活性和金钱补偿的非侵略性特征。

本章将描述《服务业多边投资协定》的争端解决条款，这个条款体现国际投资争端解决中心规则，但是有所改善，关键的改善是保留国家主权，还有通过增加上诉而使整个过程合法化。具体的措施是增加上诉庭，提高公开性，强调可以更容易使用其他争端解决手段。之后将讨论《服务业多边投资协定》体系下如何估价补偿金额，这个问题在第七章有过部分探讨。

---

[1] C Congyan.中美双边投资协定谈判和投资条约体系的未来：影响多边谈判的双边谈判.国际经济法杂志，2009,12:457.

[2] 世界贸易组织争端解决系统声明的第一目标是取消前后矛盾的措施：争端解决规则与程序谅解协议 3.7。J Jackson.世界贸易组织宪法和改革建议：重新审视七项条款.国际经济法杂志，2001,4(1):67.

[3] M Sornarajah.投资仲裁中的新自由主义运动：兴起、倒退和对国家主权的影响.//W Shan, P Simons, D Singh.在国际经济法中重新定义国家主权.牛津：哈特出版社，2008.

国际投资争端解决中心（ICSID）的投资者-东道国争端解决机制

国际投资争端解决中心仲裁，一方面程序规则具有灵活性，允许各方为适应自己的目的而调整程序，另一方面又保留了必要的原则性确保公平和可预测性，所以全世界双边投资保护协定和各种投资合同越来越多地使用国际投资争端解决中心作为主要的争端解决手段。国际投资争端解决中心成员国包括了多数发达国家和发展中国家。更重要的是，即便一个国家不是国际投资争端解决中心正式成员国（金砖四国中有三个都不是），只要争端双方的母国或东道国有一方是国际投资争端解决中心成员国，不是成员国的另一方就可以利用国际投资争端解决中心附加便利条款来进行国际投资争端解决中心仲裁[1]。有些国家没有批准《解决国家与他国国民投资争端公约》的原因，可能是担心像《纽约公约》那样，仲裁决定所通过的补偿，不需要经过国内法庭的审查，即可自动强制执行。另外一层担心就是，害怕仲裁机构成为损害东道国政府、支持跨国公司的工具，很多国家对《华盛顿公约》的意识形态有类似的指责，《华盛顿公约》提倡经济开放和自由市场竞争。或者，有些国家选择不加入，仅仅是附加便利条款的成功，不加入公约也可以享受到国际投资争端解决中心的仲裁服务[2]。最新的实证研究[3]，反驳了国际投资争端解决中心对发展中国家有偏见的看法。而且很多反对国际投资争端解决中心的呼声来自采矿业而不是服务业，例如玻利维亚在 2007 年退出国际投资争端解决中心，厄瓜多尔声明在石油、天然气、矿产领域不接受国际投资争端解决中心的管辖[4]。这可能是因为国家害怕失去对重要自然资源的控制，矿产一旦失去就回不来了，而像电信金融这些服务业，可以轻易调整管理方式，而且不存在资产外流的问题。这并不是说服务行业的争端就不存在有争议性的政治因

---

[1] 见附加便利规则 2. a。

[2] 可能巴西是这种情况，见巴西荷兰协定 9.1 条。

[3] S Franck.国际投资争端解决中心效应？对仲裁赔偿中潜在变量的思考.弗吉尼亚国际法杂志，2011,51(4).

[4] J Alvarez.新兴市场国家跨国公司的兴起：未来的法律挑战.//K Sauvant, G McAllister, W Mascheck.新兴市场国家的外国直接投资.纽约：麦克米伦出版社，2010.

素，比如玻利维亚政府对给排水行业进行私有化，就触发了广泛的社会动荡❶。

《服务业多边投资协定》应该规定，所有投资者和东道国之间关于协定的争端都应提交按照国际投资争端解决中心规则组建的仲裁机构处理，不可以诉诸任何其他仲裁系统，例如联合国国际贸易法委员会。这是为了保证一致性和积累判例逐渐建立《服务业多边投资协定》法律体系的法理。这意味着仲裁决定是终审，不用国内法庭来审查是否有反常现象或者违反公共政策。一般来说，国际投资争端解决中心裁决在各国自动强制执行，而且主管机构世界银行国际投资争端解决中心会提供仲裁员，不像联合国国际贸易法委员会规则下仲裁庭是随需要临时组成的，所以在各个双边投资协定中，指定仲裁机构大多是国际投资争端解决中心❷。加入《服务业多边投资协定》本身就意味着接受仲裁条款，一旦开始仲裁，裁判庭自动认为双方的投资争端在自己的管辖范围之内。因为《服务业多边投资协定》要求投资者自报国籍，只要属于《服务业多边投资协定》缔约国就视为自动接受仲裁，这样可以减少很多关于司法管辖权的麻烦。

国际投资争端解决中心规则在程序上高效而广泛，应该予以保留，比如怎样提出指控、如何提交证据等。《服务业多边投资协定》会要求争端双方在诉诸仲裁之前，先试图本着友好互利的精神，进行协商或者调解，但是不要求仲裁之前国内司法系统的补救手段。如果不要求事先穷尽当地补救途径，不利于本地司法体系提高效率，但是这样不给当地司法系统增加压力，加快了争端的解决，能更好地鼓励投资。后面将详述《服务业多边投资协定》对和解的要求。应该规定一个“非此即彼”条款，让投资者一开始就选择是用国际投资争端解决中心仲裁，还是走国内司法体系。

对国际投资争端解决中心争端解决程序所做出的调整

为全球服务业直接投资自由化而建立一个全球协定的过程，是一个机会，可以顺带解决国际投资法中争端解决机制的一些现存问题，例如国际投资争端解决

❶ 这种情况一般不认为是公用事业私有化所带来的常规困难的典型例证。
S Franck.投资条约仲裁的发展和结果.哈佛国际法评论，2009,50:435.

❷ 关于国际投资争端解决中心相比联合国国际贸易法委员会的优势，可以参见 M Lehmann 2005 年在《美洲国际仲裁评论》16 卷 387 页发表的文章《在北美和中美自由贸易协定投资各章中争端解决的几个选择》。

中心程序上的缺陷。只要缔约国在加入《服务业多边投资协定》的时候同意对国际投资争端解决中心程序所做的改进就可以，不需要专门重新起草《解决国家与他国国民投资争端公约》并谈判。

《服务业多边投资协定》上诉机构

《服务业多边投资协定》对国际投资争端解决中心程序所作出的最重要的改进就是在国际投资争端解决中心规则系统当中增加了一个服务业多边投资协定上诉庭。这个常设的仲裁机构审理对国际投资争端解决中心仲裁决定的上诉，并作出终审裁定。这个机构也负责对《服务业多边投资协定》条款的解释，指导“低级”仲裁庭。曾有学者建议国际投资争端解决中心本身建立上诉机制[1]，这样可以增加投资条约仲裁的一致性和可预见性，从而增加仲裁过程的合法性，还可以缓和关于国际投资争端解决中心对发展中国家有偏见的指责，缓和国际投资争端解决中心不顾及国家公众利益的指责，可能还能够把退出的国家例如玻利维亚和委内瑞拉拉回体系中来。目前国际投资争端解决中心取消裁定结果的机制非常有限，只有通过专门委员会，而且限于几个严格限定的领域[2]，包括仲裁庭公然越权[3]和偏离了程序的基本规则[4]。整个取消程序广受诟病，对它的批评包括取消判决的原因缺乏公开性、决策前后不一致[5]。取消程序中还有一个“本决定不作为判例”声明，是指出了法律的错误，却不去改正错误，这大大降低了决策的可执行性，受到公众嘲笑[6]。相比之下，一个正式的上诉庭更加有力，它有权维持、改正，或者推翻赔偿判决，有权作出对各方具有约束力的决策。上诉庭的判决可以作为判例，建立和发展《服务业多边投资协定》条款含义及运用的有关法律原

---

[1] 例如D Gantz 2006年在《范德比尔特国际法》杂志39卷39页发表的文章《对投资者-国家争端仲裁决定复核的一个上诉机制》，注意在中美洲自由贸易协定当中特别要求谈判要考虑这样的上诉机构；D Kim 2011年在《纽约大学法学评论》86卷242页发表的文章《在国际投资争端解决中心仲裁当中撤销委员会加剧了自相矛盾：需要取消撤销系统》。

[2] 《解决国家与他国国民投资争端公约》52.1。

[3] 例如BHD诉马来西亚政府案，国际投资争端解决中心案例号ARB/05/10（2007/5/17）.

[4] Azurix公司诉阿根廷共和国案，国际投资争端解决中心案例号ARB/01/12（2006/7/14）.

[5] W Burke White, A Von Staden.公法领域里的私人诉讼：投资者–国家仲裁中的审查标准.耶鲁国际法杂志，2010,35:283.

D Kim.在国际投资争端解决中心仲裁当中撤销委员会加剧了自相矛盾：需要取消撤销系统.纽约大学法学评论，2011,86:242.

[6] 在CMS天然气运输公司诉阿根廷案中［取消的案件卷宗号ARB/01/8（2005/5/12）］，撤销委员会指出了仲裁小组运用法律当中所犯的几个错误，但是却声称自己无权撤销部分赔偿。

则。在条款解释上的灵活性有利于《服务业多边投资协定》与时俱进。为了消除这个过程可能费时费力的担心，上诉程序应该严格限定时间，使效率最大化。

学者认为这样一个国际投资争端解决中心的改革很难推行，因为太多国家签署了《解决国家与他国国民投资争端公约》，改动则需要所有国家批准[1]。美国2012年示范双边投资保护协议根本没有包括上诉机制，也显示各国没有进行这项改革的动力。在国际投资争端解决中心初建的时候案件少，很难建立起前后一致的案例法体系，《解决国家与他国国民投资争端公约》的根本目的，也不在于前后一致的法理建设。但是现在运用国际投资争端解决中心仲裁的案件比那时多得多。而且如果只需要在狭窄的服务业领域，《服务业多边投资协定》的缔约国只要一致同意就《服务业多边投资协定》条款的争端建立仲裁庭，那么改革就容易得多。它只接受关于《服务业多边投资协定》条款、仅限于服务业直接投资的争端，其他行业的《解决国家与他国国民投资争端公约》规则不变。如果不可能重新谈判重签《解决国家与他国国民投资争端公约》的话，《服务业多边投资协定》本身只需把建立上诉庭的改革放进条约即可。

除了国际投资争端解决中心重新谈判的困难以外，另一个反对建立国际投资争端解决中心仲裁庭的理由是：每次争端的仲裁庭根据的法规都是不一样的，是不同的双边投资保护协定（BIT）[2]，因此，即便有一个具有权威的终审机构，也不可能而且不需要达到司法解释的前后一致。这个理由当然不适合单一条约的《服务业多边投资协定》，这也是《服务业多边投资协定》比一系列双边投资保护协定优越的原因。如果上诉庭只依据单一条约的《服务业多边投资协定》，那么统一的司法解释和法理，不仅可能而且必要。

随着仲裁员写出越来越多的撤销原判意见书，这些意见书将成为日后上诉案件的基础，《服务业多边投资协定》的上诉机制将运行得更加顺畅[3]。如果对协定的解释具有权威性和一致性，那么投资协定仲裁的合法性就会相应提高。正如第7章所述，仲裁当中很多问题涉及公众利益，仲裁的合法性就越发重要。

---

[1] M Sornarajah.未来的危机：投资条约仲裁的扩大化趋势.//K Sauvant.国际投资争端的上诉机制.牛津：牛津大学出版社，2008.

[2] J Karl.国际投资仲裁：对国家主权的威胁.//W Shan, P Simons, D Singh.在国际经济法中重新定义国家主权.牛津：哈特出版社，2008:243.

[3] 例如 Abaclat 等（曾用名 Goivanna a Beccara 等）诉阿根廷共和国案，国际投资争端解决中心案例号ARB/07/5（2011/8/4 判决），不同意见因为仲裁庭改组而被耽搁；Impregilo S.P.A.诉阿根廷共和国案，国际投资争端解决中心案例号 ARB/07/17。

既然上诉庭在执行《服务业多边投资协定》方面具有如此重要的作用，那么应当对它组成的规则作出明确规定。上诉庭应该是一个常设机构，由缔约国的仲裁员组成，任期足够长以保证决策的连贯性，并且丰富的经验有助于提高审判质量。可以借鉴世界贸易组织上诉庭的组成[1]。上诉庭的仲裁员除了要满足国际投资争端解决中心仲裁员的所有资质要求之外，还应该德高望重，具有法律、工商业、金融业方面的知识，并且有独立见解[2]。

因为《服务业多边投资协定》的上诉庭是国际法的法庭，仲裁员必须拥有法律方面的资质，这一点和目前国际投资争端解决中心仲裁员或者世界贸易组织上诉庭仲裁员都不一样。如果仲裁员具有很强的国际公法背景，有助于化解这样一种批评，即投资仲裁庭过于注重商业因而不适合评判公共政策问题[3]。同样，具有商法背景的仲裁员也是上诉庭很好的人选，因为他们有良好的商业意识，因而能非常好地检验证据，尤其是关于资产贬值和补偿方面的证据[4]。服务业多边投资协定上诉庭的组成应该五湖四海，以获得国际合法性。应该要求有一定数量来自发展中国家的仲裁员，而且大陆法系和英美法系都要有代表。这样有助于打消国际投资仲裁永远偏向于发达国家的错误印象[5]。早就有学者敦促新兴市场国家应该多支持国际货币基金组织和世界贸易组织等各种国际机构里担任关键职务的发展中国家人选，以促进执法机构的多样性，防止这些国际机构偏向于发达国家[6]。其他形式仲裁的经验也和作为国际投资争端解决中心仲裁员的经验同样重要，比如中国仲裁员在被任命到《服务业多边投资协定》上诉庭之前，最好在本国商务仲裁机构、中国国际经济贸易仲裁委员会服务过。以上仅仅是就组建上诉庭的初步问题进行了简短讨论，《服务业多边投资协定》缔约国将通过谈判确定进一步具体的细节，比如上诉庭审查下级仲裁庭判决的程序，还有时间要求等。申诉方应该出具一份上诉意见书，指出补偿判决当中的具体方面，哪些决定或者司法解释他认为是错误的。仲裁和民事诉讼相比，主要的实际优势是解决争端的

---

[1] D Gantz.对投资者-国家争端仲裁决定复核的一个上诉机制.范德比尔国际法杂志，2006,39:39.
D Kim.在国际投资争端解决中心仲裁当中撤销委员会加剧了自相矛盾：需要取消撤销系统.纽约大学法学评论，2011,86:242.

[2] 《解决国家与他国国民投资争端公约》14.1。

[3] G Van Harten.投资协定仲裁与国际公法.牛津：牛津大学出版社，2007.

[4] H van Houtte 2012 年 6 月 11 日在 UCL 国际法庭和仲裁中心的讲演《投资仲裁：商务仲裁当中的谨慎故事》。

[5] S Franck.投资协定仲裁的发展和结果.哈佛国际法评论，2009,50:435.

[6] B Chimni.中国、印度和世界贸易组织争端解决系统：解释战略.//M Sornarajah, J Wang.中国、印度和国际经济秩序.剑桥：剑桥大学出版社，2010.

速度快。为了保持这个优势，上诉程序应该有严格的时间规定，最好在几个月之内作出终审裁定。

增加公开性

国际投资争端解决中心仲裁庭的决定必须有更高的公开性，以进一步增加《服务业多边投资协定》仲裁的合法性。这是可预测的、完整的法律系统的一个重要组成部分，在这个系统里，以前的案例形成了以后应用和解释《服务业多边投资协定》条文的判例。部分是因为国际投资法由太多不同的协定构成，以前没有正式的判例系统，很多以前的案例都没有公开出版，而且也不知道总共有多少仲裁案，但是国际投资争端解决中心只有少数商法和国际法方面的专家组成仲裁员队伍，他们对以前的仲裁案例非常清楚。已经出版的案卷经常会引用以前某个国际投资法的案例，所以我们可以说，在国际投资法领域已经存在一个事实上的判例系统：仲裁员用司法一致性证明自己的决定正确。多边的条约体制需要建立一个统一的、广泛使用以前判例的系统[1]。在服务业多边投资协定体系下，其他国际投资争端解决中心仲裁的判例具有很强的说服力。

我们观察到，国际投资争端解决中心仲裁机关倾向于引用以前的案例，这是案例出版越来越多的原因，也是结果，公开案例可以让学者和从业人员把这些案例作为一个独立的法律门类进行研究和解释。很多案例现在可以在互联网上查到，但是国际投资争端解决中心自己在世界银行官方网站上的网页还不如私营数据库完整和方便[2]。当然，仲裁决定的公开出版会损害仲裁过程的私密性，对投资者的商务有不利影响，而对东道国来说不利于公众形象，但是为了更重要的合法性和可预测性目标，也只好部分地牺牲掉私密性了。《服务业多边投资协定》条文会要求各方同意在一个专门的、可搜索的网站上自动公开所有的仲裁决定，但是对信息会有编辑取舍，就是补偿的多少不会公开，因为涉及商业机密[3]。网站可以效法世界贸易组织本身完整而且高效的网站，也可以借鉴很多国家法庭的数据库。就像国际投资争端解决中心目前做的一样，如果公开案例涉及敏感的商业或者政策信息，比如有关国家安全的信息，在有关方面向国际投资争端解决中心

[1] S Schill.国际投资法中的多边主义.剑桥：剑桥大学出版社，2009.

[2] 最全的国际投资争端解决中心裁决的数据库可能是 http://italaw.com 网站中的投资条约仲裁。

[3] 印墨协定 19.4。

申请之后，可以把这些敏感信息从公开的案卷里删除。虽然说目前有一些仲裁案的上诉理由可以在网上查到❶，但是上诉本身不是判决，不能为建立法理体系做出贡献，所以用处不大。其实卷帙浩繁的上诉资料不但用处不大，而且本身就泄露了机密信息。

最后，有些人指责国际投资争端解决中心对投资者-东道国纠纷仲裁就像私人的商务法庭，不适合审判涉及公众利益的案件，为了应对这些指责，应该规定审理过程对公众开放。当然，如果一个非洲公民想去华盛顿特区聆听开庭，这可能不大现实。而且公众对参加商业仲裁审判一向就不积极，第一天还有人听，之后听众迅速减少❷，因为公众基本上听不懂庭上说的是什么，很快就失去了兴趣。为了扩大观众，审批过程将录制下来，通过服务业多边投资协定的网站转播❸，就像很多国内民事法庭为了让公众了解司法系统的运作过程，电视直播上诉庭审判一样。《服务业多边投资协定》将要求双方在编辑掉秘密信息的前提下，同意对国际投资争端解决中心庭审进行电视或者网络直播。可以先进行一次内部预审，对机密信息进行评估再正式公开审理。公开审理可以改善国际投资争端解决中心和《服务业多边投资协定》的公众形象。

增加其他争端解决方案

为了让国际社会更多地接受投资协定争端解决机制，必须考虑采用仲裁以外更多的争端解决方式。在国际投资法领域，最重要的替代方式就是调解，调解是由第三方辅助的谈判，目的是获得双方都满意的一致解决方案，最终得到补偿或者其他补救手段。一些学者一直在倡导更多利用国际投资争端解决中心本身的调解功能，或者其他的方法来解决投资争端❹。和仲裁相比，调解的优点，在于减少了提出指控的成本，对于欠发达国家，或者中小投资者来说，更容易利用这种纠纷解决手段。可能更重要的一点是，调解比仲裁的对抗性小，可能是因为美国

❶ BHD 诉马来西亚政府案，国际投资争端解决中心案例号 ARB/05/10（2007/5/17）。

❷ H Van Houtte 2012 年 6 月 11 日在 UCL 国际法庭和仲裁中心的讲演《投资仲裁：商务仲裁当中的谨慎故事》。

❸ 在 Pac Rim 开曼群岛诉萨尔瓦多案当中，国际投资争端解决中心案例号 ARB/09/12（2010/8/2），2011 年 5 月 31 日和 6 月 1 日两天在国际投资争端解决中心网站上有庭审的网络直播。这是为了遵守《多米尼加-中美洲-美国自由贸易协定》10.21.2 的规定（DR-CAFTA-US）。这个争端同时也有法庭之友参与。

❹ S Franck.国际投资争端解决中心效应？对仲裁赔偿中潜在变量的思考.弗吉尼亚国际法杂志，2011,51(4): 192.

律师的影响，现在的仲裁机制，虽然说还不如传统的诉讼正式，但也已经变成了非常死抠条文的一种争端解决途径。调解的这个非对抗特征，有助于在投资者和东道国之间保持良好的商业关系，其实这个优势，本来是形容仲裁相对于诉讼的优势时候说的。尤其是因为对外直接投资的长期性质，还有外企已经高度融入了东道国的商务环境，与东道国的公民和政府代表建立了良好关系，调解的善意友好性质就更为重要。无论在政治敏感的采矿业和制造业，还是对当地环境影响较小的银行业和电信业，这个优势都是真实的。

有些观察家认为，因为新兴经济国家企业不喜欢诉讼的本性，或者因为当地的律师不熟悉国际诉讼的专业知识，因此非常不愿意采用国际投资争端解决中心的仲裁程序来解决纠纷[1]。如果这是事实，那么以后随着法律服务的全球化，即便是当地的律师也会对国际投资争端解决中心这样“西方的”仲裁机构有专业的了解，这个问题会慢慢解决。但是另一个可能的原因是，企业觉得仲裁会被东道国认为是一种敌意行为，损害了日后和东道主的商业关系[2]。像中国文化，把国际诉讼看成是最后的手段，偏好使用礼貌的外交手段[3]，以上担心就特别严重。的确，中国自从加入世界贸易组织以来，一直偏好采用谈判和协商的手段来解决贸易争端。不过因为中国对世界贸易组织的“诉讼”程序越来越了解，最近也表现出更加能接受这种方式[4]。可能金砖国家没有发达国家那么好斗，他们的双边投资保护协议很多都声明，应该尽可能本着友好善意的态度通过协商解决争端[5]。这个趋势也不仅限于金砖国家的法律协议。一些西方国家的双边投资保护协定也规定当事各方一开始应该用协商的手段寻求解决方案[6]。即便是《澳大利亚-美国自由贸易协定》，里面根本没有提到仲裁条款，也要求用调解的方式避免争端[7]。世界银行多边投资担保机构（MIGA）包括一个调解机构，如果获得世界银行多边投资担保机构保险的投资者和东道国发生了投资争端，可以先在世界银

---

[1] J Alvarez.新兴市场国家跨国公司的兴起：未来的法律挑战.//K Sauvant, G McAllister, W Mascheck.新兴市场国家的外国直接投资.纽约：麦克米伦出版社，2010:436.

[2] 同注[1]，437页。

[3] K Qingjiang.国际争端解决：中国的态度和实践及启示.//M Sornarajah, J Wang.中国、印度和国际经济秩序.剑桥：剑桥大学出版社，2010.

[4] J Qin.中国、印度与世界贸易组织法律.//M Sornarajah, J Wang.中国、印度和国际经济秩序.剑桥：剑桥大学出版社，2010.

[5] 例如中国柬埔寨协定 9.1，印度斯里兰卡协定 9。

[6] 例如美国示范协定 23，北美自由贸易协定 1118。

[7] 澳美自由贸易区协定 21.2。

行多边投资担保机构调解[1]。这是在投资领域全球一致接受的争端解决替代手段的一个证据。从 1996 年建立以来，世界银行多边投资担保机构成功调解了一些投资者与东道国之间的争端[2]。似乎通过不那么具有侵略性的手段来解决争端，是全球共同的一种倾向，联合国宪章也有此倡议[3]。

鉴于这种倾向，很清楚仲裁工作中的重点应该放在调解上。所以《服务业多边投资协定》应该鼓励各方在将争端诉诸仲裁之前，先通过国际投资争端解决中心很少被使用的调解功能，试试看调解争端。争端双方可以从国际投资争端解决中心提供的调解员名单上选择，也可以自由选择那些有和国际投资争端解决中心仲裁员相同资质的人，来组成调解小组。这些个人资质包括：德高望重，掌握法律或者工商金融方面的知识，有独立见解和判断能力[4]。而且，效法世界银行等各个发展银行，还有 OCED 成员国国内利益相关集团调解服务的先例[5]，《服务业多边投资协定》应该要求调解的记录，包括当事人、事由和日期，都保存在国际投资争端解决中心保存仲裁案例的同一个数据库内。公众可以查询到这些资料，当然经过编辑去除了保密信息。这个公开性要求能够促使投资者和东道国的行为符合社会大众的利益。

提高相关利益者和最不发达国家的参与度

第 7 章中所提到的公共政策例外，只有在他反映了东道国人民利益的情况下才有意义。是否满足社会的需要，这是区分真正为人民服务的协定例外，和虚伪的隐藏保护主义目的的协定例外之间最主要的标准。当以公众利益为理由反对直接投资自由化的论点在争端中被提出的时候，保证大众利益的最好方法，就是在争端解决过程中，直接聆听相关利益集团的意见。因此，必须允许相关利益群体，比如公民、雇员、社区代表、国内和国际非政府组织申请批准参与仲裁和调解的过程。这种参与可以让仲裁庭还有新成立的上诉庭更好地评估相关利益集团

---

[1] 建立多边投资保险机构协定 57（2010/11/14 修订）。很多区域性发展银行拥有类似的投诉机制，见 D Collins 2012 年在《国际经济法》15 卷 2 期 673 页发表的文章《国际投资法中相关利益者可以运用的替代争端解决机制》。

[2] http://www.miga.org/guarantees/index_sv.cfm? stid=1549.

[3] 联合国宪章第 33 条提倡在解决国家间争端的时候使用替代的争端解决手段。

[4] 《解决国家与他国国民投资争端公约》第 29～31 条。

[5] D Collins.国际投资法中相关利益者可以运用的替代争端解决机制.国际经济法，2012,15(2):673.

申诉的合理性，同时让投资者知晓自己商务活动对公共的潜在负面影响。国际投资争端解决中心规则现在允许法庭之友参与仲裁[1]，这个进步受到各界广泛欢迎[2]。在其他仲裁场合也有同样的发展趋势。一件关于《北美自由贸易协定》的仲裁案当中，联合国国际贸易法委员会庭审就准许一个非政府组织作为法庭之友出席，而投资方抗议说这会破坏仲裁的保密性，而且增加案件费用。而仲裁庭坚持认为这个争端是关于销售某种汽油添加剂可能对环境有害，这是一个公共利益问题，而且如果公众认为仲裁过程有公开性，对仲裁也有好处[3]。这样，至少在《北美自由贸易协定》下，就树立了一个先例，涉及公众利益的国际投资仲裁，可以鼓励非当事方出庭提供证词。《北美自由贸易协定》当中规定了第三方向投资仲裁庭提交证词的权利[4]。如果投资仲裁庭再遇到涉及广泛公众利益的问题，而又寻求增加自己的合法性的话，这个趋势很可能会继续。还没有任何关于新兴经济体国家跨国公司的争端有非政府组织参加，金砖四国的双边投资保护协定当中也没有这方面的明文规定。以后当发展中国家的非政府组织变得更强大，而且发展中国家的投资者更适应发达国家市场环境，法律环境和整个社会对公共利益的敏感根深蒂固的时候，这个现象可能会逐渐改变。在这方面，印度已经允许非政府组织参与世界贸易组织争端解决过程，而中国还没有这样做[5]。

为了和以上国际投资争端解决中心和其他双边投资协定例如《北美自由贸易协定》的发展变化保持一致，《服务业多边投资协定》希望参与到仲裁过程中来的非当事方，向审理案件的仲裁庭（一级仲裁庭或上诉庭）递交申请。在这个问题上，可以借鉴 EC 诉 Asbestos 案当中，世界贸易组织上诉机构对法庭之友出席所采用的附加程序。按照这个程序，申请应该写明申请方在这件争端当中所涉及利益的性质，为什么自己的利益是正当的，而且和仲裁庭达成满意的解决方案的利益是一致的，这样才能考虑让法庭之友出席。而且，申请人还要进一步说明，自己对解决争端能做出怎样独特的贡献，是目前当事人已经提交的证据所做不到

---

❶ 仲裁规则 37。

❷ P Buckley, P Blyschak.守卫开启的大门：国际投资争端解决中心非缔约国参与.银行和金融法评论，2007,22:353.

❸ Methanex 诉美利坚合众国案，44ILM1345，联合国国际贸易法委员会（2005）。

❹ 1128 条。

❺ J Chen.中国、印度和世界贸易组织中的发展中国家.//M Sornarajah, J Wang.中国、印度和国际经济秩序.剑桥：剑桥大学出版社，2010.

的[1]。所以，如果申请的非当事方在争端当中没有合法的利益，或者对解决的过程没有有意义的贡献，甚至递交申请太晚了，那么仲裁庭有权拒绝相关利益集团的参与。国际投资争端解决中心的调解机制适用同样的程序。虽然国际投资争端解决中心仲裁规则允许法庭之友陈词，但是它的调解程序没有相关规定，不清楚是什么原因，有可能是有关方面认为相关利益集团的参与会引起不必要的拖延，或者构成当事双方开诚布公交流讨论的障碍。只要仲裁员或调解员能够控制整个过程，并决定是否允许第三方参加，无论在仲裁或者调解当中，这都不应该成为一个问题。《服务业多边投资协定》缔约国应该自动同意非当事方参与调解程序，前提是这些组织或者个人在调解结果中有合法的相关利益，而且能对调解做出有意义的贡献。这就可以防止滥用相关利益参与条款，也防止调解成本过度增加和过程拖延。

为了方便可能受跨国公司行为伤害的利益相关集团参与司法活动，不但国际投资争端解决中心的国际投资争端解决机制可以做出调整，投资者的母国也有不可推卸的责任。公众期待跨国公司母国应该对公司海外活动施加控制，尤其有义务保证跨国公司不会在发展中国家做出有损东道国和其公民的行为[2]。尽管有一些国内法律，比如美国《外国人侵害赔偿法案》[3]允许母国政府控制跨国公司的海外行为，但是这些场合不一定都允许法庭之友陈述，当然，有钱的原告可以在这些国家的法庭提出申诉。而且，如果审判发生在母国国内，身处地球另一端东道国的个人也无法前来参加。在发展中国家建立的非正式申诉机制也可以一样无效，原因是没有钱让这样的申诉机构正常运转，或者是发展中国家政府本身就是外国投资者伤害利益相关集团的共谋。

服务业多边投资协定可以要求所有缔约国为利益相关集团，比如公民、雇员、非政府组织提供非正式的争端解决服务来帮助他们。这个要求通过无约束力的第三方手段，例如调解来解决争端，如果外国公民觉得本国企业的外国分公司在外国进行的活动伤害了自己的利益，就可以利用这个机制获得申诉的权利。国际投资法中确实有个人可以远程提出非正式申诉的机制。包括世界银行在内的很多发展银行现在就有这样的系统。所有的经济合作与发展组织成员国都建立国家

---

[1] 附加程序 3，为遵守上诉审查工作程序规则 16.1 而采纳，上诉机构报告—EC Asbestos，WT/DS135/AB/R（2001/4/5 通过）。

[2] G Van Harten.投资协定仲裁与国际公法.牛津：牛津大学出版社，2007:144.

[3] 美国宪法第 28 条 1350 页（1789）。

联络点，如果相关利益集团被本国公司在外国的活动所伤害，可以在这里获得争端解决服务[1]。金砖国家也开始愿意这样做，巴西就为外国公民提供一个申诉程序，如果有人因为巴西投资者的海外行为受到损害，可以利用这个申诉程序[2]。

对那些没有大量服务业对外直接投资，因而不太可能受到对本国跨国公司海外行动抱怨的缔约国，《服务业多边投资协定》应该设置一个例外条款。这个例外的原理在于，只有当一个国家的跨国公司大到其海外活动能对外国的利益相关者造成损害，这个国家才应被视为经济上足够强大，能够建立和维护相关的申诉机制。新兴市场国家要提供这样的非正式争端解决机制，这是一个关键的手段，来平衡这些国家成为资本输出国以后的权利和义务。

《服务业多边投资协定》除了要校正利益相关者获得争端解决服务机会不足的缺陷，还要兼顾到最不发达国家可能没有足够的资源就投资者的指控为自己辩护的问题。对发展中国家来说，成本也许是妨碍他们获得正义的一个障碍[3]。虽然一般认为仲裁是国内司法程序的一个成本较低的替代品，但是投资者和东道国之间的条约纠纷案件并不一定便宜。投资仲裁案的律师代理费接近百万美元，仲裁庭收费也要几十万美元。不过应该指出，目前在国际投资争端解决中心仲裁中代表国家的律师代理费有下降的趋势，因为代理国家政府出庭，总会给律师事务所带来额外声誉上的好处。寻找法律代理的国家清楚这一点，因此律师费也相应下降[4]。不过鉴于投资者和东道国的仲裁对某些国家来说还是太贵了，服务业多边投资协定应该为被指控的发展中国家提供法律援助[5]。应该按照世界贸易组织秘书处的做法，任何需要法律援助的发展中国家都可以得到一个合格的法律专家[6]，而且要求发达国家缔约国买单，像国际货币基金组织一样，缔约国的出资份额与各国国内生产总值挂钩。

为了增加中小投资者参与争端解决的机会，服务业多边投资协定将明确规定，各国同意不同原告针对同一国家的案件可以合并审理，这样可以节省提出指控的成本。这个规定可以让各个中小投资者集合他们的资源，方便他们使用国际

---

❶ D Collins.国际投资法中相关利益者可以运用的替代争端解决机制.国际经济法，2012,15(2):673.

❷ NCP 2007/1 决议。

❸ 即便是胜诉的国家也要为败诉的投资者付法律费用：EnCana 诉厄瓜多尔共和国案，LCIA 案例号 3481（2006/2/3）。

❹ 2011 年 6 月 14 日采访国际仲裁专家 Geoffrey Craig。

❺ J Alvarez.新兴市场国家跨国公司的兴起：未来的法律挑战.//K Sauvant, G McAllister, W Mascheck.新兴市场国家的外国直接投资.纽约：麦克米伦出版社，2010:436.

❻ 争端解决规则与程序谅解协定第 27.2 条。

投资争端解决中心的仲裁机制，而如果这些投资者各自进行仲裁的话，参与仲裁的方式和效果会不一样。这样的合并审理完全由仲裁庭相机决定，决定的依据是各个案件清楚明白地是关于同一个法律问题，基于同样的事实，而且合并的决定不会对应诉的国家产生不公。《北美自由贸易协定》有这么一个合并审理的条款，但是有人认为在实践中执行这个条款的时候，没有充分考虑到应诉国家的利益❶。所以，服务业多边投资协定应该要求仲裁小组仔细审查案件的合并，确保案件的共性，还有争端解决过程整个效率的提高。当然，在直接投资争端中的公司，规模比贸易争端要大，所以在争端解决过程当中，用合并案件的方法平衡国家和中小投资者的利益的必要性大大降低了，但是如果中小投资者预先知道会和东道国发生争端，他们同样可以利用国际仲裁机制，那么《服务业多边投资协定》的这个条款，就应该能够鼓励中小企业参与国际直接投资活动。

补救和赔偿

本节将深入探讨对于那些协定权利被侵犯的当事方，《服务业多边投资协定》如何补偿的问题。讨论的范围包括可以使用的补救手段，如何评估，还有发展中国家可能会遇到的问题。

金钱补偿的原则

尽管国际法当中对国家违法的补救还有很多种形式，例如国际法委员会有关国家责任的条文，列出了国家违法行为的补救方式有中断行为、补偿和归还❷，但是金钱补偿是大多数投资者对东道国发起仲裁的主要目标。国际投资仲裁和世界贸易组织的争端解决规则与程序谅解协议完全不同，世界贸易组织补救的主要目的是改变或去除违法行为，并非金钱赔偿❸，而国际投资仲裁的重点在于金钱赔偿。因为企业建立后的投资争端，例如征用，最合适的补救措施是金钱补偿，

❶　1126 条，见 LA Gonzalez Garcia《合并诉讼是改善的步骤吗？HFCS 案》经济合作与发展组织，国际投资争端解决中心和联合国贸易与发展会议论坛会议 2005/12/12 法国巴黎。

❷　3.7 条。

❸　D Collins.世界贸易组织的有效率违约、信赖和合同补救.世界贸易杂志，2009,43(2):225.

而世界贸易组织争端解决系统的目的不同，而且管辖的是政府不是私人投资者，所以世界贸易组织不是解决投资争端的合适场所。而且，能进行国际直接投资的多数是大跨国公司，有自己的资源发起仲裁，而贸易争端涉及的公司有时候很小。虽然有很多国家在世界贸易组织发起申诉是大贸易公司或行业协会对国内政府施加压力的结果，但在理论上国家政府毕竟应该代表全体国民的利益。大企业更多是使用商业存在作为国际化战略，而中小企业更倾向用跨国贸易的方式提供服务❶。虽然贸易公司可以组织起强有力的院外游说集团，但是单个的贸易公司一般没有能力像大跨国公司那样单独对东道国发起挑战，所以贸易公司需要本国政府像在世界贸易组织那样为自己出面。跨国公司则需要直接挑战东道国的途径，这也是世界贸易组织《服务贸易总协定》在直接投资领域不是很有用的原因。

《服务业多边投资协定》应明确规定国际仲裁补救措施的中心，应该是有追溯力的金钱补偿，意思是它补偿已经发生了的伤害，而不是促使法规变化以防止未来的伤害。当然，如果伤害方因为害怕未来同样类型的争端而自动变更法律的情况不算。这样的规定削弱了对国际仲裁的一种指责，该指责认为仲裁庭审查国家法律，损害了国家主权。《解决国家与他国国民投资争端公约》本身就澄清道：国家当事方应该将仲裁结果当中金钱方面的义务作为本国法庭的终审判决那样去执行❷，但是国家没有超出一般的或者禁止性的义务。因为判罚只是金钱性质的，败诉的一方没有必要像在世界贸易组织那样修改本国法律以适应条约义务。强调补偿仅限于已经造成的损害，这就限制了多边协定作为国际宪法的潜在可能性❸，从而有助于防止在谈判国家投资开放义务的时候出现僵局。

国际投资争端解决中心仲裁庭可以要求败诉的国家做出或者不做出某项行为，但这只是要求国家停止某项法律行动，并非对法律的改动或者政府管理政策的基本变动。例如，投资者对东道国在国际仲裁机构提出了指控，然后仲裁庭根据国际投资争端解决中心规则要求，判定所有的针对投资者的国内法律制裁必须停止❹。这次补救通常伴随着完全的补偿，以使受侵害的当事方回到违法行为发

---

❶ D Persin.市场准入：服务业小企业对大企业：比较优惠和多边贸易自由化的道路. 世界贸易杂志，2011,45(4).

❷ 第 54.1 条。

❸ W Burke White, A Von Staden.公法领域里的私人诉讼：投资者-国家仲裁中的审查标准.耶鲁国际法杂志，2010,35:283.

D Kim.在国际投资争端解决中心仲裁当中撤销委员会加剧了自相矛盾：需要取消撤销系统.纽约大学法学评论，2011,86:242.

❹ ATA 建筑公司诉约旦哈希姆王国案，国际投资争端解决中心案例号 ARB/08/2（2010/5/18）。

生之前的状况[1]。

因为《服务业多边投资协定》只有有限的判决金钱补偿的权力，所以如果国家选择坚持执行违反《服务业多边投资协定》条约义务的政策的话，国家可以这样做，因为有可能国家违反协定义务所带来的经济收益，高于在《服务业多边投资协定》所付出的罚款。这样做也可以对未来的投资者起到吓阻作用。如果我们假设直接投资对东道国有益的话，这种吓阻行为最终会损害东道国自己的利益。学者认为一个国家签署双边投资保护协定是宣示本国愿意公平对待外国投资者，而不必要在国际习惯法通常的投资保护标准之上，再对本国的投资保护做出实质性改善。

补偿数额的衡量

《服务业多边投资协定》应该使用赫尔规则来计算违反条约的补偿数额，这个概念在第 6 章讨论对征用行为必要的补偿的时候简单提到过。当发达国家为了保护本国跨国公司，要求外国对征用行为付出最大补偿，就产生了赫尔规则。这个计算方法目前被很多双边投资条约所采用，也体现了国际投资法领域全世界越来越多的共识。事实上金砖国家双边条约中对征用补偿的计算，一般都偏好使用赫尔规则[2]。简单地说，赫尔规则就是补偿必须及时、充分、有效。一般来说，及时是指在投资仲裁判决做出之后尽快赔偿，如果拖延则必须给付利息；充分是指在违反条约的侵害发生之时，被损害的投资者的资产的全部市场价值；有效是指补偿必须使用能够兑换成投资者本国货币的货币形式。有些学者注意到，另一种补偿数量计算原则加尔沃主义越来越多地被一些国家所接受[3]。这种方法得到发展中国家的青睐，尤其是拉丁美洲国家，根据加尔沃主义，东道国的法律决定征用之类行为的赔偿数量，同时应当考虑投资者已经获得了多少利润，还有投资者为东道国经济做出了多少贡献。在实践中，应用这类国民待遇模式来计算补偿标准的，多数是拉丁美洲国家的双边投资保护协定[4]。因为加尔沃主义对补偿标准

---

[1] 著名的国际法庭对 Chorzow 工厂案的判词中指出了这一点。德国诉波兰共和国（Chorzow 工厂）案起诉赔偿，PCIJ1928 序列 A# 17（1928/9/13）。

[2] 例如巴西芬兰协定 5.1，俄罗斯塞浦路斯协定 4，印澳协定 7.1，中柬协定 4.2。

[3] W Shan.从北南冲突到私人-国家辩论：加尔沃主义复兴与变化的国际投资法形势. 西北国际法与商务杂志，2007,27.

[4] W Shan.加尔沃主义、国家主权和正在变化的国际投资法.//W Shan, P Simons, D Singh.在国际经济法中重新定义国家主权. 牛津：哈特出版社，2008.

的计算不够明确，《服务业多边投资协定》不应该采用这种方法，根据加尔沃主义，补偿的数额会依国家而变化，而且基本是由败诉的国家所决定的，结果会对投资者有很大的不确定性。东道国的国内法律系统有可能不给投资者足够的补偿。仲裁庭可以通过综合考虑损害投资者协定权利行为的合理性，就像第 7 章所说的那样，来获得和加尔沃主义一样的灵活性。

但国际投资争端解决中心仲裁庭在分析对违反《服务业多边投资协定》条约行为的补偿的时候，还是需要一个确定的出发点。即便运用赫尔规则的时候，国际法学界对如何决定赔偿的计算方法也是充满了争议[1]。为了减少疑惑，服务业多边投资协定应该澄清，补偿的目标应该和国际法的补偿原则保持一致，即补偿应该使被侵害的一方回到假如侵害没有发生而应该处在的位置。这就是说，除了计算被剥夺的资产的价值，还要估算资产失去的利润[2]。服务业多边投资协定不应试图区分合法违约损害的补偿和非法违约损害的补偿[3]。在计算损害数额的时候，违法行为的环境因素，比如此种行为是不是故意违法，只能作为减轻或者加重处罚的因素，这些因素包括，行为是不是按照条约和国内法律都是违法的，是否和国内公共利益无关，或者违法行为是否是歧视性的，等等。同时应该和第 7 章论述的例外规则联系起来进行综合考虑。学者早就注意到，国际法没有能将损害赔偿的计算归结到一个简单精确的数学公式[4]。

在根据未来利润的损失计算合适的补偿数额的时候，最大的问题就是如何计算已经蒙受损失的投资，假设仍然完整，在未来的价值。在这类案件中国际投资争端解决中心仲裁庭一向不愿意判赔损失的利润[5]。因为未来利润受很多因素影响，例如市场状况的不确定，对已经获得的利润没有记录等，很难预测未来利润，所以这种情况下，投资仲裁庭都只是根据投资已经发生的成本来判赔的，已经发生的成本是指截至投资者受到东道国侵害行为影响的那一刻已经花了多少钱进行投资[6]。为了减少这类问题的不确定性，服务业多边投资协定应该规定，如

---

[1] G Van Harten.投资协定仲裁与国际公法. 牛津：牛津大学出版社，2007:493.

[2] 这是 Chorzow 工厂案当中的恢复原状原则，也反映在国际法委员会国家责任条款的第 36.1 和 36.2 条当中。

[3] C Grey.国际法当中的司法补救.Clarendon 出版社，1987.
C Brower, M Ottolenghi.投资者与国家间仲裁的损害. 跨国争端管理，2007,4(6):1

[4] S Ripinsky.国际投资法中的损害. 伦敦：英国国际法和比较法学研究所出版社，2008.

[5] Metalclad 诉墨西哥案，国际投资争端解决中心案例号 ARB（AF）/97/1（2000/8/30）；Wena 酒店诉埃及案，国际投资争端解决中心案例号 ARB/98/4（2000/12/8）。

[6] 在 Metalclad 和 Wena 酒店两个案件中，“沉入成本”“浪费成本”或者“自付费用”等术语也用于描述以上费用。

果投资的利润损失特别难以估量（比如这是个新建投资，或者市场状况变化太大），那么应该使用初始投资的重置成本作为评估赔偿的出发点。各种计算方法，比如账面价值或者未来现金流的净现值等，其有效性根据情况会有很大不同，所以《服务业多边投资协定》不应规定具体的技术手段。条约里面列出这些概念作为仲裁庭的考虑因素，而不是赋予或者剥夺投资者获得这一部分补偿的权利。

比上述评估不确定的未来利润更棘手的问题，是如何为违反《服务业多边投资协定》在外企建立之前就应享有的国民待遇的义务，而设定补偿金额。《北美自由贸易协定》有建立之前的国民待遇义务规定，但是尚未有任何投资者提出违反此项义务的指控，可能就是因为估算补偿金额太困难了。如果东道国拒绝了合法的建立外企的申请，特别是投资者准备进行绿地投资，除了做过可行性研究，还没有付出任何沉入成本，那就无法估计损害的程度。假设投资者仅仅口头声称，想要在禁止外资的某个服务行业进行投资，没有进行过任何实质性的努力，却以违反建立前的国民待遇义务为理由，要求东道国给予巨额补偿，这是不合理的。因此仲裁庭无法对还没有做出的投资损失的未来利润给出补偿。解决这个问题的办法，是仲裁庭判断投资者是不是诚实地相信东道国会遵守建立前的国民待遇义务，在这个假设前提下真诚地付出过投资前的各种费用。如果外国投资者觉得自己在企业建立之前受到了歧视，就应该举出类似本国投资者获准建立企业的情况。但是，如果一个缔约国从来都不允许外企进入某一行业，或者更糟糕的是，政府声明此后不再受协定中建立前国民待遇义务条款的约束，那么仲裁庭对违反建立前义务的行为要求补偿，也就失去了实际意义，因为东道国的这个声明，使得投资者不可能有任何建立企业获得未来利润的期望，而没有了未来利润，投资者为未来投资所付出的沉入成本，也就没有理由要求补偿。这种情况下最有效的补救措施，是投资者的母国政府运用外交压力进行干预，要求东道国遵守协定义务[❶]。这种补救违反了《服务业多边投资协定》以金钱补偿为主的争端解决原则。因此，国际投资争端解决中心的投资仲裁不是这类违约行为寻求补救的合适场所，投资者应该请求本国政府出面，援引世界贸易组织《服务贸易总协定》，在政府间寻求解决。如果出现了付给投资者金钱补偿不能解决的情况，应该由两个《服务业多边投资协定》缔约国政府直接协商解决争端的方法。国际投资争端

❶ 第 27 条。

解决中心公约规定，如果靠协商不能解决国家之间关于《解决国家与他国国民投资争端公约》条款解释方面的分歧，两国可以诉诸国际法庭❶。服务业多边投资协定也应该规定，如果在缔约国之间就《服务业多边投资协定》条款的解释和履行义务问题上出现争端，双方应该诉诸国际法庭。国际投资争端解决中心的仲裁员和我们建议的《服务业多边投资协定》上诉庭不适合审理此类争端，因为《解决国家与他国国民投资争端公约》的法律管辖范围，还有商业争端仲裁员的专业知识，都不适合解决国际公法问题。为此，《服务业多边投资协定》应该明确规定，如果一国违反了建立前的国民待遇承诺，另一个国家经过国际法庭同意，有权对违约国采取报复措施。这些报复措施包括，同样剥夺违约国投资者在受侵害国境内建立企业的权利。这个《服务业多边投资协定》特殊补救措施，是在国际公法对违约行为一般的补救（例如归还财产）之外的措施。让国际法庭对《服务业多边投资协定》缔约国之间争端拥有司法管辖权的后果之一，是为了国际法庭对《服务业多边投资协定》条款的解释，会在其他国际投资争端解决中心仲裁庭和《服务业多边投资协定》上诉庭上，作为判例被引用。目前的投资条约仲裁实践当中存在这种情况。

最不发达国家和违约补偿

发展中国家可能无法偿付高额罚款，或者被置于危险的财务境地，甚至威胁其国民的生命。反过来如果投资者不相信自己在东道国违约的情况下可以获得足额赔偿，那也有违《服务业多边投资协定》和促进国际直接投资的初衷。因为本书第一部分指出，金砖国家的新兴跨国公司对投资像委内瑞拉、非洲国家和独联体国家这样高风险的发展中国家特别感兴趣，未来几十年欠发达国家无法偿付违约金就构成了一个更大的问题。对于服务业这不是一个太大的问题，到目前为止，金砖国家在发展中国家的投资很大一部分都在自然资源领域，自然资源行业比电信和金融服务业所面临的政治风险高，因为需要的沉入成本较高❷。但是金砖国家的跨国公司对在高政治风险东道国投保投资险、防止征用或其他干扰行为的风险，兴趣不大，因为他们认为这个投资保险代价高昂，或者投保手续烦琐，

❶ 第 64 条。

❷ 世界银行多边投资担保机构.南南直接投资和政治风险保险：挑战与机遇.//K Sauvant, G McAllister, W Mascheck.新兴市场国家的外国直接投资. 纽约：麦克米伦出版社，2010.

这就加剧了他们在发展中国家投资的风险❶。而且在新兴市场国家提供投资保险业务的国家或者地区性保险公司比发达国家的保险公司对业务更生疏❷，限制了这些服务对大公司的价值。虽然金砖国家的企业目前很少投保政治风险，但是有迹象表明这些公司未来投保政治风险的意愿会越来越强烈，尤其是中国和印度的企业最愿意为此保险。

为了方便新兴市场国家对发展中国家的直接投资，而发展中国家偿付违约金的能力又不确定，有必要通过母国的政府机构或者国际保险公司，扩大向金砖国家企业提供保险服务的范围❸。《服务业多边投资协定》必须敦促各缔约国建议其企业通过国际国内的保险公司投保政治风险，这是《服务业多边投资协定》的投资促进目标的一部分。很多双边投资保护协议，包括金砖国家的双边投资保护协定，都有代位权条款，就是说投资支持机构有权在他们的投资者委托人之前获得补偿赔付，《服务业多边投资协定》也可以设置这么一条代位权条款。如果设置一个专门针对金砖国家的政治风险投保机构或者融资机构来补充世界银行多边投资保险机构或者国际货币基金组织的作用，将会大大增加对金砖国家企业的金融支持，从而鼓励他们的国际扩张。这样的专门机构可以补充世界银行的不足，即缺乏新兴市场国家和最不发达国家的代表❹。某种程度上，服务业多边投资协定本身的经济危机例外条款就曾经考虑到有些发展中国家无力支付违约补偿。

补偿和剥夺权益

第 6 章指出，《服务业多边投资协定》应该间接要求投资者承担义务，担当起公司社会公益责任，并尽可能促进发展中东道国的经济发展。未能履行以上义务则可能导致被剥夺享受条约权益的结果。如果跨国公司没有进行技术转让，雇佣当地工人，或者没有参与各种帮助东道国经济发展的其他活动，那么《服务业多边投资协定》应该允许仲裁员减少判给投资者的损害赔偿，但不应该由于公司没有履行义务而完全剥夺其进行仲裁的权利。如果有的传统资本输入国抱怨外国直

---

❶ 世界银行多边投资担保机构.南南直接投资和政治风险保险：挑战与机遇.//K Sauvant, G McAllister, W Mascheck.新兴市场国家的外国直接投资.纽约：麦克米伦出版社，2010:337.

❷ 同注❶。

❸ P Nazareth Satyanad.金砖国家跨国公司如何应对国际政治风险.哥伦比亚国外直接投资观点，2010(22).

❹ J Lamont.佐立克支持创立金砖银行.伦敦金融时报，2012.

接投资给本地带来的好处有限，那么间接地将帮助当地经济发展的责任，通过调整违约补偿金的方式，放在外国投资者身上，这应该是《服务业多边投资协定》最受发展中国家欢迎的特点。在某些情况下，灵活运用这种剥夺条约权益条款，会导致投资者受到的补偿金额减少，同时，又不会给投资者太大的压力，因为有时候投资者觉得为当地经济做出重大贡献不切实际，可是又害怕不这样做会导致东道国对他们提出指控。在《服务业多边投资协定》里，剥夺协定权益条款的角色和在《北美自由贸易协定》，或者《能源宪章公约》里那样，那两个国际条约只有投资者不在东道国进行任何经济活动时，才剥夺投资者的协定权益[1]。对如何运用有些投资协定中的剥夺权益条款还存有争议，尤其是在《能源宪章公约》当中，剥夺投资者权益的国家时，是否要审查一个投资项目，并通知投资者剥夺权益的决定[2]？而对于补偿来说，东道国应该尽快通知投资者，你方从事了可能会导致补偿减少的活动，而通知的时间，或者是在东道国政府获知投资者的相关行为的时候，或者是在东道国将要对投资者实施法律制裁，而制裁措施预料将有可能导致仲裁并让投资者获得补偿的时候。如果东道国在仲裁阶段（比如辩护的时候）才对投资者做出剥夺条约权益的通知，那么东道国降低补偿的要求就显得说服力很弱了。

争端解决与赔偿机制总结

投资协定仲裁是国际商事仲裁当中支持私人交易的一种特殊形式。它也是国际公法争端解决的一个门类，也就是说它也构成管理国家间关系的国际法框架的一部分[3]。作为商务交易，国际直接投资要求法规的解释有一致性，可以强制执行，并且可预测。作为公共管制的一个方面，国际直接投资的法规需要有一个具有国际代表性、公开性和容易被使用的执法机构来进行仔细评估。这样一个机构的仲裁员不能将自己视为公共利益的卫道士，而应该根据法律判决争端，严格按

[1] 《北美自由贸易协定》1113 条，能源宪章协定 17 条。

[2] L Mistelis, CM Baltag.剥夺受益权和能源宪章条约第 17 条.宾州州立大学法学评论，2009,13(4):1301.
在 Plama 公司诉保加利亚案中的仲裁庭认定，剥夺投资者权益的国家政府必须让被剥夺的投资者有合理的方式参与公示，通过这种方式才能执行：Plama Consortium 有限公司诉保加利亚共和国案，国际投资争端解决中心案例号 ARB/03/24（2005/2/8）。

[3] S Schill.国际投资法中的多边主义.剑桥：剑桥大学出版社，2009:14.

照条文来解释《服务业多边投资协定》。本章所建议的《服务业多边投资协定》争端解决机制满足了国际投资的以上要求。

《服务业多边投资协定》的重要特征是有一个强大有力的争端解决体系，包括公开、容易利用、可预测的国际仲裁、上诉复审系统和灵活的补偿方式。如果没有这样一个系统，尤其是没有新加的上诉庭来确保对条约解释的一致性，那么就不可能平衡第 6 章所论述的协定义务和第 7 章所论述的例外条款，协定在新的多极世界中促进直接投资自由化的目标也很难有效实现。这个系统的有效运作，有赖于国际投资争端解决中心作为投资者-东道国仲裁的现有地位，有赖于国际投资争端解决中心自成系统的完善的程序规则，也有赖于国际投资争端解决中心的仲裁决定可以在大多数发达国家和发展中国家缔约国内得到自动强制执行。

既明确又灵活的投资者-东道国仲裁对于那些寻求一个中立机构解决国际争端的投资企业来说是非常适合的，尤其随着新兴市场国家的商务活动增加，法律体系日趋完善，因而涌现更多来自这些国家的仲裁员的时候。如果《服务业多边投资协定》的仲裁员队伍来源更为广泛，由各种法系各类国家的仲裁员组成，无疑将大大加强服务业多边投资协定上诉庭作为终审机构和作为条约解释机构的合法性。仲裁员的来源尤其应该注重金砖国家，虽然这些国家目前还抗拒加入《解决国家与他国国民投资争端公约》，但随着本国跨国公司的成长，最终会开始使用国际投资争端解决中心仲裁的。

因为制造业和采矿业给东道国所施加的压力和影响，尤其是在环境和劳工方面，比服务业大，所以本章和第 7 章的论点之一，是服务业直接投资比采矿业和制造业投资较少争议性，但是有些服务业投资，比如公共服务事业的私有化，会带来广泛的社会影响。因为服务业的性质，可能基于《服务业多边投资协定》的国际投资争端解决中心仲裁数量会比较少。来自新兴市场国家的仲裁数量也会比较少，因为目前来自这些国家的对外直接投资在全球总投资中占的份额也较少，尤其是在服务业中更少❶。但未来以上现象将会改变。第 1 章指出，来自发展中国家尤其是金砖国家的服务业直接投资正在迅速增长。当国际投资法日益发展成统一的体系，而不是无数双边条约的集合，它的争端解决过程的合法性，也将相应提高❷。因为《服务业多边投资协定》只涉及服务业，所以它的争端解决系统

---

❶ A Rugman.新兴市场国家跨国公司的理论和法规.//K Sauvant, G McAllister, W Mascheck.新兴市场国家的外国直接投资.纽约：麦克米伦出版社，2010.

❷ S Schill.国际投资法中的多边主义.剑桥：剑桥大学出版社，2009:376.

比一个想要涉及所有行业的系统，操作更加简单。更重要的是，《服务业多边投资协定》是一个着眼未来的灵活可靠的系统，适合全球经济环境未来的需要。

目前还不清楚，来自新的资本输出国尤其是金砖国家的跨国公司，是不是会像发达国家企业那样经常使用投资条约仲裁机制。从本书第一部分描述的现象来看，他们会的，尤其因为他们不信任外国的法庭会公平对待自己，就像发达国家的企业在投资条约仲裁出现的早期，不信任外国法庭一样。因为双边投资协定理论上是反映本国跨国公司需要的，从目前新兴市场国家的双边投资保护协定实践来看，他们愿意使用类似国际投资争端解决中心的国际仲裁手段，即便有几个金砖国家拒绝加入国际投资争端解决中心。这个矛盾的原因，大概是这些国家在政治上不愿意费力去重新审视一个在本国开始对外直接投资之前就已经存在的公约。经常提出的一个反对使用国际仲裁来解决投资争端的理由，是仲裁给予外国投资者在条约内容和程序上的权利，超过了本国投资者所能享受的权利[1]。和外国竞争者相比，本国投资者被要求使用国内法庭，而国内法庭可能是有偏见、无能或者补救手段不足的。这种现象可能对东道国构成威胁，因为这就迫使东道国对本国的民事法律机构进行彻底改组，尤其要改变高度敏感的对待私人财产的态度，才能让本国企业平等地与外资企业竞争。如果经济要进一步发展，此类改革也是必需的。这也就是服务业多边投资协定和其争端解决机制的最大的优点之一。《服务业多边投资协定》仲裁将补偿判给受损的外国投资者，就给东道国政府施加了压力，迫使东道国取消国内不必要的法规障碍，用更加开放、更加适合经济发展的方式来管理本国企业。这样的国内改革可以让国内投资者和外国企业在公平合理的基础上竞争。因此，《服务业多边投资协定》将会促进世界范围内改善政府的治理能力。

[1] 澳大利亚劳动生产率委员会声明提议澳大利亚在双边投资协定中不再包括投资者-国家争端解决条款。L Nottage.亚太条约中投资者-国家仲裁条款的未来如何.东亚论坛 26，2011,4.

第9章
总结

金砖国家对外直接投资的法律法规

本书描述了21世纪开始以来全球化运动中的一个令人兴奋的现象：发展中国家跨国公司迅速崛起。传统上被视为新兴“市场”的国家，现在不仅是商品制造基地，而且是资本的来源地。全世界将近三分之一的直接投资来自于发展中国家，牵头的是巴西、俄罗斯、印度和中国，这四个国家每一个都获得了了不起的经济增长。服务行业投资占整个国际直接投资总额中的比例越来越大，但是仍然在市场准入和国内管理法规方面，面临很多管制。发展中国家服务业直接投资的大部分目的地都是发达国家，还有一些发展中国家，例如非洲国家和其他新兴经济体国家。新兴市场国家企业的崛起，不仅对本国，而且对东道国的经济都做出了贡献，从长期来看，有效地代替了国际援助。新兴市场国家对外直接投资的增长是国家在未来保持高速增长的重要手段。

为了保持并巩固经济和投资的增长势头，国际社会必须继续致力于投资法律的自由化，目的是吸引和保护外资，同时更重要的是鼓励发展中国家企业进行对外直接投资，就像过去几十年金砖四国已经做到的那样。同时，服务业国际投资的法规管理，也要注意转变观念，接受经济可持续发展的概念，具体来说就是环境、人权、经济稳定和文化保护等社会问题。这个观念反映了国际法领域新出现的一个共识，即全球化当中的非经济问题要和传统的经济增长目标兼顾起来。

本书的第一部分总结和描述金砖四国对外直接投资的趋势，反映了传统的资本输出国和资本输入国在对待国际投资法律上态度的变化。一般来说，金砖四国对外直接投资的发展过程有一个共同的模式。首先，金砖国家的企业先向文化上近似的邻国扩张，然后进入文化上不相关的发展中国家寻求新的市场，最终向文化上和地理上更加不同的国家投资，包括发达国家[1]。这个最后的阶段和发达国

---

[1] J Cantwell, H Barnard.未来新兴市场国家企业是否必须对外投资？对外直接投资和企业竞争力.//K Sauvant.新兴市场国家跨国公司的兴起.切尔滕纳姆：Edward Elgar出版社，2008.

家的对外直接投资类似，这才是真正的全球化。过去这个国际化过程主要发生在制造业，采矿业全球化程度次之，最近新兴市场国家的跨国企业为了支持本国非服务业企业的海外扩张，开始在服务行业也进行国际投资。

巴西的对外投资主要在金融和商业服务领域，而印度在高科技行业寻求新市场。到目前为止，俄罗斯企业主要活跃于能源和采矿业，同时也积极参与经济转轨国家的私有化进程。目前中国的对外直接投资主要动机是寻找市场和自然资源，而基础设施建设相关的建筑业也积极跟进，服务于自然资源领域的对外投资。印度和中国的跨国公司比来自巴西和俄罗斯的全球化程度更高。总体来说，金砖国家跨国公司的国际化速度比发达国家快得多，但是四国内部的增长速度也有不同。例如，印度公司全球化得非常迅速。

在四个国家里，对外直接投资的增长都比各国国内政策领先一步。四国都是先对对外投资抗拒，之后在政策上既不鼓励也不反对，最后演变到现阶段积极推动对外投资。演变到最后一步是因为认识到母国对投资的支持对企业全球竞争力至关重要。在这个意义上，金砖国家的企业受到政府的鼎力支持，这和 20 世纪 60 年代发达国家跨国公司的发展轨迹不同，当时发达国家政府对企业没有太多支持，甚至并不鼓励[1]。巴西和俄罗斯对各自的海外企业支持力度不如中国和印度，但是最近有迹象显示他们也在向亚洲的同侪看齐。有人相信，随着中国和俄罗斯跨国公司管理当中受到的政府干扰减小，金砖四国企业的国际化战略将会趋同，并类似于过去发达国家公司的全球战略[2]。还有人认为，未来发展中国家那些全球化的最大的跨国企业，将大部分是来自于金砖国家的国有企业。这种组织结构过去一般认为是不适合快速国际化战略的，因为企业的国际化需要股票市场提供大量资本[3]。随着全球范围内资本从西方向东方流动，金砖国家的国有企业能够很轻易地从资本市场融资来支持其快速国际化的需要，这一点在过去西方国家跨国公司的发展道路上，是不敢想象的。金砖国家的经济和政治影响力提高，他们支持本国企业的能力也相应提高，唯一例外是俄罗斯的全球经济和政治影响力呈下降的趋势。这可以解释为什么金砖国家的跨国公司比其他的新兴市场国家

---

[1] J Dunning, C Kim, D Park. 新瓶装旧酒：比较新兴市场国家的跨国公司和三十年前发达国家的跨国公司.//K Sauvant.新兴市场国家跨国公司的兴起.切尔滕纳姆：Edward Elgar 出版社，2008.

[2] J Ruet.新兴国家跨国公司重塑全球资本主义.//J Chaisse, P Gugler.亚洲贸易和直接投资的扩张.纽约：Routledge 出版社，2009.

[3] R van Tulder.为金砖国家跨国公司建构一个新的分阶段理论.//K Sauvant, G McAllister, W Mascheck.新兴市场国家的外国直接投资.纽约：麦克米伦出版社，2010.

跨国公司在国际舞台上更加引人注目[1]。

虽然服务业的直接投资在世界范围内都在增长，但是金砖四国的服务行业对外直接投资比制造业弱，也比西方企业弱。很大程度上这是因为服务业的生产和消费都在同一地点发生，比其他行业要当地化，服务业对外直接投资对中小国家比对金砖四国这样的大国更重要，而小国的经济资源有限，迫使他们寻求其他的经济增长途径。所以，服务业的直接投资并非金砖四国的特色，更多是小国非资源依赖性经济体，比如新加坡等国的增长点[2]。

但以知识密集型为主的服务行业，会随着企业技术能力的增长而转向发展中国家。在金砖国家跨国公司的发展中，服务行业如金融服务公司，对制造业和采矿业的支持已经起到了非常重要的作用，因为这些服务企业和本国政府有密切关联，而且和所服务的制造业、采矿业公司又是同语言同文化。引起制造业生产链当地化、区域专业化和产品差别化这些趋势，越来越多的制造业跨国公司依赖当地服务以支持自己的全球运营。除了总量上的增长，知识密集型企业也有全球分散化的趋势[3]。这个增长模式可能预示着未来会有更多以发展中国家为基地，向全球提供服务的公司。在服务业里，发展中国家的优势在于那些知识密集型的行业，如制药业，而不是一般服务型行业如交通和能源输送。发展中国家已经在发达国家的信息技术、金融服务和电信行业有不少直接投资。部分原因是很多知识技术密集型行业的草根性质，比如软件和电信业[4]。金砖国家的服务业跨国公司应该会继续为了寻求海外市场而进行国际化。寻求市场的企业会被已经非常庞大的发达国家市场所吸引，也会被其他新兴经济体国家增长迅速的市场所吸引。

金砖国家的服务业跨国公司主要在本区域内的国家运营，还不能进行真正的全球竞争，虽然有很多人以为他们可以。巴西企业在其他拉丁美洲国家建立分公司，俄罗斯企业主要在独联体国家，中国和印度投资则分别集中于东亚和南亚，原因是，传统上这些新兴市场国家的家族企业喜欢依靠多年积累的个人关系，而国有企业则依托文化联系建立起长期往来生意[5]。今后随着法规制度在东道国日

---

[1] R van Tulder.为金砖国家跨国公司建构一个新的分阶段理论.//K Sauvant, G McAllister, W Mascheck.新兴市场国家的外国直接投资.纽约：麦克米伦出版社，2010:68.

[2] J Cantwell, H Barnard.未来新兴市场国家企业是否必须对外投资？对外直接投资和企业竞争力.//K Sauvant.新兴市场国家跨国公司的兴起.切尔滕纳姆：Edward Elgar 出版社，2008:71.

[3] 同注[2]，61 页。

[4] 同注[2]，78 页。

[5] S Globerman, D Shapiro.对外直接投资和新兴市场国家的经济表现.//K Sauvant.新兴市场国家跨国公司的兴起.切尔滕纳姆：Edward Elgar 出版社，2008.

趋完善，对传统的非正式制度环境的依赖会逐渐减少。

金砖国家对外直接投资的增长，原因在于这些国家的企业有能力和国际企业在国内市场和国际市场竞争，尤其是国内市场的竞争更重要。这是跨国公司母国国内经济政策改革的结果，而不是国际化进程的结果。很多金砖国家的跨国公司在早期进行国际化的动因，是寻求脱离国内严苛的制度环境。在金砖国家进行了国内经济的市场化改革，并且开放了电信等关键服务业领域之后，这些国家的企业把国际化战略更多地作为应对国内市场竞争的一种手段[1]。这证明了外来直接投资和本国对外直接投资之间的紧密关系。

既然对外直接投资的增长离不开外来投资的经济刺激，那么一个国家对吸引外资的态度，就很大程度上决定了本国跨国公司的成功与否。所以，对外资开放和对外直接投资是相辅相成的。有研究表明，双边投资保护协定能够同时增加缔约国的国际直接投资流入和流出量[2]。

因此，最近有一些国家退出了目前的国际投资法律体系，尤其是拒绝接受国际仲裁，这个现象令人担忧[3]。金砖四国对《服务贸易总协定》中市场准入和国民待遇条款尚不能完全接受，也是引起忧虑的原因。将国民待遇扩张到企业建立前的阶段是一个困难的决定，尤其对中国来说更是如此。尽管本书没有展开讨论，其实很多发达国家在《服务贸易总协定》中也是抗拒外来投资的。

和外来直接投资不同，本国对外直接投资对母国的好处并不显而易见。这就使得各国依自己的经济发展程度不同，对于对外直接投资的管理政策，从限制到热情促进，显现出极为不同的状态。最发达的国家对于对外直接投资采取开放态度，而金砖国家等新兴经济体的态度则更为谨慎[4]。金砖国家像以前的发达国家一样，开始意识到本国海外直接投资所带来的经济好处，在最近二十多年的时间里，开始制订有助于企业国际化的国内法律（例如取消资本流动管制）和国际条约（双边投资协定和加入世界贸易组织）。虽然包括金砖四国在内的一小部分发展中国家正在积极促进本国的对外直接投资，而且这样做的发展中国家数量还在

---

[1] H Rui, G Yip, S Prashantham.中国海外并购有多么不同？加入和印度的比较.//K Sauvant, G McAllister. W Mascheck.新兴市场国家的外国直接投资.纽约：麦克米伦出版社，2010.

[2] T Buthe, H Milner.双边投资条约和外国直接投资：政治分析.//Sauvant Sachs.条约对外国直接投资的影响：双边投资条约、双重税收条约和投资额.牛津：牛津大学出版社，2009.

[3] M Sornarajah.印度、中国和外国投资.//M Sornarajah, J Wang.中国、印度和国际经济秩序.剑桥：剑桥大学出版社，2010.

[4] P Buckley, J Clegg, A Cross, H Voss.新兴市场国家能从发达国家的对外直接投资政策中学到什么.//K Sauvant, G McAllister, W Mascheck.新兴市场国家的外国直接投资.纽约：麦克米伦出版社，2010.

增加，但是其中很少有国家具有明确的政策大方向。在这个意义上，可以说金砖四国引领了发展中国家开放的潮流。对外直接投资对于很多国家政府来说，仍然是一个崭新的政策领域，仍然有对不发达国家国民经济是否足以抵抗外来冲击，比如资本大规模外逃的担忧。发展中国家的政府可能缺少资源来制定有效的管理对外投资的政策。同时，这些国家对腐败问题和强大的企业影响也很难抵抗[1]。为此来自发达国家的援助可能对发展中国家继续对外开放的努力是很重要的。

国际法，尤其是双边和多边条约，在多大程度上能影响新兴市场国家对外投资战略，目前尚不清楚。金砖四国参与国际投资法律的程度各不相同。每个国家历史上的起点不同，国际法对投资的影响也不同。影响这四个国家制订国际条约战略的关键因素，不是他们经济上的共同点，而是各自的全球经济实践。在四个国家中，只有巴西对双边条约体系显现出拒绝态度，但是即便是巴西也缔结了包含有投资条款的区域经济一体化条约。俄罗斯和中国的双边投资条约中，投资者-东道国仲裁条款的广度十分有限，但是两国至少都表现出愿意更多地接受国际仲裁作为更广泛的争端的解决机制。印度拥有广泛的双边投资条约体系，但是和巴西跟俄罗斯一样，印度也不是国际投资争端解决中心成员国，所以外界担心国际仲裁的结果能否在印度国内得到执行。除了极少的几个例外，金砖国家的对外投资企业还没有开始运用国际仲裁来解决他们和东道国之间的争端。一般来说，金砖国家所签订或批准的双边投资协定都包括一些共同的企业建立以后的保护义务，包括国民待遇、征用补偿和自由兑换货币。虽然所用的语言各异，但这些双边投资保护协议的例外条款内容也高度一致，包括经济紧急情况、国家安全，有的还有环境保护和文化保护。金砖国家的双边或者区域性投资协定，没有一个包括了外资准入的权利。这些义务包括在各国对《服务贸易总协定》承担的义务范围之内。四国中每个国家都在一些服务行业中保留了对外资股权的限制和市场准入限制，例如，许可证制度和最高最低资本要求，尤其是在银行业和保险业当中。以上这些都构成吸引外资的重要障碍，目前这些限制正在逐渐被放松，预示未来还会进一步降低这些障碍。

本书通篇都在强调，一个管理服务业直接投资的全球性的投资条约，不但必要而且可能。金砖国家对外投资的增长，显示在资本输出国和输入国之间有逐渐

---

[1] P Buckley, J Clegg, A Cross, H Voss.新兴市场国家能从发达国家的对外直接投资政策中学到什么.//K Sauvant, G McAllister, W Mascheck.新兴市场国家的外国直接投资.纽约：麦克米伦出版社，2010.

趋同的态势。正如第 2 章到第 5 章已经显示的，世界范围对服务业外国投资的态度越来越开放，同时国际社会也越来越接受可持续发展的观念，这两个趋势合起来，都支持建立一个全球化的服务业直接投资管理体系。为了让服务业直接投资达到真正促进经济发展和持续繁荣的水平，仍然需要世界范围的更大力度的投资开放政策，应该建立更完善的仲裁手续，保障执行保护投资的条约义务，并在各国不断推出促进直接投资的政策措施，以上这些，都可以通过多边合作来更好地完成。很多金砖国家企业是从本区域开始国际扩张的进程的。这个谨慎的战略，是未来真正全球化战略的起步点。当对外直接投资的重点从本区域扩展到全球的时候，那些区域性投资条约，比如东盟和南锥体，其重要性就让位于一个全球性的投资管理体系。新兴市场国家直到最近都被描绘成是国际资本的完全输入国，但最近开始变成了资本输出国，随着这个趋势，在 21 世纪的第二个十年里，多边投资管理将会变得越来越有可行性。正如本书指出的，过去的双边投资协定中有些条款看起来完全是为西方跨国公司利益服务的，例如，严格禁止征用、强制仲裁条款和对投资的广泛定义，现在，这些条款对金砖国家企业的海外运营也同样起到保护作用。

多边投资管制的好处主要在于提升效率。如果只有单一的国际直接投资条约，无论国家还是企业，遵守条约的成本会大大下降。缔约的两国或者本区域国家之内的效率低下的企业，会被全球范围内更有效率的企业所替代。这将会降低消费价格，有助经济发展。当然会有这样的反对意见：目前已经存在很多双边投资协定，再谈判一个全球协定，其谈判成本将高于附加的益处[1]。这个观点没有看到，目前即便是最广泛的双边投资保护协议体系，也没能包括集中统一的争端解决机制，也缺乏一个能对条约义务做出解释的正式上诉系统。目前国际投资法律体系的弱点，就在于执法过程过于私人化和分散化[2]。而且，很少有双边投资保护协议允许在决定补偿的时候灵活掌握公共政策原则。我们所建议的《服务业多边投资协定》会补足以上所有的双边条约的缺陷。

[1] R Bubb, S Rose-Ackerman.BITS 与协商：双边和多边外国直接投资管理中的战略方面.国际法律经济学评论，2007,27:291.

[2] J Salacuse.新兴的全球投资管理体制.哈佛国际法杂志，2010,51:427.

通过《服务业多边投资协定》促进服务业国际直接投资

我们并不确定国际上是否有谈判各种类型的多边投资条约的政治意愿。各国愿意签署何种条约的立场发生了很大变化，因为发展中国家对外直接投资的增长，和国际仲裁庭的判例结果，各国对于公众政策和争端解决的保留态度，更趋微妙和隐蔽。现在到了思考建立一个反映投资趋势变化的服务业投资多边协定的时候。

《服务业多边投资协定》会包括很多《服务贸易总协定》的特点，但有几处重要的不同，则体现了《服务业多边投资协定》作为促进服务业投资开放工具的优越性。第一,《服务贸易总协定》涵盖所有四种服务的提供方式，而《服务业多边投资协定》只集中管理其中的商业存在方式。《服务贸易总协定》明文排除了政府采购服务贸易，而大多数双边条约还有《服务业多边投资协定》没有这种限制。和《服务贸易总协定》一样,《服务业多边投资协定》也保护公开性、最惠国待遇和禁止外汇管制条款。最重要的是,《服务业多边投资协定》和《服务贸易总协定》都把国民待遇义务延伸到企业建立之前，但是和《服务贸易总协定》不同，《服务业多边投资协定》建立前国民待遇条款并不限于特定行业。这是《服务业多边投资协定》帮助服务业直接投资最重要的特点，因为它迫使包括金砖国家在内的很多东道国修改国内投资法律中国籍歧视的外资控股比例要求。最近新兴市场国家逐渐放松了外资拥有股权的限制和必须跟当地企业组成合资企业的要求，而《服务业多边投资协定》的建立前国民待遇条款涵盖所有服务业，就体现了发展中国家这样一种对外资逐渐开放的趋势。和《服务贸易总协定》不同,《服务业多边投资协定》不会包括任何市场准入义务，只规定各国承诺尽可能逐渐开放市场，并进行广泛的投资促进活动。有些国家仍然厌恶《服务贸易总协定》当中市场准入的义务，而在《服务业多边投资协定》当中省略这个有约束力的市场准入条款，有助于让这些国家接受条约。

《服务业多边投资协定》在促进直接投资方面和《服务贸易总协定》相比，最大的进步就是它包括了双边协定里一般会包括的建立后投资保护，包括平等与公正待遇和禁止无偿征用。在这些关键方面，无论《服务贸易总协定》、《与贸易有关的投资措施协议》，还是《与贸易有关的知识产权协定》，都是不完整的[1]。和《服务贸易总协定》下的条约义务一样，《服务业多边投资协定》的条约义务也允许为公共政策而例外，但是例外的条件更清晰。《服务业多边投资协定》将迫使国家担保其海外公司积极地承担社会公益责任，通过剥夺条约权益条款，鼓励投资者为发展中东道国的经济发展做出贡献，以上这些特点《服务贸易总协定》都不具备。

由于两个主要的原因，《服务业多边投资协定》可以在开放和保护直接投资方面比其他条约更进步。第一，《服务业多边投资协定》有涉及面广泛的公共政策例外条款，允许各国在诸如国家安全、文化和环境保护这些重要问题上，保留自己的法律政策自由度。从金砖国家对外资的国内管控和所承担的《服务贸易总协定》特殊义务上看来，国家安全和文化保护是这些国家担心的最主要问题。这些问题对发达国家也同样重要，尤其是国家安全和国家在经济出现危急情况时政府干预的能力。上述最后一个问题是在今年才成为焦点问题的，而且未来几年将继续是各国关心的焦点。第二，《服务业多边投资协定》对投资者强有力的保护，还有赖于它有一个广泛的争端解决机制，方便执行与保护义务相关的例外条款。和其他多数国际投资协定一样，《服务业多边投资协定》允许私人投资者直接诉诸争端解决程序，而投资争端将通过已有的国际投资争端解决中心来解决，但不同的是，国际投资争端解决中心程序将会大大改进，包括增加了上诉机制和更高的公开性。公开性是近年涌现的全球性趋势。在允许直接利用仲裁机制之外，《服务业多边投资协定》仲裁的另一个特点是主要依赖金钱方式补偿违约所造成的损害。使用金钱作为主要补偿方式的优点，第一是政府仍然可以保留违反《服务业多边投资协定》条约义务的法规，维护了国家主权，世界贸易组织的仲裁机制就没有这个折中妥协。金钱补偿也能够为私人投资者提供损害补救。而那些私人投资者往往是大型跨国公司，拥有足够的资源发起国际仲裁，不需要像在世界贸易组织那样，寻求本国政府代表自己，在国与国之间的论坛讨回公道。

可能最重要的一点是，如果仲裁庭能够使用金钱补偿措施，它就可以在争端解决当中采取更为平衡的方式方法。在《服务贸易总协定》，裁决是非此即彼的：某项措施要么符合世界贸易组织规定，要么不符合，而在《服务业多边投资协定》的金钱补偿方式下，补偿金额可以调整，反映违约行为的严重性，例外条

[1] J Chaisse, D Chakraborty, A Guha.印度的多层级直接投资管理.//J Chaisse, P Gugler.亚洲贸易和直接投资的扩张.纽约：Routledge 出版社，2009.

款的适用性，和投资者在多大程度上没有履行帮助东道国经济发展的义务。争端解决机制强大，而违约补偿又灵活，这两者叠加，可以解决金砖国家和其他很多国家在谈判服务业投资自由化时候的僵局。各国更容易接受《服务业多边投资协定》所倡导的高度的投资自由化，因为条约中有广泛的政策例外条款，还有中立的仲裁员能够根据违约的具体情况灵活调整的补偿机制，以及常设的上诉体系。而世界贸易组织的补救措施，专注于各国遵守条约，无法像《服务业多边投资协定》这样为各国主权留出空间。

鉴于近年来新兴市场国家对外投资的增长，条约如果给跨国公司增加沉重的负担不但不公平，而且会使很多国家拒绝这个条约。新兴市场国家的企业应该能够像 20 世纪发达国家的企业那样，几乎不受约束地寻求国际扩张。有些学者批评说现代双边投资协定当中缺少对社会责任的认识，这反映了投资者和东道国之间责任与义务关系的扭曲[1]。为了在东道国的需要跟外资企业的目的之间求得平衡，《服务业多边投资协定》规定了一定程度的企业义务。它对那些不愿意进行技术转让，或者没有试图为发展中东道国经济做出贡献的外资企业，施以剥夺条约权益的惩罚。虽然这个惩罚对外国投资者来说并没有特别大的压力，但是应该记住，跨国公司还会面对东道国甚至母国国内法庭对企业提起的常规诉讼。这些诉讼中的指控不是根据《服务业多边投资协定》，而是根据国内甚至外国的法律，指控公司违反合同，或者涉嫌侵害。当然我们承认，如果这些诉讼涉及投资者按照条约应该享受到的保护，那么诉讼就有可能干扰了《服务业多边投资协定》的仲裁制度。

建议中的《服务业多边投资协定》最后一个贡献是支持企业全球化的活动。任何国际投资协定都没有这种性质的正式义务。虽然金砖国家表现出愿意支持本国企业的国际化进程，但大多数其他发展中国家都缺乏类似的机制，需要国际义务的促动。而且，金砖国家和发达国家的大多数投资促进政策，都是针对大型跨国公司的。中小企业在进军国际市场的时候，更需要政府支持。

本书认为，当新兴市场国家成为资本输出国的时候，原先直接投资母国和东道国的区分已经失去了意义，发展中国家和发达国家会有共同的政策法规目标，使签订一个广泛的服务业国际投资协议成为可能。虽然金砖国家的增长令人印象

---

[1] M Sornarajah.外国投资的国际法.剑桥：剑桥大学出版社，2010. S Subedi.国际投资法：兼顾政策与原则.牛津：哈特出版社，2008.

深刻，但是可能绝大多数新兴市场国家在一段时期之内，将仍然是国际直接投资的输入国，仍然是发达国家投资的东道国。为了改变这种状态，对外投资的母国应该在国际社会的支持下，付出更大的努力来鼓励他们的企业采取全球化战略，就像这些国家曾经在国际条约的鼓励下吸引外资一样积极。

《服务业多边投资协定》认识到积极支持发展中国家对外直接投资的重要性，将会要求缔约国进行国际合作，举办有组织的投资促进活动。《服务业多边投资协定》也会要求各国通过适应本国经济发展水平的法律来促进对外投资。为了尊重国家经济主权，《服务业多边投资协定》将不要求缔约国一定要取消资本出口限制、外汇管制和外企利润汇回的限制。国际条约应该鼓励对外投资的母国放松对企业国际化进程的控制，但是投资自由化也要适应本国的需要，还必须在本国跨国公司做好准备的前提下进行❶。大多数发展中国家还没有达到一定的经济发展水平，积极放宽对外投资的控制措施既不现实，也无助于国家经济发展❷。金砖四国每个国家开放对外投资都经历了 10 年以上的渐进过程。其他更不发达的国家可以仍旧专注于吸引外资，这也是《服务业多边投资协定》的目标之一。经济合作与发展组织组织的示范法也对达到这个目的有所帮助。

新兴市场国家的投资者在国际化过程当中，对东道国的国内法律和制度环境缺乏了解，尤其是地处本国的区域范围以外，文化差距又大的国家。有一些发展中国家的投资者可能很不适应所在国的高度发达的法律系统或者法治文化❸。这样的企业尤其可能不适应发达国家关于反腐败、公司治理、健康与安全规定、劳工法、人权法、年龄歧视、残疾人保护等方面的法律❹。在某些行业，尤其是像金融服务业这样，国家有特别的行业管理法规的领域，这种水土不服就更加严重。

虽然各种双边协定、《服务贸易总协定》和本书建议的《服务业多边投资协定》可以保护投资者免受歧视性的当地法律迫害，但是国际条约没法保护外企对当地法律文化的不熟悉。《服务业多边投资协定》所提倡的信息交流，投资促进活动可以部分地解决企业对东道国法律环境不适应的问题。这些活动必须充分考虑到受众国家的文化敏感性。发展中国家通常需要投资促进活动更像商务

---

❶　F DeBeule.改变对外直接投资的政策：从控制到促进.//K Sauvant, G McAllister,W Mascheck.新兴市场国家的外国直接投资.纽约：麦克米伦出版社，2010.

❷　同注❶，297 页。

❸　K Sauvant.美国对来自新兴市场国家的直接投资准备好了吗？中国问题.//K Sauvant, G McAllister, W Mascheck.新兴市场国家的外国直接投资.纽约：麦克米伦出版社，2010.

❹　同注❸，372 页。

咨询那样，提供更加详细的市场信息，还有如何在东道国的政治系统中进行商务运作的建议[1]。而且，投资促进必须长期坚持。东道国和母国都应该不断为外企提供支持。德国是吸引中国投资最成功的发达国家，但是大约一半的中国企业在一年之内就关门回国了[2]。最后，服务业多边投资协定要求的法规制度公开性条款，可以帮助建立日常化的报告制度，为企业进入市场和持续运营通报东道国的法律。因为服务业通常面临更多的管制，这一点对服务业直接投资尤其重要。

结论

本书仅讨论影响服务业国际直接投资的“硬的”制度环境，就是在国内和国际通过的法律条文。影响国际投资的“软的”制度环境，比如各国的外交活动和外交政策，并不在本书的讨论范围之内，唯一的例外是《服务业多边投资协定》对缔约国所规定的进行投资促进的积极义务。为了鼓励更多的资本国际流动，各国必须对外资和经济的全球化进行持续的更有力的支持。另外两个因素也有助于促进资本国际流动：一是更公开的投资者-东道国争端仲裁，二是更多的公司从事有益于社会公益的活动。全球的消费者拥有越来越多的信息，越来越注重可持续发展，为了迎合这些消费者的利益，新兴市场国家的跨国公司应该向发达国家企业学习，学习如何打造一个为全社会着想，为可持续发展努力的全球好公民的形象。跨国公司作为全球化的载体，在很多方面确实存在形象问题。仅仅提供低价的服务无法为公司获得良好的社会形象，因为公众一般很难将获得廉价的商品与服务和消除贸易投资壁垒联系起来。改善公司形象，必须要靠良好的媒体关系和企业承担社会责任，特别是这些活动要和支持可持续发展联系起来。全球性的组织和国家政府也应该采取相同的公关战略。

和形象问题比起来，另一个问题显得更为棘手，那就是有些国家一直都无法融入经济全球化当中。这个问题表现在直接投资上，比在贸易上更困难，因为在本国的疆界之内，存在着外国的服务企业，纵然外资能给不发达国家带来经济增

---

[1] H Loewendahl.新兴市场国家跨国公司的兴起：未来投资促进的挑战.//K Sauvant, G McAllister, W Mascheck.新兴市场国家的外国直接投资.纽约：麦克米伦出版社，2010.

[2] N Salidjanova.走出去：中国对外直接投资纵览.中美经济与安全回顾委员会研究报告，2011.

长，但由外国人控制的企业本身就会在某些国家引起社会、经济和文化上的仇外心理，所以在有些东道国，政府和外企的关系可以概括为“爱恨交织”[1]。虽然引进外资和对外投资的最终目的都是经济增长，但是国际投资必须符合一个国家在某个发展阶段的需要。令人鼓舞的是，在国际投资法允许的范围内，政府运用政策手段为本国谋取利益，越来越被国际社会所接受，表现为很多的国际投资条约都承认公众利益例外。

而且，如果东道国把自身也看成资本输出国的话，和外国投资者的矛盾也会减少。如果某个企业在国内的时候和外企打过交道，而且是因为这个原因才推动了本身做出国际化的决定，那么这家企业作为外企在他国投资的时候，推己及人，也会对它所在的东道国的经济需要有更深的理解，这个推论应该不是痴人说梦。一个国家作为资本输出国的地位，一定会影响它调整国内政策以适应外资的需要，这一点会反映在它的国际投资条约的条款当中。所以，国际投资法的变化，是发展中国家日益成为资本来源国的必然结果。

但具有讽刺意味的是，因为发达国家现在从发展中国家接受了大量外资，西方发达国家倒是从原先在国际条约中高调保护投资者的立场上后退了，以重申国家主权[2]。不过，我们应该承认，这种态度上的变化，同时也是源于可持续发展的原则，有时候可持续发展原则高于经济增长原则。随着美国和加拿大的双边协定，还有可持续发展国际研究所这样的国际机构的出现，以后会有一代新的双边投资保护协定起而效仿。这些条约规定了比较广泛的国家安全、经济危机和环境保护例外条款，以此限制投资者所享受到的保护程度和利用国际争端解决机制的便利程度。可持续发展的原则源于西方民主国家，公民社会的影响力越来越大，社会价值的地位已经远远高于对经济全球化的追求，而正是经济全球化带来的经济繁荣，才能使社会更多考虑非经济问题。发达国家曾经是开放的投资体系的坚定倡导者，现在开始重新审视双边投资协定的功能。发达国家的战略目标是使无管制的资本流动所造成的威胁最小化。以上变化受到国际社会大多数成员的欢迎，因为它认识到不加约束的全球化是有害的，要实现可持续发展必须辅之以直接投资的有序逐渐开放。服务业特别适合逐渐地消除法规壁垒，因为服务行业的直接投资不涉及开采不可再生资源、环境污染这些投资者

---

[1] J Alvarez.治理国际投资的国际公法.海牙：海牙国际法学院出版社，2011.

[2] M Sornarajah.投资仲裁中的新自由主义运动.//W Shan, P Simons, D Singh.在国际经济法中重新定义国家主权.牛津：哈特出版社，2008.

和东道国之间冲突最为激烈的问题。我们所建议的《服务业多边投资协定》条约不但体现了投资要有社会良知这个精神，而且忠实于《服务贸易总协定》和各种双边投资保护协议所秉承的自由化原则。《服务业多边投资协定》作为投资条约中的“第三条道路”，更加平衡，兼顾到投资者和东道国双方的权利，还有整个社会的需要。

不言而喻，那些将公共政策目标纳入投资体系的法律，不管是东道国义务例外条款也好，还是“尽可能地”遵循公司社会义务也罢，一定会增加投资者的经济成本。这势必会导致东道国和母国双方的福利损失：东道国服务价格更高，就业减少，税收下降；母国则损失了税收[1]。由此带来的更广泛的公众利益的提升，在多大程度上能够补偿以上福利损失，恐怕还需要由各国政府经过仔细的经济分析来判断。以上这些想法，由《服务业多边投资协定》这样一个多边投资条约，通过承认某些原则，通过仲裁机构监督的中央裁判机制，在国际法上合法化，好处在于，防止各国弱化管理的程度不同而出现竞争扭曲。如果全世界所有国家都制定相似的公共政策目标，至少各国的法规都受到同样的监督审查，那么尽管会有福利损失，福利损失也会以平均的方式在各国发生，这样，各国的竞争还是建立在各国的自然资源和技能禀赋基础上，而不是建立在谁的治理更弱的基础上。由于投资环境兼顾社会良知，而导致经济福利损失，不可避免地会导致直接投资的利润下降，全球直接投资额有所下降。但是我们希望投资环境的质量有所提升，减少不必要的市场准入障碍和减少对外资的不公平待遇。更加谨慎地对直接投资加以管制，可以达到关键性的非经济目标，有鉴于此，评判双边投资协定是否有效的标准，不仅要看投资的数量，而且要看质量，质量的标准是投资额以外的其他一些指标，例如成员国更高的人均 GDP。

国际投资法体系目前有可能正处于一个关键的转折点。大约有 6000 个双边和区域经济一体化条约，还有很多正在谈判过程中，再加上各种争端解决机制，国际社会已经面临这样一个局面，即投资者和国家政府都无法有效地掌握太过庞杂的国际投资法系统。国际法体系已然尾大不掉，可还是不能覆盖世界上所有国家之间的双边投资关系，有人估计大约还要再增加 14100 个双边条约才能做到这一点[2]。而且，因为服务业在全球直接投资额的比例越来越高，研究表明《国际

[1] D Hendeson.被误导的美德：公司社会责任的错误观念.经济事务研究所，2001.

[2] 2011 年世界投资报告 10。

投资保护协定》中的保留条款也越来越多是关于服务业，尤其是电信和金融服务业的[1]。很明显，世界极其需要一个全球性的服务业直接投资管理机制。

而一个全球服务业投资条约的可行性，在于新兴市场国家对外来投资实施保护和促进的国内法律体系日益完善。联合国贸发会议注意到很多发展中国家都建立了更加开放的投资管理体系[2]。发达国家和不发达国家对待国际投资法的态度趋于一致，减少了这个领域可能有的紧张和对立情绪，也有助于进一步投资自由化[3]。本书着重指出了四个最大新兴市场国家在投资条约实践上的一致性，这是全世界范围对外投资管理法规共识的一个缩影。大体上，这个现象可以概括为：发达国家和发展中国家都在向各自立场的中间地带靠拢，提倡广泛的投资保护的同时，保留东道国在主要方面的管理权力，并且由中立的仲裁机构保证条约的执行。

从新兴国家走出来的跨国公司和成熟的西方企业一样，需要本国政府和投资目的国政府的积极帮助，才能投入全球市场的竞争中。同时这些公司遵从东道国的公共政策，并且不辜负公众对公司承担社会公益责任的期待。前面说过，社会政策方面的担心，主要集中于采矿业和制造业的直接投资，在这些行业的资源耗尽和环境恶化问题，是投资者和东道国矛盾的主要来源。所以，服务行业的全球投资协议在公民权利团体中引起的怀疑较小。《服务业多边投资协定》仅仅关注服务业，代表了经济全球化渐进深入过程的第一步，这个过程最终将实现不仅在服务业，而且在所有行业的投资自由化，而一体化的内容还将包括竞争政策、税收，甚至环境和劳工待遇标准。我们观察到，至少在金砖国家，服务行业对其他行业的跨国公司起到服务和支持的作用，所以，这样一个涉及所有行业的一体化，也许是不可避免的。

发展中国家要重新审视直接投资仅仅来自发达国家这个老观念，必须注意吸引来自其他发展中国家的直接投资。而吸引外资的最好手段就是履行保护外资的国际条约义务。国家对外资采取更开放的态度，促进国内市场竞争，还有积极参加和举办国际投资促进活动，这些都可以促进本国企业的发展。制定国内法规，确保履行国际条约义务，防止巨额投资赔偿，同时确保技术转让，这些措施都可

[1] 2011 年世界投资报告 17。

[2] 2011 年世界投资报告概述。

[3] W Shan.加尔沃主义、国家主权和正在变化的国际投资法.//W Shan, P Simons, D Singh.在国际经济法中重新定义国家主权.牛津：哈特出版社，2008.

以有效克服对开放的投资环境的担忧，同时可以通过打入国际市场来获得更高速的经济发展。发达国家应该重申他们对投资自由化和投资保护，以及国家仲裁的立场，虽然这个立场有时意味着本国企业在国内市场要遭受到更大的竞争压力，应该欢迎这种竞争而不是抗拒它。

像《服务业多边投资协定》这样一个国际条约的成功，不仅依赖于金砖国家和其他新兴市场国家的接受，而且那些发达国家作为资本进口国也要参与。很多发达国家和金砖国家一样，在电信和银行这些服务业也存在对外资控股的限制。虽然有些国家有保留，但是总体上各国持续努力，开放服务行业，刺激竞争，降低服务价格，这个趋势还是令人鼓舞的。发达国家表示愿意放松关键性服务行业，如电信业对外资控股的限制❶。国际市场上出现了更多投资机会，这个前景应该会加速各国投资自由化过程。

当然，过于仓促的开放可以使一个国家的经济在资本外逃和金融危机面前难以自保。受2008—2009年金融危机影响最严重的，恰恰是那些经济最开放的国家❷。《服务业多边投资协定》用来防止投资全球化所带来的负面影响的关键方法就是，允许各国保留对资本流动的壁垒和限制市场准入。服务业多边投资协定的那些主要原则，包括公平与公正待遇、禁止征用等，也应该相应地视为允许政府灵活地执行政策，以追求适合他们目前经济发展水平的，可持续发展的目标。

金砖国家和其他新兴经济体国家应该欢迎那些有助于抵制国内保护主义政策的外部压力。这些压力来自于国际条约，尤其是要求服务业自由化互惠的国际条约。《服务业多边投资协定》作为一个多边条约，应该被视为一个重新排列政策优先顺序的工具，它的主要目的不是解决投资者权利和东道国主权之间的冲突，而是重新审视国家和全球经济之间的关系❸。这个关系的基础，是各国共同致力于管理资本流动，达到长期经济稳定和持续增长的目的。富国和穷国的资本主义模式将合流，由法庭和财产法等强有力的制度保护的技术知识，随着发展

---

❶ 例如加拿大计划把电信业公司外国持股上限从目前的46.7%提高：J Sturgeon.保守党推迟电信业外国持股规则的改变.加拿大国民邮报，2011-11-29.

❷ M Sweeney.在印度和中国的外国直接投资：在全球化经济中创造平衡的体制.康奈尔国际法杂志，2010,(43):207.

❸ Shan, W.加尔沃主义、国家主权和正在变化的国际投资法.//W Shan, P Simons, D Singh.在国际经济法中重新定义国家主权.牛津：哈特出版社，2008.

中国家的技术进步而从发达国家流向发展中国家[1]。本书所研究的金砖国家，其企业是推动全球化的主要动力之一，他们代表了这个正在展开的全球化的时代。这些国家一致认识到法治在强劲的经济发展中的重要作用，这说明他们成熟了，同时他们能适应越来越紧密关联而且以洪亮声音提出要求的国际社会所施加的外部压力。

[1] J Ruet.新兴国家跨国公司重塑全球资本主义.//J Chaisse, P Gugler.亚洲贸易和直接投资的扩张.纽约：Routledge 出版社，2009.

参考文献

[1] A Afsharipour. 亚洲世纪？还是迷失在转型中？上升的跨国公司：法律和印度公司海外购并的演进. 加州大学戴维斯分校评论，2011，44：1029.

[2] J Alvarez. 治理国际投资的国际公法. 海牙：海牙国际法学院出版社，2011.

[3] J Bhagwati. 贸易系统的白蚁. 牛津：牛津大学出版社，2008.

[4] H Broadman. 新兴市场国家的跨国公司：南方与北方的启示. //K Sauvant，G McAllister，W Maschek. 新兴市场国家的外国直接投资. 纽约：麦克米伦出版社，2010.

[5] C Brower，M Ottolenghi. 投资者与国家间仲裁的损害. 跨国争端管理，2007，4（6）：1.

[6] R Bubb，S Rose-Ackerman. BITS 与协商：双边和多边外国直接投资管理中的战略方面. 国际法律经济学评论，2007，27：291.

[7] P Buckley，J Clegg，A Cross，H Voss，M Rhodes，P Zheng. 解释中国对外直接投资：制度观点. //K Sauvant. 新兴市场国家跨国公司的上升. 切尔滕纳姆：Edward Elgar 出版社，2008.

[8] W Burke-White，A Von Staden. 公法领域里的私人诉讼：投资者-国家仲裁中的审查标准. 耶鲁国际法杂志，2010，35：283.

[9] J Chaisse，D Chakraborty，A Guha. 印度的多层级直接投资管理. //J Chaisse，P Gugler. 亚洲贸易和直接投资的扩张. 纽约：Routledge 出版社，2009.

[10] J Chaisse，B Nag. 印度优惠贸易政策的三管齐下政策：对现代经济条约研究的贡献. 康涅迪格国际法杂志，2011，26：415.

[11] B Chimni. 中国、印度和世界贸易组织争端解决系统：解释战略. //M Sornarajah，J Wang. 中国、印度和国际经济秩序. 剑桥：剑桥大学出版社，2010.

[12] B Choudhury. 例外条款是把人权问题纳入国际投资协定的渠道. 哥伦比亚国际法学杂志，2011，49：670.

[13] D Collins. 世界贸易组织的有效率违约、信赖和合同补救. 世界贸易杂志，2009，43（2）：225.

[14] 国际投资争端解决中心的信赖损失补救. 西北国际法与商务杂志，2009，29：101.

[15] 国际投资法当中的环境影响声明和公众参与. 曼彻斯特国际经济法杂志，2010，7：4.

[16] 世界贸易组织在国际投资法中的新角色：后新自由主义时代的公众利益. 康涅狄格国际法杂志，2010，25：1.

[17] 将国际投资法中的完全安全保护标准应用于数字资产. 世界投资与贸易杂志，2011，12（2）：225.

[18] C Congyan. 中美双边投资协定谈判和投资条约体系的未来：影响多边谈判的双边谈判. 国际经济法杂志，2009，12：457.

[19] F DeBeule. 改变对外直接投资的政策：从控制到促进. //K Sauvant，G McAllister，W Mascheck. 新兴市场国家的外国直接投资. 纽约：麦克米伦出版社，2010.

[20] P Delimantsis. 服务业国际贸易与国内法规. 牛津：牛津大学出版社，2007.

[21] R Dolzer，C Schreuer. 国际投资法原理. 牛津：牛津大学出版社，2008.

[22] A Fleury，M Tereza，L Fleury. 巴西跨国公司：国际化中的竞争力. 剑桥：剑桥大学出版社，2011.

[23] S Franck. 国际投资争端解决中心效应？对仲裁赔偿中潜在变量的思考. 弗吉尼亚国际法杂志，2011，51（4）.

[24] R Geiger. 新兴市场国家跨国公司的治理：为什么重要. //K Sauvant. 新兴市场国家跨国公司的兴起. 切尔滕纳姆：Edward Elgar 出版社，2008.

[25] E Graham. 新兴市场国家对国际投资法律的态度能否变化. //K Sauvant. 新兴市场国家跨国公司的兴起. 切尔滕纳姆：Edward Elgar 出版社，2008.

[26] P Gulger，J Chaisse. 亚洲在国际直接投资中份额上升的变化和模式. //J Chaisse，P Gugler. 亚洲贸易和直接投资的扩张. 纽约：Routledge 出版社，2009.

[27] C Hall. 新兴市场国家的跨国公司对公司社会责任问题敏感吗. //K Sauvant. 新兴市场国家跨国公司的兴起. 切尔滕纳姆：Edward Elgar 出版社，2008.

[28] M Heymann. 和中国有关的国际法与投资争端解决问题. 国际经济法杂志，2008，11：507.

[29] K Kalotay. 俄罗斯跨国公司国际扩张中的勃兴与混乱. //K Sauvant，G McAllister，W Mascheck. 新兴市场国家的外国直接投资. 纽约：麦克米伦出版社，2010.

[30] R Kant. 新兴市场国家跨国公司的崛起：印度企业所面临的挑战. //K Sauvant. 新兴市场国家跨国公司的兴起. 切尔滕纳姆：Edward Elgar 出版社，2008.

[31] H Loewendahl. 新兴市场国家跨国公司的兴起：未来投资促进的挑战. //K Sauvant，G McAllister，W Mascheck. 新兴市场国家的外国直接投资. 纽约：麦克米伦出版社，2010.

[32] Menon J. 解决亚洲的面条碗效应：合并、多变化、和谐还是稀释. //J Chaisse 和 P Gugler. 亚洲贸易和直接投资的扩张. 纽约：Routledge 出版社，2009.

[33] K Miles. 国际投资法：起源、帝国主义和将环境概念化. 科罗拉多国际环境法与政策杂志，2010，21：1.

[34] S Montt. 投资仲裁中的国家责任：双边投资协定谈判中的全球宪法和行政法律. 牛津：哈特出版社，2009.

[35] T Moran. 发展中国家政府应该对对外直接投资采取何种政策？发达国家的教训. //K Sauvant. 新兴市场国家跨国公司的兴起. 切尔滕纳姆：Edward Elgar 出版社，2008.

[36] P Muchlinski. 跨国公司和法律. 牛津：牛津大学出版社，2007.

[37] A Newcombe. 可持续发展与投资条约法. 世界投资与贸易杂志，2007，8：357.

[38] W Pomerantz. 俄罗斯的保护主义和战略产业法. 美国大学国际法评论，2010，25：213.

[39] J Qin. 中国、印度与世界贸易组织法律. //M Sornarajah，J Wang. 中国、印度和国际经济秩序. 剑桥：剑桥大学出版社，2010.

[40] R Ramamurti. 为什么研究新兴市场国家的跨国公司. //R Rammanurti，J Singh. 新兴市场国家的新兴跨国公司. 剑桥：剑桥出版社，2010.

[41] S Ripinsky. 国际投资法中的损害. 伦敦：英国国际法和比较法学研究所出版社，2008.

[42] S Rose-Ackerman. 全球双边投资条约体系和投资国内环境. //K Sauvant，L Sachs. 条约对外国直接投资的影响. 牛津：牛津大学出版社，2009.

[43] J Ruet. 新兴国家跨国公司重塑全球资本主义. //J Chaisse，P Gugler. 亚洲贸易和直接投资的扩张. 纽约：Routledge 出版社，2009.

[44] A Rugman. 新兴市场国家的跨国公司有多么全球化. //K Sauvant. 新兴市场国家跨国公司的兴起. 切尔滕纳姆：Edward Elgar 出版社，2008.

[45] K Sauvant. 新兴市场跨国公司的兴起：问题. //K Sauvant. 新兴市场国家跨国公司的兴起. 切尔滕纳姆：Edward Elgar 出版社，2008.

[46] K Sauvant，G McAllister，W Mascheck. 新兴市场国家的外国直接投资. 纽约：麦克米伦出版社，2010.

[47] S Schill. 国际投资法中的多边主义. 剑桥：剑桥大学出版社，2009.

[48] D Schneiderman. 将经济全球化宪法化. 剑桥：剑桥大学出版社，2008.
[49] W Shan. 加尔沃主义、国家主权和正在变化的国际投资法. //W Shan，P Simons，D Singh. 在国际经济法中重新定义国家主权. 牛津：哈特出版社，2008.
[50] M Sornarajah. 外国投资的国际法. 剑桥：剑桥出版社，2010.
[51] S Spears. 新一代国际投资条约中对政策空间的需求. 国际经济法杂志，2010，13 (4)：1075.
[52] V Vadi. 当文化发生冲突：国际投资法中的外国直接投资、自然资源和本地传统问题. 哥伦比亚人权法评论，2011，42：797.
[53] G Van Harten. 投资条约仲裁与国际公法. 牛津：牛津大学出版社，2007.
[54] G Verhoosel. 运用双边投资条约的投资者-国家仲裁寻求违反世界贸易组织法律的补偿. 国际经济法杂志，2003，6：493.
[55] G Wang. 中国的国际投资法实践：从世界经济中的参与者到领导者. 耶鲁国际法杂志，2009，34：575.
[56] T Weiler. 国际投资仲裁. 伦敦：Cameron and May 出版社，2005.
[57] J Ya Qin. 中国、印度与世界贸易组织法律. //M Sornarajah，J Wang. 中国、印度和国际经济秩序. 剑桥：剑桥大学出版社，2010.